サルトル
21世紀の思想家

Sartre, penseur pour le XXIe siècle?
Actes du colloque international

国際シンポジウム記録論集

石崎晴己・澤田 直 編

サルトル　21世紀の思想家

国際シンポジウム記録論集

サルトル　21世紀の思想家——国際シンポジウム記録論集

石崎晴己・澤田直編

Sous la direction de Harumi Ishizaki et de Nao Sawada
Sartre, penseur pour le XXIe siècle?
Centenaire de la naissance de Jean-Paul Sartre
Actes du colloque international
Organisé par l'Association Japonaise d'Etudes Sartriennes (A. J. E. S.)
et le département de littérature française de l'Université Aoyama-Gakuin,
les 2-3 novembre 2005
Comité d'organisation: Harumi Ishizaki, Nao Sawada,
Jun Nagano, Masamichi Suzuki et Manabu Kurokawa

サルトル　21世紀の思想家　目次

装幀＝思潮社装幀室

サルトル　21世紀の思想家

刊行にあたって

石崎晴己

本論集は国際シンポジウム「新たなサルトル像は可能か」のプロシーディングである。本シンポジウムは、サルトル生誕百周年にあたる二〇〇五年の十一月二、三日に、二日間にわたって青山学院大学にて、日本サルトル学会と青山学院大学フランス文学科の共催によって行われた。フランスよりサルトル研究の第一人者、ミシェル・シカール（パリ第一大学）、ジル・フィリップ（グルノーブル第三大学）のお二人をお招きした他、カナダ、イギリス、韓国よりお一人ずつお招きし、日本在住のフランス人、フランソワ・ビゼ氏（青山学院大学）を加えて、外国人発言者が六人、日本人発言者が、司会を務めて下さった方を含めて十六人という、充実した陣容が揃った。特にカナダからお招きしたマドレーヌ・ゴベイユ＝ノエル女史は、オタワのカールトン大学で教鞭を執られるかたわら、ジャーナリズム・メディアの世界で旺盛な活動を展開した方で、ケベックにおける戦後世代の文化動向を体現する人物であり、一九六七年に、おそらくまだ二十代から三十代になったばかりの若さで、ラジオ・カナダで放映するための、サルトルとボーヴォワールのインタビュー映画を三本制作された。これには若き日のクロード・ランズマンも協力しているが、そのうちサルトルのみのインタビューは、フランス国立図書館でのサルトル生誕百年記念サルトル展のカタログの付録ＤＶＤの素材として選定され、ＤＶＤ化されている。

本シンポジウムと同時期に、日仏会館と東京日仏学院で、「サルトルと映画」と題する催しが、都合四日間にわたって行われた。日仏学院では、十月二十八、二十九、三十日に、映画『サルトル、自身を語る』についての講演（私による）、『狂熱の孤独』と『賭はなされた』というサルトルのシナリオによる映画作品、そして、サルトルの戯曲の上演のテレビ収録、『蠅』と『汚れた手』の上映が行われ、十一月四日には日仏会館にて、サルトルをめぐるドキュメンタリー・フィルム数本（そのうち一本は、ゴベイユ＝ノエル女史による『サルトルとボーヴォワールの交差する肖像』）が上映され、シンポジウム「サルトル、その現在と未来」が行われた。この映画上映会の企画は、私が日仏会館学長サバン女史と東京日仏学院前院長スーリユー氏に提案したもので、特に上映フィルムの解説や同時通訳には、本国際シンポジウムの運営委員会を初め、日本サルトル学会の多くのメンバーの献身的なご協力を仰ぐことになった。

要するに、映画上映会と国際シンポジウムは、十月二十八日から十一月四日まで一週間以上にわたる、一体的な催しの一環をなしたのである。

この企画の招聘者に関して、一言だけお詫びをしておかなければならないことがある。アニー・コーエン＝ソラル女史の欠席である。アニー・コーエン＝ソラルは、サルトルの伝記の最高傑作と目される『サルトル 1905-1980』（一九八五年）の著者で、この本の成功によってサルトルの伝記的研究の第一人者となり、プレイヤード版のアルバム『サルトル』の編集なども行なって来たが、サルトル生誕百周年の二〇〇五年には、クセジュ叢書『サルトル』とともに、ガリマールより『サルトル、二十一世紀への思想家』を上梓、サルトルの誕生日にあたる六月二十一日の「ル・モンド」にも、サルトル研究者を代表する形で一文を寄せている。女史は早くより参加をご快諾下さっていたが、その後ご都合が悪くなり、結局ぎりぎりになって欠席せざるを得ないことが明らかになった。国際シンポジウムのフランス語タイトル「Sartre, un penseur pour le XXIe siècle」は、彼女の最近作のタイトルから拝借したものであり、公開されたプログラム等には女史の名が載っていたのであるから、多くの方の期待が裏切られることになったわけで、主催者としてまことに残念である。

サルトル生誕百周年にあたる二〇〇五年は、パリの国立図書館にて大規模な回顧展が長期間にわたって行われたのを初め、フランスはもちろん、世界各国でサルトルを主題とするさまざまな催しが行われたことは、いまさら言うまでもない。フランスでは、新聞・週刊誌がサルトル特集を組み、サルトルに関する研究書の類いが多数（七十点とも八十点とも言われる）刊行された。サルトル自身の著作についても、待望久しいプレイヤード版『戯曲集』が出版され、またサルトルが創刊した雑誌「レ・タン・モデルヌ」は、「我らのサルトル」と題する分厚い特集号（七〜十月合併号）に、幻のコーネル大学講演の原稿を初め、未刊行のシナリオの断片やインタビュー等を数本掲載している（プレイヤード版『戯曲集』にも、未刊行の二篇の戯曲の断片が収録されている）。コーネル大学講演とは、一九六五年に予定されていた渡米の際に行うはずのものであったが、アメリカのヴェトナムへの北爆に抗議して渡米が中止になったため、日の目を見ることがなかったもので、『存在と無』の巻末に予告されていた「倫理学」の第二の試み（最初のものは、『倫理学ノート』としてサルトルの死後一九八三年に出版されている）と考えられていたものである。

日本でも、前年末より、若手研究者によるサルトル論の刊行が相次いでいた（清眞人『実存と暴力』、柴田芳幸『マラルメとフローベールの継承者としてのサルトル』、水野浩二『サルトルの倫理思想』）が、二〇〇五年になると、岩波新書から海老坂武氏による『サルトル』が出た。実は意外なことに、岩波新書にはこれまで『サルトル』がなかったのだ（松浪信三郎『実存主義』はあったが）が、今回ようやくその欠落が埋まったわけである。フランスのクセジュ叢書にもこれまで『サルトル』はなかったが、二〇〇五年アニー・コーエン＝ソラルによる『サルトル』が出た。これの和訳は二〇〇六年六月に白水社から拙訳により刊行されることになる。

また、雑誌「環」の別冊『サルトル1905-1980』（藤原書店）も逸することはできない。これは実質的に澤田直氏によって編まれたものであるが、ルエット、ヌーデルマン、フィリップという、サルトル研究の最先端を行くフランスの研究者を初め、サルトル研究の俊英と現代思想の論客二十人による論考は、現在サルトルをめぐって考え得るあらゆる問題系に多様な角度から取り組んでいる。

さらに特筆すべきは、ベルナール＝アンリ・レヴィの『サルトルの世紀』の訳書の出版である。これは二〇〇〇年一月に、まさに鳴り物入りで刊行され、「一大事件」としてパリ論壇の話題をさらった本である。ソ連共産主義への痛烈な批判を中心的命題とするいわゆる「ヌーヴォー・フィロゾフ」のトップランナーとして出発したレヴィは、当然ながら、反サルトル的立場に立っていたが、その彼が二十世紀の終末に当たって、二十世紀とはまさにサルトルの世紀であり、サルトルとは「世紀人」であるという基本的認識に立って、サルトルのほとんどすべての著作を読み、あるいは読み直す基礎作業を行い、渾身の力をこめて書き下した六五〇頁を越える浩瀚な書物、その日本語版がついに九五〇頁を越える大部として上梓されたのである。私はこの訳書（藤原書店）の監訳者で、澤田直、三宅京子、黒川学の諸氏の協力を得て、この難事業をどうにか為し遂げることができたのだが、幸い本書は、新聞等の書評にも一通り好意的に取り上げられ、翻訳出版文化賞を受賞した。

この本が、フランスで衝撃を巻き起こしたのは、周知の通り、サルトルはその死後「煉獄」にいたわけであるが、反サルトルの急先鋒と目されたレヴィさえもが、サルトルを無視することはできず、サルトルを二十世紀を十全に体現する人、二十世紀そのものである人物として、全身全霊で取り組んだ、という事実の故である。レヴィも示唆しているように、サルトル（少なくとも初期サルトル）は、サルトル以後の構造主義、ポスト構造主義の思想家たちの先駆者であるということは、近年進展著しい研究を通して、ますます明らかになりつつあり、さらに構造主義者たちの多くが、サルトルへの反対という形で思想構成を行っていることは、裏返しでのサルトルの影響の大きさを意味することも、確認されつつあると思われる。してみると、今日までのフランス思想の豊饒な躍動は、すべてサルトルのプレゼンスの下に展開したということにもなろう。

こうした動向を背景として、その一環として企画された本国際シンポジウムは、それゆえ二十世紀をサルトルの世紀ととらえるベルナール＝アンリ・レヴィの立場を大筋において共有しつつ、サルトルが二十一世紀の現在において、そして今後において、何であり得るのかを考究しようとするものであった。サルトルは「バリバリの現役である」とは、本シンポジウムの運営委員の一人である俊英、永野潤氏の言葉だが、まさに「バリバリの現役」としてのサルトルの姿を浮かび上がらせることが、本シンポジウムの全体的課題であった。

具体的に特筆すべき点としては、ベルナール＝アンリ・レヴィの『サルトルの世紀』を主題とする共同討議を、主要な柱の一つとしたこと。次に「サルトルと芸術」のタイトルで、特に美術、そして映画についてのセッションを設けたこと。映画はともかく、日本でサルトルの美術評論がこのようにまとまった形で論じられるのは、これが初めてではなかろうか。これはその分野の研究の先駆者であるミシェル・シカール氏をお迎えすることによって、充実が約束された企画である。さらに「世界とサルトル」と題して、イギリス、カナダ、韓国でのサルトルの受容について、それぞれの国の研究者からの報告を集めたのは、国際シンポジウムならではの企画であると言えよう。もちろんその他の二つのセッション（「新たな読解に向けて」、「自伝と評伝」）も、それぞれ新たな視点を提起する充実した論考を集めていることは、言うまでもない。全体として、同じ二〇〇五年に世界各地で行なわれたサルトルについてのさまざまなシンポジウムに比していささかも遜色のない国際シンポジウムになったと自負することができよう。

それにしても、二十一世紀の劈頭において、レヴィのサルトル論という事件があり、その五年後のサルトル生誕百周年に、全世界でこれだけの催しと刊行物の湧出があったということは、それが単なる記念行事故の盛況ではなく、まさにサルトルが二十一世紀の今日の思想家・文学者として「バリバリの現役」であることを意味しているのではなかろうか。

ここで日本におけるサルトル関連の出来事として、本シンポジウム以後のものに触れておくなら、他にも早稲田大学等でシンポジウムが行なわれ、また二〇〇六年に入ると、澤田直氏による『言葉』の新訳の刊行（人文書院）、川神傅弘氏の『サルトルの文学』（関西大学出版部）、アニー・コーエン＝ソラルによるクセジュ叢書の『サルトル』の和訳（拙訳）、合田正人氏の『サルトル『むかつき』ニートという冒険』（みすず書房）など、注目すべき刊行が相継いでいる。

このようなサルトルへの関心の高まりの背景として、全世界的趨勢を考えることができるだろう。二十世紀末、ソ連および社会主義圏の崩壊によって、全世界は資本主義、それもアメリカ型のウルトラ自由主義的資本主義によって完全に制覇されることになった。この勝利、この制覇は、当初は「歴史の終わり」として、一種ユートピア的幸福感で受け止められる気配もないではなかったが、やがてグローバル化の名の下に、この資本主義が各国の現実の隅々にまで侵入して来ると、それが弱肉強食の、野性的な、もしくは原初的な資本主義であることが明白になって来た。そうした中で、あの勝利の意味を、アメリカ型資本主義によって収奪させておくことへの反省が、おそらく生まれて来たこと。これはサルトルにのみ関わることではないが、その名においてサルトルを煉獄に陥れたものが、いま疑問に付されている、ということであるのは間違いない。

もう一つは、直接的には九・一一の同時多発テロ以来明瞭な形を取ることになった、テロリズム、ないし暴力の問題である。これについては、豊かな民主主義国が主導する「国際社会」による「治安対策」的なものが、主たる対応策となっているが、それで十分であるとはとても考えられないし、これをめぐっては抑圧された形で明確に表明されない多くの疑問が潜在していると思われる。サルトルの反植民地主義、テロリズムへの理解、暴力についての思索が、有効なヒントを提供する可能性は大きい。

サルトルのこうした側面は、政治的ないし国際的なレベルのみに関わらない。サルトルは基本的に、社会から疎外され、周辺に追いやられた孤独者たち、人間社会の埒外に、時として人間ではない者として生存する者たちの主体の場に身を置いて思索することを行った思想家である。社会、ないし「人間」の崩壊・解体、ないしタブララサの場に臨んでいた思想家である。こうした構えが、個人的なレベルから、政治的・国際的なレベルへ適用されたところに、植民地やテロリズム等への取り組みが出現したということに他ならない。こうした周辺的孤独者たちは、現在、いじめ、引きこもり、オタク、ニート、さらには例えば小学生無差別殺害事件のような殺人事件といった社会現象の主体であると考えられるのであり、その意味でサルトルは、今後ますます重大さを増すはずの社会問題を考える上で、示唆的であるだろう。

このように考えるなら、本シンポジウムが二〇〇五年に日本で行なわれたことの意味はまことに大きい。そしてその成果を、こんにち広く日本の読者にお示しすることができるのは、まことに幸せである。

最後に、運営委員会のメンバーを初め、本シンポジウムと映画上映会という一連の催しの成功に献身して下さった、日本サルトル学会の会員諸氏、後援をご快諾下さった諸機関、さらに足をお運び下さった参加者の皆さんに、御礼を申し上げる次第である。特に、フランス大使館、朝日新聞社、人文書院、藤原書店、白水社、思潮社からは、賛助金というご支援も頂戴している。本論集の刊行が可能となったのは、これらの賛助金とともに、思潮社社長・小田啓之氏の寛大なご好意のお蔭である。なお本シンポジウムの財政は、基本的に青山学院大学教育研究環境整備費によって賄われたが、本論集の刊行のためには、伊藤定良文学部長のご理解とご尽力によって、別枠で多額の資金援助を仰ぐことが出来た。この機会を借りて心より御礼申し上げるものである。

I

ヒューマニズムと反ヒューマニズム

――『サルトルの世紀』をめぐって

海老坂武
石崎晴己
立花英裕
清眞人
澤田直

『サルトルの世紀』を手がかりに

澤田　まず、共同討議の趣旨を簡単に説明いたします。このようなテーマを選んだのは、今年（二〇〇五年）邦訳が刊行されたベルナール＝アンリ・レヴィの『サルトルの世紀』（藤原書店）という本をきっかけに、サルトルという思想家の意義を再検討することができるのではないかと考えたからです。近年のサルトル研究は非常に進んでいて、たいへん細かい学術論文がある一方で、一般読者にとってはサルトルは遠い存在になっています。ところが二〇〇〇年にフランスで出版された『サルトルの世紀』は、専門家でない人たちのあいだでも大きな反響を呼び、爆発的に売れました。なぜそのような現象が起こったのか、これは考察するに値することなのではないかと考えました。

これは私の個人的な見解ですが、『サルトルの世紀』は研究者たちの成果をたくみに利用してまとめた本であって、彼自身のオリジナリティーに富んだ研究ではないという気がします。しかし非常に読ませる、サルトルという人物を身近に感じさせる本に仕上がっている。日本で出た翻訳も石崎さんが監訳され、スピード感のある読みやすいものになっていることもあって、この翻訳を読んだ人から、サルトルがどういう人だったのか、あるいはサルトルが生きた時代がどういう時代だったのかがよくわかるといった感想が寄せられています。そこで考えるべきなのは、われわれはサルトルを中心に研究している人間ですが、しかし彼が日本で非常に大きな存在であった七〇年代くらいまではサルトルはけっして研究対象ではなく、ひとりの知識人あるいは思想家として一般に大きな力をもって訴えかけていたということです。それが現在では、狭い研究の対象になってしまったのはなぜなのか。そういう問題も含めて、この『サルトルの世紀』をめぐって、あるいはそれを手がかりに、サルトルという思想家はどういう意味をもっているのかを討議します。それに際して、この本の中でも一つの軸になっているヒューマニズムの問題を柱に考えていこうと思います。

石崎　いま、ご紹介がありましたように『サルトルの世紀』が二〇〇〇年に出たときにフランスで大きな反響を呼び、あらゆる週刊誌が表紙にサルトルの顔写真を掲載して特集を組み、あらゆる書店の店頭にこの本が平積みになりました。ただサルトリアン――サルトルを研究している者とかサルトルを信奉している者、こういう人たちを一応ラフにサルトリアンと言っておきますけれども――から見ると非常に問題があり、また批判もあろうかと思います。ただこの本が、サルトルが読まれる大きなきっかけになったのは確かです。この本からサルトルについてあらためて考えてみる、読み直してみる、あるいは新たに読むことになれば大変結構なことだと思います。

ベルナール＝アンリ・レヴィの立場は、その書名が『サルトルの世紀』*Siècle de Sartre* となっているように、要するに二十世紀はサルトルの世紀である、というものです。第一部のタイトルは、l'homme-siècle で「世紀人」と訳しましたが、l'homme とトレデュニオンで siècle ですから、「世紀」にして「人間」であるわけです。ですからサルトルは二十世紀そのものであるという確認からレヴィは出発している。ご承知のとおり、ベルナール＝アンリ・レヴィという人間はサルトル派――サルトル派とか、反サルトル派という言い方は、あまりに単純化的ですが――ではなかった。彼はソ連の体制と共産主義への徹底的な批判を基調とする人間で、ソ連や毛沢東主義に賛同し加担したサルトルにもきわめて批判的で、つまり反サルトルです。そういう人が二十世紀が終わり、いよいよ二十一世紀に入るときに、やはり二十世紀はサルトルの世紀であった、サルトルは l'homme-siècle であるという認識からサルトルに取り組んだわけです。この本のなかで彼は、サルトルの作品のいくつかのものについては初めて読んだと言っています。食わず嫌いでこれまで読んでいなかったものがたくさんあるわけです。『嘔吐』などは以前に読んだことがあるんでしょうけれども、今回初めてじっくり読んだと。それから『存在と無』なども、それまではあまりきちんと読んでいなかったのではなかろうかと思いますが、その豊かさに驚かされたとも言っています。こうしてかなり多くのテクストを初めて読み、いくつかは読み直すということをわざわざ行なって、彼はこの本を書いたわけです。

ベルナール＝アンリ・レヴィのようなサルトルに批判的だった人間がこう考えるにいたり、このように労力を傾注してこの本を書いたことは非常に重要な意味があると思います。われわれサルトリアンはこのようなレヴィの呼びかけ、働きかけに、真っ向から応えていく必要があるのではないかというのが、まず私の立場です。とはいえ、私はレヴィの言っていることがすべて正しいと主張するものではありません。これを訳しているあいだにもいろいろ疑問が湧いてきて、彼が目の前にいたら問い質したい点も多々あります。ですから私の立場は、この本をまじめに受けとめようということだと思っていただければよかろうかと思います。

ヒューマニズム／反ヒューマニズムのサルトル

石崎　さて前置きはこれぐらいにして、この本の結構の上での最大のポイントは、二つのサルトル、ないし三つのサルトル——レヴィ自身は第三のサルトルというのを想定しておりますので——を区別していることです。画然と区別することのできる三つの違った人間がいて、それぞれがまったく違うものだというのが、さしあたりこのサルトル論の眼目ですね。この第三のサルトルというのは彼が目が見えなくなったあと、ベニィ・レヴィと対談による共同思考作業を試みますが、そのなかで姿を現すサルトルで、それはレヴィナス的なサルトルである、とベルナール＝アンリ・レヴィは言います。サルトルはレイモン・アロンによって現象学の存在を知らされ、最初に買った本がレヴィナスの本であったわけですから、その哲学者としての出発はレヴィナスを通してなされていると言うこともできるわけです。そして奇しくも彼の哲学者としての生涯がまたレヴィナス的なもので終わっていくとベルナール＝アンリ・レヴィは書いており、これはまことによく出来た話ということになりますが、この第三のサルトルについてはこれぐらいにしておいて、二つのサルトルを問題としたいと思います。

第一のサルトル――premier Sartre ですから「初期サルトル」と訳すこともできますが――は anti-humaniste であるというのがベルナール＝アンリ・レヴィの主張です。厳密に訳せば反ヒューマニズム主義者になりますが、要するに反ヒューマニズムの人間です。それに対して第二のサルトルはヒューマニスト、ヒューマニズムの人間であるということになります。

そこでサルトルの政治的誤りと言われるもの、つまり五〇年代、六〇年代以降の、ソ連ないしはフランス共産党との同調、つまり同伴者となったこと、それからカストロのキューバへの手放しの礼讃にはじまり、第三世界主義からやがて毛沢東主義に行く。そして大幅なテロリズム容認があり、それらに付随して、ソルジェニーツィンなどのソ連反体制派に対する軽視、蔑視がある。それらをレヴィは「全体主義への加担ないしはそれへの傾斜」という言葉でくくって非難する態度をとっています。その全体主義への傾斜あるいは加担は、この第二のサルトル、つまりヒューマニスト・サルトルから出てくる。つまりサルトルがヒューマニストであるところから全体主義への傾斜が出てくると主張するわけです。これは、ベルナール＝アンリ・レヴィ独特のヒューマニズムについての考え方に基いており、それは一言で言いますとヒューマニズム批判の立場で、ヒューマニズムは全体主義に通ずる、ないしは全体主義に行き着くという考え方です。

第一のサルトルが反ヒューマニズムのサルトルであるというのは、例の『嘔吐』の中の有名なヒューマニズム批判の件《くだり》から明らかです。逆に言えば、反ヒューマニズムのサルトルを最も明確に代表し、証明するのは、あの件《くだり》です。主人公のアントワーヌ・ロカンタンが独学者と呼ばれる人物と会食をするわけですが、そこで独学者は、自分が人間を愛する者であることを告白し、自分が人間愛に目覚めたきっかけについて語ります。戦争（第一次世界大戦）中に彼はドイツの捕虜になり、大勢の捕虜がぎゅうぎゅう詰めになっている汚く臭い捕虜収容所の人いきれでむんむんする真っ暗闇のなかで、ほかの者とぴったり体を付け合っていた。そのとき彼は大いなる喜びを感じ、そこにいるすべての者を愛している、ひいては人類すべてを愛していると確信する。この独学者のヒューマニズム宣言を聞いているうちに、ロカンタンは、あらゆる種類のヒューマニストを頭に思い浮かべ、ヒューマニズムへの嫌悪と侮蔑の思いがこみ上げて来て耐えられなくなってしまう。そして猛烈な吐き気にかられて、レストランから逃げるように飛び出し、街をさまよい歩いた末に、ある辻公園に入って行って、そこであの有名な「マロニエの樹の根」の場面になるわけです。これは『嘔吐』のクライマックスというべき件《くだり》ですから、このヒューマニズム批判の場はクライマックスの導入部をなしている。そこで『嘔吐』のサルトル、つまりは第一の、初期のサルトルは、反ヒューマニストであることになるわけです。このアンチ・ユマニストであるサルトルは快活なる自由の哲学者である。あるいは一般的に反ヒューマニズムは全体主義に対して最も抵抗力をもった考え方であり、人間たちであるとレヴィは言います。したがって自由と反逆の思想家である第一のサルトルは、ファシズムに対する抵抗力を最ももっている者です。

これに対して、第二のサルトルはヒューマニズムの擁護者であり、それはもちろん「実存主義はヒューマニズムである」というあの宣言からして明らかです。そしてヒューマニズムは必然的に全体主義へと進んでいく、ないし全体主義はヒューマニズムの一形態なのだ。サルトルが共産主義やソ連やキューバ、テロリズムやマオイズムに加担するようになったのは、彼がヒューマニズムへの激烈な批判を捨てて、ヒューマニズムに転向したことから自動的に派生して来る。こういうふうにレヴィは言うわけです。これは驚くべき考えに見えるかも知れませんが、フランスの近現代思想の中ではこういうヒューマニズムについての批判は確固として存在しています。戦後、とくに構造主義の隆盛の頃には、フーコーの「人間は死んだ」という断言があり、一般に構造主義的思考は事象・現象を決定し生み出すものは、人間的主体ではなく人間を越えたもの、制度や言語のようなシステムであると考えますから、アンチ・ヒューマニズムという言葉で表すことのできるような潮流が非常に大きな流れとなっている。そのようなフランスの思潮をレヴィは踏まえているわけです。ですから、彼のこの立論を検討することは、戦後のフランス思想の中で何度か繰り返し行われたと考えられるヒューマニズム派と反ヒューマニズム派の論争の現状がどうなっているのかを知る意味でも興味深いことではないかと思われます。

レヴィのヒューマニズム論

石崎　レヴィ自身の反ヒューマニズム主義、ないしはヒューマニズム批判の趣旨、論拠については、この本を読んで把握したかぎりでお話しします。ただ私にはよくわからない点や疑問点がいくつかありますので、それについてはレヴィの『危険な純粋さ』の訳者である立花さんから補足していただけることを期待しています。問題としては二つあろうかと思います。レヴィのいわゆるヒューマニズム・反ヒューマニズム論がいったいどういうものであるのかという点。もう一つは、それをサルトルに適用した、サルトル論としての妥当性です。

まず第一の点ですが、レヴィはアルチュセールの弟子でもありますので、アルチュセールの理論的ヒューマニズム批判を踏まえていると一応は考えられるのですが、実は少し違うのではないか。アルチュセールの理論的ヒューマニズム批判は、基本的にはブルジョワ思想、西欧資本主義が生み出した人間像を基準として設定することによって、多くの現実を取り逃がしたり誤認したりすることになるということだと言えましょう。レヴィの所説を要約しますと、ヒューマニズムは人間の本質を確定する、つまり大文字で始まる人間 l'Homme を確定し、具体的な人間はそのような大文字の人間の本質に合致したものであるべきだと考える。そうするとそれに合致しない人間は排除されてしまう。こういう動きが最も典型的に現れるのがスターリニズムだと彼は言うのです。革命当時のソ連には「新しい人間」という考えがあったわけですが、あるべき理想の人間、あるいはそうした理想の人間から構成される理想の社会、これを建設しようとするのが革命の目的であり、革命の完成となる。それに合わないものは改造し、やがては非常に暴力的に排除し、抹殺していく動きが出て来るわけです。このように人間の本質を定義し、さらには新しい人間を作っていく、それがスターリニズムの本質的な内容であり、ナチズムにも同じような動きが見られる。理想のゲルマン的人間を設定し、それを阻害・妨害するような要素を排除・抹殺するわけですから、新たな人間を作ろうとする理想主義をヒューマニズムと呼ぶことができるならば、ナチズムもヒューマニズムの一種ということになる。以上がレヴィのヒューマニズム批判です。べつの言葉で言うなら、終末論あるいはメシア思想を拒否するという態度、と言うことができます。より現代政治に沿った言葉で言えば、革命思想——現在のもろもろの悪を解決し一挙に理想のユートピアを実現するような革命が可能であり、必要であるという考え方——に対する批判ということになるでしょう。

ここまでは一般的なものとして素直に了解できると思いますが、もう一つ共同体批判とも言うべきものがあります。共同体を自然的なもの、あるいは本来的に存在するものであると考える自然主義的・本来主義的共同体観は、現実に行き詰ったとき、本来的に自然なものが何らかの要因によって妨害されたと考える。そして、それは悪に決まっているわけですから一掃しなければならないとなる。これは最も典型的にはナチズムに現れるわけですが、スターリニズムにも同じ思考回路が見られる。つまり全体主義的な思考回路です。このような思考方法、思考の性向は、もしかしたらピューリタン革命以来のあらゆる革命現象につきものだったのではないか。ピューリタン革命は聖書的なイスラエル共同体との自己同一化に支えられていたし、フランス革命にはローマ共和国の市民との自己同一化が見られた。そういう意味では、ロシア革命にはフランス革命との自己同一化があったわけですが……。ともかく、そのような共同体論、共同体観をレヴィはヒューマニズムと呼び、強硬に批判する。ここに一つ、自然に対する、もしくは自然的なものに対する頑強な批判が出てきます。その一番わかりやすい例は、例のサルトル・カミュ論争を論じているところだと思います。レヴィはサルトル・カミュ論争において、人間としても政治的にもどうもカミュのほうが正しい、カミュのほうに分があるのだが、唯一、根本的な哲学思想においてカミュではなくてサルトルをとると言っています。それはなぜかと言うと、カミュの『結婚』に見える自然との一体感が問題だと。「大地だとか空だとか海との婚礼、こういうものだけで良しとするときには、人間は何もしないという事態に追い込まれないだろうか。自然に対するこのような盲目の信仰は、全体主義の、そして殺人のもう一つの大きな源ではなかろうか」と彼は言っています。このような自然観、ないし自然に対する態度についての彼の非常に厳しい考え方を直ちに了解することはできない。あるいはこれを了解するとなると、われわれがこれまで文学的なもの、文学的感性と考えてきた多くのものを再検討しなければならなくなる気がします。それからもう一つ、子どもや若者崇拝に対する批判がありますが、これも私にはわかりにくいところなので、このあたりについては、立花さんから、何かお聞かせいただければと思っています。

以上がベルナール゠アンリ・レヴィのヒューマニズム批判です。そこで次は、これをサルトルに適用した、サルトル論としての妥当性はどうかという問題になりますが、レヴィはアンチ・ヒューマニストとしてのサルトル、サルトルの反ヒューマニズムについて五つぐらい論点を挙げていますが、ここではそのうちの二つをピックアップしておきます。

一つは、サルトルが「人間は作るべきもの、あるいは構築するべき、建設すべきものである」、人間は投企であると言っている点。つまり人間は目的ではない、不断に作っていくものであるという主張。これをレヴィはサルトルがヒューマニズムに対して突きつける批判の一つの点であると評価して非常に賛同している。

もう一つが主体の理論と彼が称するもので「サルトルにおいては、人間は内面性をもたない、同一性をもたない、安定性をもたない、永続性をもたない。この点が反ヒューマニズムである」と言っています。内面性をもたないということについては、「フッサール現象学の根本理念：志向性」という一番初期の、非常に鮮烈な短い哲学的テクストの中で、意識するとは何かに向かって炸裂することであると言っています。つまり意識それ自体はいっさいの実体も内容ももたない、中身ももたない空虚な運動である、と。そこからさらに「我々は内面性から解放された」、「プルーストから解放された」と言う。この内面性をもたない、それから同一性をもたないというのは、要するに意識とは「何ものかについての意識」であって、そこに何があるかと言うと、「もの」があるだけで、意識とはその「もの」に向かって行く動きであるにすぎないと言う。そうなると人間の意識それ自体の同一性というようなものは、なくなってしまう。そのつど、ものに向かう運動としての意識があるだけになるわけです。そうなると当然、意識は安定したものでも、永続するものでもない。つまり、サルトルによれば意識は内面性も同一性も安定性もなく永続性もないとレヴィは言っているわけです。これについては、たとえば『存在と無』の中で提出される「自己性の回路」の概念などで、意識の自己同一性の根拠をサルトルはちゃんと示していますので、レヴィが言うようには単純化できないと思いますが……。

この初期サルトルのアンチ・ヒューマニズムの議論については、まだまだいろいろ検討すべき点があります。また第一のサルトルから第二のサルトルへの変化ないし転換の契機についてレヴィは二つの段階を考えていて、一つはサルトルが第二次世界大戦でドイツの捕虜になり、捕虜収容所で八ヶ月ほど過ごしますが、そこで集団的なもの、共同体的なものに開眼し、「連帯」と「社会主義」を発見したこと。つまり『嘔吐』で作り出した独学者に、数年後にその作者自身がなってしまったという事件。これをレヴィは、二十世紀によく見られた、すぐれた知識人の全体主義的な政治思想および運動への転換、転向——たとえばジィドやロマン・ロランやアラゴンの共産主義への転向、バレスやドリュー・ラ・ロシェル、さらにはハイデガーの国粋主義やファシズムへの転向——という二十世紀の知識人の歴史に通有の現象の一つと捉えます。第二段階はより哲学的で、『存在と無』を通してのヘーゲルとの対決とその挫折です。これもヘーゲル以降、二十世紀を通して多くの思想家に共通する現象ですから、その意味でもサルトルは二十世紀の典型的な課題と現象を体現している。まさに二十世紀そのものである人間、「世紀の人」である、となるわけです。

このように時系列的に位置づけるにもかかわらず、転換以後のサルトルがもっぱら第二のサルトルになったかと言うとそんなことはなく、二つのサルトルは重なり合い互いにはみ出しあっているとか、第一のサルトルは第二のサルトルの中に埋まりながら、必死になってSOSを発している場合も多々あるのだとか言います。ですからこの「二つのサルトル」説はかなり融通無碍のところがあり、場合によってはご都合主義と言ってもよいと思いますが、それでも大きな機能を果たしている。それは、サルトルにおいて斥けるべきもの、批判すべき部分を排除して、サルトルの中で評価すべきところを無傷のまま取り出すことを可能にするという機能です。その評価すべき部分は初期に集中しているわけで、その部分においてサルトルは、「現代人たち」つまり現代思想家たちの先駆者だとレヴィは主張します。彼はヴィトゲンシュタイン、アルチュセール、ラカン、フーコー、ドゥルーズの名を挙げています。このあたりについても彼のヒントを受けて具体的に検証する必要があるでしょうが、サルトルを言わばヒューマニズムという反動から解放して本来の革新性を浮かび上がらせたところに、レヴィの功績を認めることはできるのではないでしょうか。

ベルナール＝アンリ・レヴィとはだれか

立花　いま石崎さんからいくつか質問をいただきました。サルトルの専門家ではない私の言うことがどれだけ皆さんに受け入れていただけるかわからないのですが、できる範囲の中で私なりの考えを述べたいと思います。『サルトルの世紀』の全体的な評価にはむずかしいところがあると思います。ただ現時点においてサルトル像を鮮明に描き出したことはすごい。単にこれまでの研究を寄せ集めてできる仕事ではなく、そこにはそれなりの彼の見識や才能がある。ある意味でサルトルとベルナール＝アンリ・レヴィには、共通性が全くないわけではない。ブルデューの晩年などもそうですが、非常に強い批判に晒されてきた。たとえばレヴィは『フランス・イデオロギー』で、フランスにおける反ユダヤ主義を攻撃した。フランス共産党を攻撃し、第二次大戦中のいろんな問題を取り上げた。まだ当事者が生きている時代について真っ向からそういうことをしたわけですから、大きな反響を呼び、叩かれた。それはサルトルについても言えることで、彼が政治的に誤ったかどうかは広範なサルトル批判の本当のところではないと思います。彼が直接、当時の諸制度を手厳しく批判したことが許せなかったのです。その批判の仕方はポストモダンの批判の比ではない。直接ずばり批判した。制度としての「文学」を初めて批判した人はサルトルじゃないかと思うし、サルトルほど徹底して、それも自分自身を通して批判した人はいません。公衆の面前で自分自身を解体していく形で批判したわけです。ですからプルーストもフロベールもボードレールもジュネも、当然その対象になっていく。そういう彼の姿勢が反感を呼んだのです。レヴィ＝ストロースとサルトルの有名な論争も、要するにアカデミズムからの批判と読める。アカデミズムという制度から見るとサルトルは我慢ならないのだとぼくは理解しています。レヴィも長いあいだ叩かれながらもフランスの論調をリードしてきました。『フランス・イデオロギー』や『人間の顔をした野蛮』がなければ、八〇年代のスターリン主義批判やナチズム批判はなかった。あるいはサルトルについて二〇〇〇年にあれだけフランスで盛り上がったのもレヴィが本を出したからです。それは評価すべきだろうと思います。

まず、石崎さんの質問を受けて、いったいベルナール＝アンリ・レヴィとはだれなのか、彼の全体主義批判を中心にお話しさせていただきます。レヴィは六八年五月革命の世代です。この世代は単に「革命」——括弧つきの革命ですけれども——に高揚感をもっただけの世代ではない。ぼくもよく覚えていますが、六八年の八月ソビエト軍がチェコに侵入し、そしてまもなくソルジェニーツィンの『収容所列島』が出ます。これによってスターリン主義ないしソ連における反体制に対する苛酷な弾圧の実態が隠しようもないものになり、衝撃を受けた。つまり感受性がゆたかな青春時代に、共産主義諸国に対する幻想を完膚なきまでに打ち破られた世代なのです。

レヴィを一躍有名にしたのは一九七七年に出た『人間の顔をした野蛮』ですが、まさにそこでスターリン主義を問題にした。彼の論旨は、スターリン主義の非人道的な行為はマルクス主義がたまたま犯した誤りではなく、マルクス主義そのものに内在する問題だということです。さらにこの問題は十八世紀、啓蒙主義まで遡る。啓蒙主義そのものの中にすでにそういう非人道的な行為へと向かう何かが内在していたと言うのです。このあたりはかなり知られた議論かと思います。レヴィの全体主義批判は文明論的な射程をもっていて、二年後の『神の遺言』では、二十世紀の全体主義が犯した非人道的な行為の数々は近代の欲望の解放思想と深いところで繋がっていて、さらに言えばギリシア・ヘレニズム的な多神教的な伝統にまで遡れると言っています。逆に彼はユダヤ・キリスト教的な伝統を高く評価します。とりわけユダヤ教的な思想です。というのはユダヤ教では人間に悪はつきものであるからです。原罪の思想が核にある、そこを彼は非常に高く評価するわけです。とは言ってもレヴィは神を信じているわけではない。むしろ『人間の顔をした野蛮』の中で宣言しているように無神論者です。彼に言わせると一神教自体が近代の無神論をすでに用意している。とくにユダヤ教には無神論的な契機がすでに内在されている。まず一つにはユダヤ教は偶像崇拝を許さない。たとえば「出エジプト記」でモーゼの前に現れる神もべつに姿を見せるわけではない。藪が燃えて炎が立つだけです。いくら燃えても藪はなくならない。おかしいと思ったら、そこから神の声が聞こえてくるわけです。『神の遺言』を読んだのはだいぶ前なので不正確かもしれませんが、神人同形でない、つまり神と人間が同じ形をしていないユダヤ的神を彼は高く評価する。そこには世界と人間が調和していないという思想がある。世界は人間に合わせて創られているものではないという悲観主義的で、非人間中心的な世界観をユダヤ教はもっている。そういう悲観主義が、たとえば人間の理想郷が地上において実現できるというディスクールないし誘惑に対する免疫を人々に与えてくれると言う。だからキリスト教を評価していると言っても、カトリック的な聖母信仰などはレヴィから言わせると、ちょっと注意しなくてはいけないとなるようです。

少し時代を飛ばして一九八九年のベルリンの壁崩壊以降の話にいきますが、このあたりでレヴィの思考は新たな展開を示してきます。一九九四年に出版された『危険な純粋さ』の中で、共産主義諸国の崩壊は言祝ぐべきことである、しかしながら理想主義は衰退していない。むしろ形を変えていたるところで新たな殺戮を繰り広げているのではないかといった趣旨のことを、旧ユーゴスラビアの内戦、とくにサラエボにおける悲劇、あるいはルワンダの大量虐殺とかアルジェリアの内戦を挙げながら語ります。また、アルジェリアでのイスラム原理主義者によるテロ活動を検証しながら、フランシス・フクヤマ流の「歴史の終焉」論を批判する。要するにマルクス主義の凋落以降、理想主義はいわゆる原理主義者たちによって受け継がれていると言うのです。原理主義——べつにイスラム系の原理主義だけではなく——、あらゆる原理主義の根底にある共通項は何か、それを解明しなくてはならない。ふつう大量虐殺と言うと何か犯罪的な人間だとか、残虐な性格をもった人間たちによって犯されているように思われがちですが、検証していくとどうもそういうことではない。全体主義者は地上においていかに善を実現するかに心を砕いていて、それを阻害する要因を社会から排除していこうという誘惑にかられて大量殺人へ走る。つまり原理主義者だとか全体主義者は悪を目指しているのではなく、純粋さを希求しているのだと言う。そういう集団に共通した特徴を三つぐらい挙げるとすれば、ユートピア思想と性善説、それから歴史は一つの方向を目指しているという歴史観です。

先ほど石崎さんから「自然」についての質問がありましたが、ユートピア思想における自然観は、人間は善であるという性善説に繋がっています。原理主義者は根本的に無垢な人間による無垢な社会の実現を目指している。いわゆる社会有機体論ですね。人間は自然の力が発露する場である。自然に内在する生命力が発露する場が人間であると考えているのです。フーコーに言わせると、「生命」という概念自体が近代的なものです。そういう生命力の発露としての人間は本来的に善であり、自然も本来的には汚されていなかった。だから、われわれは無垢な起源に立ち戻らなくてはいけない。始源において人間は純粋であったのに、それを汚したのはだれなんだと、社会の中の「不純物」を探し出そうとします。このように自然と人間を相互に照応させながら、社会が一つの生命体であり、そういう形で組織されていて、本来的にはそこに調和があるはずだというのが社会有機体論の考え方です。そこでは調和や均質が称賛され差異は否定される。そういった意味で、レヴィによれば原理主義とは始源的な純粋さを求めてやまない夢なのです。その夢が個人のレベルにおいて保たれている場合には、そんなに大きな問題ではないかもしれません。芸術においても有機体論的発想はよく見受けられます。しかしそれが社会的な力をもつようになると、必ず野蛮な行為を生むと言うのです。ユートピア思想にもいろいろありますが、その一つは神の国を実現するユートピア思想です。たとえばサボナローラ。ルネサンス期のフィレンツェにおいて神聖政治的な民主政を敷いた人ですね。彼は教会の腐敗を告発し、弱い者や貧しい者の立場に立った政治を行った。しかしその過程において不信心者、神を汚す者を火あぶりの刑に処しましたし、不敬な書物や芸術作品を大量に焼却したわけです。ボッティチェルリがその犠牲者の典型です。このような神の国の実現を目指すユートピア思想の中にイスラム過激派も入ってくるのだろうと思います。純粋民族の共同体の実現を目指すグループもいて、そこから生まれたホロコーストもある。言うまでもなくショアーです。またルワンダの虐殺などもそうです。あるいは社会契約的な共同体を目指した集団もある。自由と平等が実現され、各自が自己実現できるような社会、そういう理想を追い求めた思想による大量虐殺としては、まずフランス革命があり、スターリン主義による大量虐殺、ごく最近ではクメールルージュ、カンボジアのポルポト政権による虐殺があります。繰り返しになりますが、そういうおぞましい虐殺も彼らの目からすると理想を実現するためのやむをえない過渡的な手段なのです。大量虐殺には必ず憎悪の目あるいは残虐な心が潜んでいるのだとは思いますけれども、少なくとも実行者たちの公式の言説においては、それは決して殺人のための殺人ではなく、何らかの理想を実現しようと実行に移された、人間主義といってもよい計画だったわけです。

戦後のサルトルのテーマ

立花　さて、そこでヒューマニズムと反ヒューマニズムの問題ですが、これに答えるにはやはりヒューマニズムないし人間主義とは何かということについて一定の了解がなければなりません。ぼくなりに考えますと、ヒューマニズムないし人間主義を、人間と自然、あるいは人間と世界が調和しているという思想をもってそう呼ぶのであれば、たしかにサルトルの立場は対極にあります。サルトルにとって人間存在は絶対に世界の中心ではないのです。『嘔吐』に描かれている世界は非人間的な空間です。ぼくはそういうサルトルの眼差しに一番惹かれます。

ともかく認識論としてはサルトルは最後まで反ヒューマニズムの立場を堅持していた。ただ、たとえば地上のどこかに虐待されている人間あるいは飢えている子どもがいるような状況があったときに、世界と人間が不調和だから仕方がないと言って動かないのであればべつですが、不幸な人間、子どもを救わなければと行動に移るのであれば、そこに倫理のレベルとしての人間主義がある。言うまでもなくサルトルはそちらの立場だと思う。ですからサルトルは認識のレベルにおける反人間主義と、倫理における人間主義を抱えていたのであり、この二つの関係が実はサルトルの戦後の最大のテーマだったのだろうと思います。その矛盾を彼は真正面から引き受けた。神の存在をどう証明するかというパスカル的な賭けにも似て、サルトルもこの相矛盾する二つの立場をいかに統合し、認識論からどうやって倫理学を論理的に引き出すのかという問いを生涯のテーマにしたのではないでしょうか。

もう少し話を続けますと、二人のサルトルがいるというレヴィの説には反対です。やはり二つの面は繋がっている。むしろ、大きな矛盾を前にした一人のサルトルがいる。『嘔吐』を見てもわかるように、彼の存在論には記号論的な側面があって、たとえば水たまりに学校用ノートが落ちていて、それを拾おうとすると文字が濡れていて、溶けていることに気がつく箇所があります。そのように濡れた文字に対する違和感、つまり記号の形而上性が事物に転落し、解体していく過程を彼はちゃんと捉えている。小説的には、そこで「嘔吐」が、あるいは「嘔吐」の前兆のようなものが現れます。ロカンタンはロルボン侯爵という歴史的人物の伝記を書いているわけですが、執筆をついに放棄する場面でも、自分の書いた文字を見てそれが何も意味しなくなってしまうこと、つまり文字が意識から剥離してしまう瞬間を彼は注意深く辿っています。それがマロニエの木の有名な存在論的な、かつ記号論的な記述へと流れ込んでいくわけです。サルトルはイメージを意識そのものとして捉えるだけでなく本質的に貧困なものであると捉えています。他方、事物は汲み尽くせない豊饒性をもっています。つまり、どんな小さな事物も現象学的には無限なのです。「イメージ」は実は「記号」と読み替えることもできると思うんですね。たとえば雲を見たら雨が降るんじゃないかというふうにわれわれは見えるものをどんどん記号に変えていく傾向をもっている。ところで雲を雨の前兆を意味する記号として捉えるならば、イメージ論におけるのと同じように事物は記号化されることによって貧困なものになっていく。それに対して雲をその事物性に帰してやるならば、汲み尽くせない豊饒性が回復されることになります。

いずれにしても注目したいのは、サルトルは最初からいたるところに無限を見る人間だということです。事物の中に、宇宙の中に、人間の中に、無限を見る人間なのです。マロニエの木の描写は、事物の豊饒性・無限性、したがって、その非人間性が露呈された瞬間であると読むことができます。小説の最後において、無限に繁茂していく植物は人間の記号活動から解放された「自然」の無限性と捉えられます。これは先ほどの社会有機体論的な自然観とは真っ向から対立します。サルトルの戦後の課題、『弁証法的理性批判』の課題は一言で言えば「全体性」ですが、「全体性」とは人間を救う概念です。「無限」はパスカル的であり、ニーチェ的であり、人間を虚無へ落とし込む概念です。この二つの概念のあいだでの葛藤が彼にある。ヒューマニズムか、反ヒューマニズムかという問いにしても、その枠の中で捉えるべきだと思います。世界が人間の尺度では測ることのできない無限なのだとすれば、人間中心的思考は放棄せざるをえない。『存在と無』の最後のところに次の著作では倫理について語るという有名な予告がありますね。それが結局『弁証法的理性批判』にいく。周知のように、『存在と無』までは意識と認識の問題なのです。意識の内部にも他者性がありますけれども、しかし現実にいる他者、自分の前に現れてくる他者は意識内部の他者性とは違う。現実の他者は無限であり、自由であり、記号を超えたものです。ちょうど記号から逃れた事物の領域がマロニエの木のように人間の前に立ちはだかるのと同じで、表象ではない絶対に到達できない自由な他者になる。なぜなら他者は身体をもっていて、記号を介さずに、たとえば不意に人を殴ることができるからです。そのような記号を超えた他者が暴力的に出現する最も深刻な場面が戦争でしょう。第二次大戦前、彼は戦争には無関心だった。しかし戦争の方が向こうからやってきた。一種、他者が暴力的にやって来たんですね。そこで初めて彼にとっての「倫理」が問題になる。したがって、「倫理」は他者に関与する実践であり、カント的な自己目的であってはいけないのです。『倫理学ノート』に書いてありますけれども、他者が前にあらわれたときに彼の倫理学が始まる。そこでは物語という形式が問題になります。つまり、ロルボン侯爵の伝記を放棄したロカンタンのテーマが、べつの形で再び戦後も維持されるわけです。物語の形式をとっているのが「歴史」、その最大のものがマルクス主義史観だと言えるでしょう。そう見ていくと、物語とは自己認識の弁証法的形式であるわけです。「物語」は『存在と無』における「実存」の空間性と違って時間を必要としています。他者も必要としている。他者があって初めて物語が成立する。他者と物語と倫理それから自己、つまり行為の哲学が戦後のサルトルの問題であったと思います。

ものと認識とのかかわり

海老坂　実は三年前か四年前、この『サルトルの世紀』をめぐってサルトル学会で一度討論を催しており、そのときに何を評価し何を評価しないかを何点か申し上げたので、今日はそれを繰り返さず、その中から一点だけ広げて触れることにいたします。今日、立てたテーマは「サルトルとヒューマニズム」です。ヒューマニズムを仮に複数にしておきます。これまでサルトルのヒューマニズムを論じるときに出発点になっていたのは、いつも『実存主義とは何か』、原題では「実存主義はヒューマニズムである」であり、このテクストをもとにして、それ以降のサルトルのヒューマニズムを論じていました。ところがサルトルの死後、サルトルの初期作品集が出てきた。それからまた戦争中の日記が出てきた。そうなってくると『実存主義とは何か』だけを出発点としてヒューマニズムを論ずるのでは不十分だろうと思います。それでは結局ベルナール＝アンリ・レヴィのように、戦前はアンチ・ヒューマニズム、大戦後はヒューマニズムとなる。『実存主義とは何か』の中のヒューマニズムには二つあって、一つは投企――何か目的を追求しながら、自分の意識を前へ投げ出して世界や人間を再把握するその乗り越え――の中心に人間がいるというヒューマニズム。それからもう一つは、個人の主観性、と言ってもそれは個人のものではなく他人の面前で自分を把握する主観性であり、そこには相互性があるというヒューマニズム。そういうものがこの『実存主義とは何か』の中で語られているヒューマニズムだと思います。

ただ、これを戦前の著作から考えてみると、それ以前にそこに通じていくヒューマニズムの思想があったと私は考えます。レジュメにはいくつかのヒューマニズムを並べてみましたけれども、それのすべてについてコメントをする時間はとてもないし、またそこに記されている「労働のヒューマニズム」あるいは「欲求のヒューマニズム」についてはいくつか論文を書いているので、ここでは触れません。そうではなくて、初期のサルトルがまだヒューマニズムという言葉を通しては考えていないにもかかわらず、ヒューマニズムに続いていく原思想のようなものを若干お話ししたいと思います。

第一に挙げたいのは「芸術創造のヒューマニズム」です。どういうことかと言いますと、『嘔吐』より十年前に書かれた『アルメニア人エール』というエッセイがあります。エッセイというより作品といっていいでしょうか。文学作品なのですが一種の神話の形をとった作品です。このテクストは善悪をめぐるサルトル神学が初期の形で語られていて、非常におもしろい。これにはやがて将来の『聖ジュネ』なり『悪魔と神』に通じていく要素が含まれています。興味深いのは、初期作品で完成したものではないけれども、テクストに一つの流れがある。どういう流れかと言いますと、いかにして倫理——moraleという言葉はぼくは全部倫理と訳します——の問いが生じたのかです。最後にアポロンの忠告として倫理はくだらない事柄であるとされる。倫理ではなく、芸術作品を創造する欲望をもっていよと主人公がアポロンの忠告を受けるんです。主人公はそのときお前には才能があるんだよと囁かれる。実際にはもう少し続くのですが、実質的に作品はここで終わっていると考えることができる。そのときアポロンの言葉の中に「人間がつくるもの以外に美しいものはない、人生それ自体は何も教えてくれないことを知れ。お前は忍耐強い労働者に、殉教者になれ。お前の真の目的は、彫刻、書物、絵画、それらをつくることで、それらはお前の指の下に生まれるのだ。それを知れ」とある。このアポロンの忠告は、ヒューマニズムという言葉で語られてはいませんが、ヒューマニズムと言いうる考えに通じている。しかしそのあとのサルトルは、たとえば芸術制作は労働であると考えている。これは「労働のヒューマニズム」に通じていくことです。また、人間がつくるものにしか美しいものはないという考え方、これは『文学とは何か』の中で自然の美と人間がつくる美とが区別されている、そこへ通じていく考え方ですね。アポロンがサルトル自身かどうかという問題がありますけれども、サルトルの場合、いつも自己内対話がある。自分の中でいろんな対話を繰り返し、それを何人かの人物に振り当てていますが、少なくともアポロンの考えがサルトルの思想でないということはできない。

その次に「知覚のヒューマニズム」がある。「五感のヒューマニズム」あるいは「志向性のヒューマニズム」と言ってもいいかもしれない。つまりものと意識とのかかわりの中で出てくるヒューマニズムです。二八年の作品『ある敗北』の主人公はフレデリックという人物で、彼はニーチェのフリードリッヒからとった名前、要するにニーチェとワーグナーの奥さんであったコージマという人の恋愛をモデルにして、しかし歴史的な物語ではなく現在の物語にして書いている作品です。フレデリックはニーチェに重ね合わされているのですが、この人物はサルトルがつくり出した人物の中で一番彼の実像に近い人物です。たとえば片目が見えないとか、唇が分厚いとか、筋肉をすぐに硬直させるとか、そういう肉体的な特徴。またフレデリックはエコール・ノルマルに通っている。それからポール・ニザンらしき友人が現れてくる。で、ロカンタンとは反対にフレデリックは事物の存在に嫌悪感を覚えないのですね。事物は非常に荒々しく新鮮で敵対的であり、科学や哲学からは独立して暴力的に存在している。そういう事物が自分は好きだとフレデリックは言う。事物はときどき意地悪でそっけなく手に負えない態度をとるけれども、そういう事物が好きだし、また同じように人間が、生きているものが好きだと言う。そしてその場合、事物に対していかなる親近性ももっていない。だから自分は近親相姦をせずに事物を愛することができるとまで言っている。それはのちに近親相姦的な恋愛を重ねたサルトルのものとしては非常におもしろい言葉ですが、レヴィはこの箇所に注目している。サルトルは事物の荒々しさ、その若い力、野生の力に魅されていた。事物に狂おしく恋するサルトルがここにいると言う。ぼくもそのとおりだと思う。ここで若いサルトルはこれなんだと、膝をはたと打つわけですね。ところがそこから先が大きく分かれるのです。レヴィはそこから強引に、サルトルをマテリアリスト、唯物論者に仕上げていく。つまり意識との関係において事物の自律性を確認するサルトルという方向に話を引きずっていく。なぜならもし、ものと意識との間にある種の関係を認めてしまったら、そこにある種のヒューマニズムが生じる可能性がある。それを何とかして切らなければいけない。この箇所だけならそう言えるかもしれない。確かにフレデリックは事物と意識の近親性を認めていない。ただ近親性を認めていないこと、つまり二つのものが性質が違うということと、そのあいだに関係がないこととはべつでしょう。愛すべきものを、それを愛すべきものとして構成している知覚があるわけで、その知覚する意識とそのものとの関係はいったい何なのかという問題が出てきます。『ある敗北』にはもう一つの側面、「意味のヒューマニズム」と言っていいものがちらりと現れてきます。フレデリックはそのあと、ワーグナーをモデルにしたオルガンテという人物のところへ行って、その娘の家庭教師をする。家庭教師をしながらその娘にお話をするんです。そのお話は、カルルという王子が出てきて、その王子がその少女にあらゆるものは生きているんだよ、あらゆる事物が生きているんだよ、ものの中には魂があるんだよ、という内容です。フレデリックがカルルのお話をするわけだから、二人は一応べつの人物だけれども、そういう話をするフレデリックの中にはやはりカルル的な思想があったと考えてもかまわない。これはアニミズムでは多分ない。そうではなくて、やはり事物の中に意味――サルトルはサンス sens という言葉で表現するんですが――、事物の中にサンスというものを読み取ろうとする、つまり意識とものとのあいだにある種の関係をすでにその時点で認めようとするサルトルがいる。

それから『戦中日記』に飛びますが、この中では、サルトルはそれまでの自分の歩みをいくつかの時期に分けて、振り返っている。第一期、二十一歳から二十九歳ぐらいまでのサルトルは目に映るあらゆる事物について無条件の絶対性を認めていた。これは要するに、観念論ではなくてレアリスム、実在論の立場と言っていいでしょう。反観念論あるいは反表象論、世界は単に観念が生み出したものでも表象が生み出したものでもなく事物それ自体があるという実在論の立場に立つ。なぜ観念論、表象論、あるいは科学を否定するかというと、そこには事物を発見するときの驚嘆がないと言う。そういうふうに、フッサールを発見する以前には直感の喜び、知覚の喜び、それから事物と魂との交流を喜ぶサルトルがいた。つまり『ある敗北』の中には二人の――こういう言い方をするとレヴィに似てくるけれども――フレデリックがいる。一つは事物がまったく独立していると考えるフレデリック。他方ではものと意識とのあいだに交流があると考えるフレデリック。レヴィはこの一面しか見ていないと私は思います。

ここでもう一つべつの視点、アラン・ロブ゠グリエの視点を入れて見たいと思います。ロブ゠グリエは、ご承知のようにヌーボーロマンのいわばチャンピオンで、『消しゴム』とか『嫉妬』という作品を五〇年代に書いています。彼がサルトルについて触れた有名な論文があります。『自然、ヒューマニズム、悲劇』と題された作品で、日本では『新しい小説のために』と題された本の中に収められています。この論文の中でロブ＝グリエはまさしく「知覚のヒューマニズム」そして「意味のヒューマニズム」、『嘔吐』のヒューマニズムを批判している。レヴィがアンチ・ヒューマニズムだと名付けたまさにそのことを彼はヒューマニズムだと批判している。つまり、『嘔吐』における知覚とは大体において触覚である。視覚は距離がある、触覚は距離がない。それから、線よりも色に重点を置いている。線は意識が物から離れるけれども、色はより近づいている。確かに赤なら赤、青なら青というのは何かを訴えかける感じがあるわけです。線はそれがない。しかしサルトルは触覚、色彩に訴えているとと。サルトルはものと人間とのあいだの親密さ、ものと人間とのあいだの共犯関係を指摘している。『嘔吐』においては、ものも人間も同じように生きている。こういう批判です。これはまさしく先ほどカルル王子の物語をしたときのフレデリックの言葉そのものですね。このロブ＝グリエの批判にぼくは賛成しないけれど、批判自体はあたっていると思います。これはロブ＝グリエが五〇年代に書いた本ですから、初期のサルトル作品を読んでいるわけではまったくなく、『嘔吐』からそういう結論を引き出している。そして彼はまた比喩とか形容詞、たとえば「噴水の幸福そうなあえぎ」とか、「海が這ってきている」といった表現を問題にする。ロブ＝グリエに言わせると、こういう比喩はものと人間とのあいだの一種の共犯関係であり密通であり、ものを描写するときには断固としてものの外側に身を置くことが必要だ。事物の外在性、自律性を描くためには深層を拒否して表層に訴えなければいけない。幾何学的な図形、線に訴えなければいけないと。これはロブ＝グリエの一種の表層主義宣言ですね。こうして彼自身は幾何学的な図形、線を重視する小説を書き、彼が考えるヒューマニズムと言えるものを文章から追放する。しかし彼の文章は、実をいえばぼくには無味乾燥に思われる。ただ無味乾燥な文章という表現自体、ロブ＝グリエにとってはいけないものなのでしょう。無味は嗅覚に訴える言葉、乾燥とは触覚に訴える言葉です。そういう言葉を使うこと自体がロブ＝グリエに言わせるとヒューマニズムになってしまう。ところがレヴィはロブ＝グリエについて一言も触れてない。この有名な文章を彼が読んでないということは考えられない。そしてロブ＝グリエとレヴィは同じことを言いながら、まったく逆の見方をしている。立花さんは、認識における反ヒューマニズムと、倫理におけるヒューマニズムには矛盾があるとおっしゃったけれども、たとえばロブ＝グリエのこういう批判をどうお考えになるのかうかがってみたいと思います。

先ほど申し上げたように、この時期のサルトルは自分が書いたことをヒューマニズムとして語っているのでは決してない。ヒューマニズムという言葉をある時期の自分については拒否している。むしろアンチ・ヒューマニズムと呼んでいる。しかしそのあとの『戦中日記』を見ますと、ラルボーの『バルナブース』やサン＝テグジュペリの『人間の土地』の読書を通して、だんだんとヒューマニズムと言いうるものに変わっていく。それが戦後に書いた『文学とは何か』の第三章「なぜ書くか」というところに移っていく。そこで彼はまさしく知覚から論を起こすのですね。人間のあらゆる知覚には何か物事を発見し、開示する、暴き出す意識が伴っている。事物が現れるのは人間によってであり、ものとものとの関係、星や月や空や森の関係をつくり出すのは人間の知覚である。人間を通してそこに存在があるという意識です。そういう「知覚のヒューマニズム」をはっきりした形で『文学とは何か』の中で出している。しかしその「知覚のヒューマニズム」だけでは人間はもの足りないというところから、今度はなぜ書くかという文学創造の話に行く。『文学とは何か』の中で新しい点は、「知覚のヒューマニズム」あるいは「意味のヒューマニズム」から、もう一度文学創造、芸術を創造するヒューマニズムへ戻っていく、あるいはそれを再構築する方向に進む。人間のつくったものは美しいものだということから、それをつくるとはどういうことなのかをもう一度考え直す。「知覚のヒューマニズム」と「芸術創造のヒューマニズム」をもう一度考え直そうとする。そこで何が新しいかと言うと、あらためて言うまでもなく、読者の意識です。新しく他者が出てくる。最初のころの「芸術創造のヒューマニズム」と言っていいものの中には読者はまったくいない。しかし、ここのところでは新しく読者の意識が出、読者との関係が問われています。読書は視覚と創造の総合である。つまり「知覚のヒューマニズム」だけでは文学は成立しない。創造は読書の中でしか果たされない。読む人間の意識の中でしかそれはできない。そこからあらゆる文学作品は、他人の自由への呼びかけであるという結論へもっていく。そこからさらに自由の相互認知という「相互性のヒューマニズム」が出てくるんですね。

以上は、ものと認識とのかかわりという視点だけから、ヒューマニズム思想の初期における形成を考えてみたんですが、実はいま言った哲学的認識からのアプローチだけではぼくはあまりおもしろくないし、実際の動きとも違っているようにも思います。と言うのは、サルトルのヒューマニズム思想形成の中にはそのほかいくつかべつの問いがあるのではないか。そういうさまざまな問いの交差の中からサルトルのヒューマニズム思想が生まれてきたように思います。

サルトルにおける「幸福」

海老坂　ここでも初期作品に戻って考えたいんですが、たとえば「幸福」という概念です。長いあいだ、ぼくはサルトルは「幸福」という言葉でものを考えたことがない人ではないかと考えていた。ボーヴォワールの場合はまったくべつですね。自伝を読むと、ボーヴォワールという人がいかに幸福を追求していたかがわかります。幸福追求が彼女の人生の目標のようなものだった。それに対してサルトルにおける幸福追求というのは、どう考えてもあの自伝からは見えてこない。ところがサルトルが死んだあと、フランソワーズ・サガンが『サルトルへの恋文』という題で文章を発表している。サガンは晩年のサルトルと何回か一緒に散歩をしたりしているんですが、その中にサルトルが「ずっと自分は幸福だった」ということをサガンに述べるくだりがある。それを読んでぼくは仰天したんです。サルトルが人生の最後にこういう言葉を発するというのは実に意外だったんですね。これはもしかしたら歳のせいじゃないかとさえそのときは思った。ただ、サガンが嘘をつく理由は多分ない。そのあと、青年期の著作を読むと実はそうではなかった。先ほど挙げた『アルメニア人エール』も、それから『ある敗北』も、両方とも幸福が大きなテーマになっているんですね。幸福を求めるか栄光を求めるか。あるいは幸福を求めるか倫理を求めるか。あるいは幸福を求めるか野心の志を求めるかという問いが、二つの作品でともに語られている。それから不幸は悪なのか、そうじゃないだろう。幸福は善なのか、そうじゃないだろうという言葉をプロメテの言葉として出している。ですから幸福というのが非常に大きな意味をもっていたと言える。
　それでは幸福の内容は何かというと、一つは非常に凡庸に描かれている。幸福は大体において凡庸なイメージを伴っていて、そこに春の光があって、女の人がいて、家があってという三点セット、これが幸福のイメージです。しばしばこれは肉体についての自分のイメージと結びついています。自分の身体が非常にエレガントであると思うときにはあらゆるものをすべて愛する生きる喜びに満ちている。ところが鏡を見ると、自分にはエレガンスがないことを知って、途端にシュンとなってしまうフレデリックがいる。それからもう一つ、幸福は万人の理想とされて、あるいは多数者の理想とされているんですね。幸福の理想をもった人々というのは目的をもたぬ人々であって、他人の考えを実行するだけである。一種のサラリーマンであり、流れ作業に従っている人間である。その生活は休息であって、静であると言う。つまり幸福とは非常に魅惑的だけれども非常に退屈であるとフレデリックもエールも語っている。これに対して、もう一人のフレデリックがいる。それは自分にはエレガンスがないと考えるときのフレデリックで、彼はグロテスクな人間、あるいは筋肉人間、暴力人間といった自己イメージを抱こうとする。そしてこのフレデリックは世の中、群衆、先輩、こういったものを軽蔑する単独人間homme seulであると感じる。そのとき、かりに女の人のやさしさを思い浮かべても、慌ててこれを否定する。そういうフレデリックの内から湧いてくるのは栄光の歌です。ヴィクトル・ユゴーであり、シェリーであり、ニーチェなんですね。彼らの誓いを思い浮かべる。ヴィクトル・ユゴーはご存じのように、シャトーブリアンであるか、さもなければゼロか、というところから出発した。それからニーチェの誓いとして引かれているのは、「あるところのものであれ」という誓いですね。それからシェリーの場合には美に関する誓いがありましたね。『アルメニア人エール』の場合にも、やはり彼は〈家〉の中の幸福にもうんざりして――この家は大文字で書かれています――世の中の幸福を捨てて、野望を追求する。さらに幸福に対して倫理でもって身を守ろうとする。この場合の倫理は内容がはっきりしないんですけれど。さらに最後は倫理なんてくだらない、芸術創造に向かうんだというところで『アルメニア人エール』は終わっている。

要するに若きサルトルの中にはすでに二人の人物がいる。一つはものを、事物を、人間を、女たちを愛し、春の光を愛する、生きる幸福感に溢れた人物ですね。喜びのモラル。このサルトルは生きることと、倫理、芸術創造の間にそれほど矛盾を感じていない、美しい人生を自分は実現するんだ、それから自分の人生は伝記になるだろうと。自分は偉大な作家になり、偉大な人物になる。自分の天才を信じている、そういうサルトルですね。それからもう一つは、幸福に破れたとき、あるいは幸福の中でうんざりしているとき、幸福が大多数の凡庸な夢であることを自覚したときのサルトル。そこから急いで身を引き剝がして、単独人間として、自分が一人でもって真実を、真理をつくり出すんだと、志をたてている若きサルトル。そういう二人の人物がいると考えます。

『戦中日記』を読むとわかることですが、非常に調子のいい自己イメージ、自分が天才だと思い、人生においても芸術創造においても成功するという自己イメージは三〇年代の初期にはだんだんと失われていきます。これはいくつか理由があって、ルアーヴルでの教師生活が長く続いて、田舎教師にうんざりしている。また中年になってだんだんと老化する。背が小さいだけでなくて、だんだんと腹が出て、デブになっていく、頭が禿げていく。そういうことに悩んでいるサルトルが出てきます。しかもそれまでに彼は何も発表していない。つまり偉大な作品をつくって、偉大な人間になるという夢がだんだんと萎れていく、そういう時期の意気消沈した時代のサルトル、あるいは不幸なサルトルの時代というのがあります。この時代にサルトルは初期にはまったく同じものとしていた人生と芸術を切り離す。そして、作品は人生から逃れていく。作品は永遠に留まるもので作者に属さない。自分は不条理な人生を正当化するために芸術作品をつくると考えている。『嘔吐』の結論にあたる部分ですね。要するに芸術による救済の倫理と言っていい。ですからこの時期は確かにアンチ・ヒューマニズムと言いうる要素がある。しかしベルナール＝アンリ・レヴィはそういうアンチ・ヒューマニズムに目をとめていないんですね。

それから三五年以降のサルトルは再度人生に戻っていく。今度は逆に芸術の虚しさというものを考えるようになる。作品をつくることによって人生を救うサルトルが今度は消えていく。その背景はまず第一に地方からパリに移ったこと。それから最初の作品として『壁』が出版された。人生の上ではタニヤという名前で語られている女性と知り合いになって、恋をした。そのときに彼は、人生に失敗することは決してない、人生は正当化されない偶然的なものであり不条理なものである。だけども人生ほど価値のあるものはないと考えた。いわば生の価値を肯定する、あるいは芸術の上に人生を置こうとするサルトルがこの時期にいるわけです。そこから先、それがヒューマニズムにどう通じるかというのはとても長いので、それを指摘することで話を終えておきます。

清　この共同討論のテーマは「サルトルはヒューマニストなのか、アンチ・ヒューマニストなのか」というものです。さっき石崎さんも立花さんもおっしゃっていましたが、そもそも「ヒューマニズム」、「アンチ・ヒューマニズム」という言葉で、何がそこで問題となっているのか、このことが事前にかなり鮮明になっていないと議論のやりとりがうまくいかないと思います。そういう点で、ぼくはサルトルの思想を「相互性のヒューマニズム」と名付けたいわけですが、そうぼくが名付けた場合に、何をこのヒューマニズムの構成要素として考えているかという点をテーゼふうにまず言っておこうと思います。

第一に、相互性のヒューマニズムと仮に名付けた場合でも、それが体現する普遍主義はあくまで本質に先立つものとしての実存、言いかえれば、人間の条件の普遍性を主張するものであるということ。一言でいえば、モデルなき状況の中で自らの責任において、己の生きるモラルをことあらためて発案し創造しなければならない存在として人間を捉える立場から、本質主義の人間観に鋭く対立するものである。

第二は、この観点からサルトルの思想は、本質の普遍主義というものがつねにその内部に「本質に悖る者」と意味づけられた他者を、繰り返し生産し、かつまた排除するメカニズムを内蔵しているという事情にひたと視点を据えるものであるという点です。ぼくはほとんどその点では、立花先生が紹介なさったレヴィ自身が言わんとすることと同じことをサルトルは彼自身の観点にしていたと思います。ぼくはこの点をサルトルのヒューマニズムの最も重要な特徴と考えるわけですけれど、レヴィは反対にそういう反・本質主義はアンチ・ヒューマニズムの立場で言えることであって、この点でサルトルは初期（戦前）の己の立場を自ら打ち消す形で戦後にヒューマニズムに転落してしまったと批判します。しかし、その批判はフェアなものではない。戦後の、つまり『弁証法的理性批判』等々のサルトルを丁寧に読めば、その観点は明らかに非常に強く貫かれているからです。にもかかわらず、レヴィが指摘するような問題性が仮にあったとしたら、その相反する両面が戦後サルトルの生きた矛盾としてどのようにあったかということを丁寧に紹介して、なおかつ批判するなら批判する提示の仕方をしないと、批評家として誠実さに欠けるとぼくは思います。

第三に、だからサルトルのヒューマニズムは、《つねに本質の名において排除された他者との緊張を生き、その他者とのコミュニケーション・相互性を回復する努力を通して、偽の普遍性の支配を打ち崩し、生成されるべきより真実なる普遍性をつねに展望しようとする一種永久革命者的な立場に立つものだ》と特徴づけることができると思います。より透明なより完璧なコミュニケーション状態を目指すことを掲げるけれども、ただし、それが実現するなんていう幻想はもっていない。むしろ、繰り返しこの努力がなされねば、たちまちのうちに「偽の普遍性の支配」によってあたかもコミュニケーションがすでに成り立っているかのような形で、実際は一方のより力をもった人間が自分の世界を他方の弱者にその沈黙をいいことに押しつけることが実現される。普遍性はつねに生成の、言いかえれば未成の課題としてだけある、そういう認識だと思うのです。

第四は、サルトルの思想は偽の普遍主義に対して闘うものであるわけですが、同時にもう一方で非常に重要な側面として、《一切の相互性を拒絶しようとする分離主義や単独者主義にも対決するという面をもっている》という点です。ここで「単独者」という言葉を出したのは、あとで触れたいと思う次のテーマにも関連しています。『シチュアシオンⅨ』に「単独的普遍者」というキェルケゴールを論じたユネスコでの講演論文が入っていますが、この「独自的普遍者」とか、あるいは逆に「普遍的単独者」とも訳されるこの概念も、サルトルの思想をよく特徴づけるいくつかのキーワードの一つだと思います。と言うのもこの言葉自体が非常に両義的ですよね。「全体分解的全体化」などもそうですが、こういう二律背反的な思考構造、これがサルトルを特徴づける思考の構造だと思うのです。普遍的なものと単独的なものがつねに両極的に対立していて、思考がそのあいだをつねに往復することによって、一方では偽の普遍主義と戦い、他方では単独者主義のアンチ・コミュニケーションの分離主義やナルシシズムとも戦う、これがサルトルではないかと思います。この「単独的普遍者」という言葉が生まれてくることに関しては、思想史的な脈絡で言えば、ニーチェからいかに脱出するかという問題が若きサルトルにとってきわめて重大な問題であったことをこの言葉は暗示していると思います。『サルトルの世紀』でレヴィが、初期サルトルにとって実は一番重要な人物はニーチェだと言っていますが、ぼくもそうじゃないかと思うのです。

ただし、ぼくの捉え方はレヴィとは違っています。そのもともとはニーチェ主義者だった若きサルトルが、いかにニーチェ主義の圏外に出ていくかという問題こそがサルトルをサルトルにする問題であり、まさにそこから「他者」あるいは「対他存在」という問題と「相互性のヒューマニズム」という問題が出てくる。そして、サルトル自身の実存的な経験から言えば、まさにレヴィが言っているように、と言うか、それはサルトル自身が自伝的にいくつかの回想の中で語っているのですが、第二次大戦での捕虜収容所での体験が来る。レヴィは、あの捕虜収容所の体験によってサルトルはせっかくの単独者主義と言うか、ニーチェ的な徹底した対自主義を捨ててしまって、安易に人間の普遍性とか連帯に寄りかかっていくヒューマニズムの方向にいってしまったとネガティヴに評価します。しかし、サルトル自身はそれは自分にとってすごくポジティヴな経験だったと言っていますし、ぼくもそう見るべきだと思います。そうしないと、戦後のサルトルの展開がわからないと思うのです。

第五に、サルトルの実存主義というのは、『存在と無』のタームを使えば、一切の存在欲望 désir d'être の誘惑に対抗するというコンテクストをもっているんですね。自分の存在を、「存在」（「即自存在」）のような何ら欠如性をもたぬある堅固な充溢的存在、そういうものとして存在理由・目的・意味によって完璧に基礎付けられた必然的な正当化された存在として受け取ろうとする欲望、この欲望に対抗していかにそこから抜け出ていこうとするかということです。そういう自己正当化を必要としない生き方のモラルを追求するということです。その場合に、支配階級や「市民《ブルジョワ》」の自己満足しきった自己正当化欲望とか、スノビズムを拒絶していく面がサルトルに強烈にあるということ、これはよく指摘されてきたことです。ぼくはもう一つの面が同時にそこにあることに注目すべきだと思います。二十世紀の思想状況を考えるときに注目すべきは次の事情です。ニーチェ的、バタイユ的な、つまり「個別性の原理」あるいは「自己」のディオニュソス的な解体を通して死にいたるまでの生の法悦を得る、「力への意志」としての力の自己目的的な自己享受を得るといった志向性が示している欲望、こういう欲望もサルトルの眼から見たら一種の「存在欲望」となるという点です。そういうニーチェ的＝バタイユ的な（あるいはE・ユンガー的＝ハイデガー的）自己救済の欲望をも撥ねつけるというモメントが、サルトルにはあるのです。

そこが第六として、「主観性」の擁護という問題と結びつくと思います。サルトルにおいて主観性の擁護は実存概念の擁護と一体のものであり、この点で彼は主観性の契機を排除する一切の思考に反対します。つまり、科学主義的な決定論にも構造主義にもニーチェ的、シュールレアリスム的な力＝存在還元主義にも反対します。主観性とか意識性をサルトルはすごく強調したけれども、それは「主体」ということでなくて、自己を問題化する無化的後退の作用といったものですよね。ついでに指摘しておけば、それは後期フーコーのいう《「自分自身から離脱すること」の倫理》（ライクマン）の存在論的根拠となるものです。この問題を考える場合でも、いったん問題をニーチェまで戻してみることが問題を非常に見やすくする気がします。というのは、ニーチェは、カント的な「主体」、非常に「実体」的で堅固な持続性があって、コンフリクトな統一性・アイデンティティをもっているとイメージされた「主体」、ある思想（真理）や理性的思考に基づいて自己決断をきちっとできるような「主体」を、そんな「主体」は意識が道徳的必要から捏造したものに過ぎないと徹底的に叩きます。サルトルが、対自性をもって「存在」と「実存」とを厳密に区別する場合、そういうニーチェのカント批判を踏まえていると思うのです。だから、サルトルが言う「主体性」（主観性）とは、ニーチェ（さらにはフーコー）が批判したようなカント的な主体性のことではなくて、あくまで無化的後退とか、そういう脱自を促す、彼言うところの対自の主観性なのですね。だから、ある意味で「主体」と考えられたものからつねに脱自していくベクトルにおいて登場してくるものであり、自分が「主体」として表象されている場合のその「主体性」の根拠を問題化し、懐疑のうちに宙づりにするような、そういう働きをする「主観性」を彼は問題にしたのだと思います。この点では、フーコーのかの「人間学」批判にかかわらず、サルトルと後期フーコーは極めて近接した立場に立つと同時に、サルトルの眼からすればフーコーの「主観性」否認は脱自的批判性の存在論的根拠の自己否認であり、自己矛盾なのです。

ところで、もう一つ重要な点は、こういうサルトルの観点から見ると、ニーチェ的な、ディオニュソス的な自己解体欲望みたいなものもある種のいかがわしさ、いやらしさをもっている。つまりそういう欲望に突き入ろうとしている欲望自体がすでに欲望意識である以上、実はもう脱自化せざるをえない主観性を随伴していて、すでに「存在」へと自己を解消することから、いわば原理的に疎外されてしまっている。にもかかわらず、ニーチェ的＝バタイユ的な欲望意識はその自分の実存の状況自体をごまかして、あたかも「存在」の中に完全に溶け込めるかのように自己欺瞞している、あるいはその不可能性の意識を自虐的なバネにしていっそう自分を「存在」へと駆り立てる一種ナルシスティックな自己昂進性に身を委ねていく。サルトルは、そういうベクトルの自己救済欲望をも拒否して生きる生き方のモラルを描き出そうとしたのではないのか、そう思うのです。というのは、ブルジョワ社会へのラディカルな拒絶意識が容易にこの方向に結びつき、むしろファシズムに流れていくという問題が、実は二十世紀の批判的知識人が固有に抱え込んだ内面問題としてある。そのあたりのことが見えてこないとニーチェとサルトルとの関係も見えてこないのではないか。だから、初期サルトルがポストモダンなり『現代フランス思想』の源流であったことはレヴィの言う通りだと思うし、またそこを指摘したことに彼の本の功績がある、それも認めてもいい。ただし、サルトルはそういう初期のあり方を乗り越える必要があって、すでに『存在と無』でも乗り越えだしているし、この思考の脱ニーチェというベクトルの中からはじめて他者とか相互性という問題も生まれてくる。この事情こそ眼目なのではないか。

『黒いオルフェ』の有名な一節にこうありますね。「私がここで示したいと思うのは、いかなる道をへて、この漆黒の世界に近づきうるかということであり、一見人種的に見える彼らの詩が究極においてはあらゆる人間の歌であり、あらゆる人間たちのための歌であるということだ。要するにここで私は白人たちに向かって語っているのであり、黒人がすでに承知していることを白人に説明して言いたいのである」と。また、この黒人の詩的な宇宙に白人である自分たちが参与できるか否かと自問自答して、「享受できる道は、ただ一つ白い肌着を脱ぎ捨てて、単に人間であろうと努めることだけだ」と彼は答えます。こういう言い回しの中に語られているものを指して、ぼくはそれを「本質のヒューマニズム」に対立する「実存のヒューマニズム」と呼びたいのです。権力はつねに「本質」の領有者として己の身を構えることで己の正当化を果たす。これに対して、「実存」というのは、つねに「本質」に対立し、「本質」が規定しているものをはみ出す人間、その《外部》にある人間の姿を示す概念と言える。そういう《外部》にある人間を絶え間なく探求し、それを排除するのではなくて、まさにそういうあり方があるということに再びわれわれの意識を直面せしめ、自分たちの価値観なり美意識なりをもう一度揺さぶり、再点検して、この《外部》とのコミュニケーションの努力の中で人間の普遍性のレベルというものを絶え間なく高次化してゆく、そういう生き方のモラルを表すものだと思うのですね。*（なお、この観点から言えば、フーコーは分離主義的です）。

レヴィのサルトル解釈の問題点

清　以上が「ヒューマニズム」問題に関して一番言いたいことです。この点で、レヴィのサルトル解釈に対するぼくの批判としてもう一点強調したいのは次のことです。サルトルの思考を特徴づけるのは「単独的普遍者」という概念が示唆するような両義的なあるいは二律背反的な思考の構えです。しかし、レヴィの読み方では、両義性の一方の契機に、つまりぼくに言わせればニーチェ的な契機ですけど、そこに引き戻されてしまって、せっかくの両義的なサルトルの思考の往還性が見えなくさせられてしまう。ぼくはそこに非常に問題を感じます。

レヴィは『黒いオルフェ』をもち出して、あれこそサルトルが実存主義を捨てて、本質主義に転落した証拠品だと論じていますが、でもフランツ・ファノン自身はまさにサルトルのあの『黒いオルフェ』を読んで、ネグリチュードの本質主義とやっと自分が訣別できたと『白い仮面、黒い皮膚』の結論部分で書いています。「私は神聖な飛躍は実存の中に発明を導入するにあることを絶えず想起すべきだ。私の歩み続ける世界のうちで私は倦むことなく、自己を創造していく。私は決して黒い皮膚をもつ民族の過去から、私本来の使命を絶対に引き出すべきではないのだ。私は不当にも無視されてきたニグロ文明を復活させることに絶対に執着すべきではないのだ。私はいかなる過去の手先にもならない。私は私の現在と未来の犠牲において過去を賛美することを欲しない」と。初めは彼はあの『黒いオルフェ』にものすごく怒り、反発します。自分のそういうネグリチュード的アイデンティティを痛撃してくる最も嫌な論文だといったふうに。しかし、結局最後にサルトル的な意味での「実存」の立場に立つわけです。こういう問題をレヴィのあの本は全然触れていません。

それから『弁証法的理性批判』に対してもレヴィはまったく否定的です。「つまり『存在と無』の形而上学を捨て、もう一つべつの形而上学を採用することで、まるで突然自身の直感を否認しはじめ、本質的な問題の大部分について、初期の思考の最も正しい命題とは正反対のことを言い出したかのようだ」(『サルトルの世紀』七〇九頁)と。『黒いオルフェ』にしろ『弁証法的理性批判』にしろ、その当時のサルトルは、前口上的には初期の実存の観点を依然として維持しているようなことを言うが、心の奥底ではもう終末論的ヘーゲル主義者になってしまったという解釈をした上で、結局、ファノンの有名な『地に呪われたる者』に寄せた挑発的な序文、それこそアルジェリアのイスラム教徒のテロリズムを賛美するように受け取られた序文ですが、それを指して、「テロリズムの称賛」というふうに告発するわけです。たとえば、これはボーヴォワールの『或る戦後』の中での有名な回想ですけど、ファノンは死の直前、『弁証法的理性批判』のいわゆる「溶融集団」の箇所を読み浸っていたそうです。なぜファノンがそこを読み浸っていたか。彼女は、「黒いアフリカでの出来事によって、彼の心は引き裂かれていた。多くのアフリカの革命家と同様、彼は搾取の一掃された統一アフリカを夢みたのだった。そのあと、アクラで黒人たちは兄弟愛に達する前に互いに殺し合うだろうということに気がついた」と書いています。つまりサルトルの本は二十世紀の一番の悲劇性にファノンを直面させる力をもっていたということです。抑圧に抗する革命運動が同時にそういう対抗暴力として立ち上がっていくときに、人間のさまざまな——それこそニーチェ的に言えば——ルサンチマン欲望を一挙にパンドラの箱を開けてしまうような形で噴出させてしまい、革命の大義も結局マニ教的な善悪峻別二元論——敵は悪の塊でこちらは純粋無垢なる善の純粋集団だといった——の前口上に転げ落ち変質してしまう。立花先生がレヴィの問題意識に関して紹介なさっていたように、です。結局、革命の過程自体も、それが生み出した権力も、もとの抑圧権力よりももっとひどい抑圧性としてしか機能しなくなる。結局二十世紀の革命はそうした結果しかつくり出しえなかったというこの最大の悲劇性、そこが問題の核心ですよね。

　この悲劇性によって、歴史へのアンガージュマンに向うわれわれの意欲も現在は根底のところで蝕まれてしまったと思うのですけど、しかし、この悲劇性にどう立ち向かうか、乗り越えることは覚束ないまでも、どう抵抗するか、依然としてその課題は消えていない。すると、抑圧権力やシステムに対して対抗運動の集団をどう形成し、その集団がかつてのように恐るべき抑圧集団へと自己変質してしまうことに抵抗できる内部装置をこの集団の運動自体の中にどうつくり出すか、新しい精神やモラルを備えた新しい対抗集団の形成をどう展望するか、そういう非常に困難な課題を自分のテーマにしなければならない。そのあたりのことはこの国際シンポジウムで北見さんがたくみに論じたと思うのです。しかし、レヴィみたいな議論の運びをしたら、つまり社会変革的な集団運動、ある理想的な状態を目指して運動することは、たちまちマニ教的な善悪二元論を自ら生産して、それに自分自身を幽閉し、そこから一直線に全体主義と大量虐殺の道に自ら走り出してしまうことだと論じ、サルトルは結局その誘惑に屈したというふうに議論を単純化したら、逆にじゃあどういう集団性のあり方を追求したらいいのか、新しい社会的実践のスタイルなりあり方をどう構想してゆくのか、レヴィはいったいそこをどう考えているのだ、集団VS単独者という二項対立では肝心の問題に全然接近できないはずだ、と言いたくなるわけです。

認識論と倫理におけるヒューマニズム

澤田　これから、全体的な討論に入りますが、四人のパネリストの方が相互補完的な形で見事に示してくださった、サルトルにおけるヒューマニズム、アンチ・ヒューマニズムの問題点を若干まとめる形で一言だけ述べたいと思います。

一つは、立花さんと清さんがおっしゃったこととも重なり合うのですけれども、認識論的なレベルと倫理学のレベルの問題があります。「本質としての人間というものはない」というのはある意味で『存在と無』から『実存主義とは何か』のあたりまでのサルトルの一つの明瞭な主張です。人間は本質はなく、しかし人間という状況はあると述べ、一つの内包なき周延として人間という言葉を用い、そのような人間性というものは認めています。先ほどの『黒いオルフェ』のところに出てくる人間というのはまさにそういうことだと思うのです。果たしてそういうあり方から倫理の問題はどういう形で出てくるのか、これは多分サルトルにおける倫理思想の一番の問題だと思います。それを清さんは、永久革命的な試行錯誤の中で結局辿り着くことはないが、一つの創造的な臨界点としての人間性へと向かっていくという形で見事にまとめてくださいましたが、そうだとしても倫理を支えるような思想的な基盤と倫理との乖離がつねに出てくるわけです。サルトル思想に対する批判が出てくるときに、多分そのあたりが一つの大きな問題になるのではないか。それは海老坂先生のご指摘でいうと、一つの哲学的なこととはべつの問いかけとしてのサルトルにおけるヒューマニズムとも関連してくると思います。

ですから、サルトルの中には二つのサルトルどころかいろいろな形でのサルトルというのがあって、それを今日は石崎さんが最初に少しご説明してくださったあと、海老坂さんにとくに戦前のサルトルの思想形成なども含めてお話ししていただき、そして清さんには『存在と無』以降、『弁証法的理性批判』にいたる流れの中で語っていただいたわけです。清さんがおっしゃられたように、ある意味で二元論的でない、オクシモロンというか、対義結合的、矛盾撞着語法的なサルトルをレヴィはすぱっと非常にわかりやすい形で、逆にマニケイスム的な形で切ったんじゃないかなと私は思います。

かぎられた時間ですが、論点をしぼった形でもう一度ずつお話をしていただいたうえで、せっかくですので会場の方からもご発言をお願いしたいと思います。では石崎さんからよろしくお願いします。

石崎　先ほど言い残したことと併せていくつかお話ししたいと思います。一つは、先ほどの認識論的ヒューマニズムと倫理的ヒューマニズムの問題です。ヒューマニズムにせよ、アンチ・ヒューマニズムにせよ、認識論的と倫理的でそれぞれどういうものかきちんと確定しなくてはならない。これはもうおっしゃる通りで、そこで私なりに定義を試みると、認識論的なヒューマニズムかアンチ・ヒューマニズムかというのは、人間の思考なり行動なりを決定するものが人間であるかどうかということではないかと思うのです。そういう点では、少なくともフーコーないし構造主義以降は反ヒューマニズムであると言える。それと初期サルトルは非常に類似しているところがある。倫理的ヒューマニズムは、やはり価値としての人間、擁護しなくてはならない価値としての人間を想定する考え方ということになろうかと思います。広い意味での人間愛と言ってもいいのかもしれない。ですから先ほどの立花さんの、認識論における反ヒューマニズム、倫理におけるヒューマニズムというのは非常に示唆に富んだ問題提起だと私は受け止めました。ただ『実存主義はヒューマニズムである』では、少なくとも字面の上では、ちょうど逆になっている。サルトルはこの中で、二つのヒューマニズムを区別していますが、その一つは

「人間は素晴らしい」というような人間賛美で、これをサルトルは「自己閉鎖的なヒューマニズム」でファシズムに帰着するとして斥けています。なにやらレヴィのヒューマニズム批判を先取りしているかのようです。そしてもう一つのヒューマニズムは人間を万物の立法者とするものと言っていますが、これは認識論的ヒューマニズムということになるのではないでしょうか。いずれにせよ、この件は今後の課題でしょう。

また清さんのご発言にも多くのことを教えられたのですが、そうしたことを踏まえて考えてみると、どうもレヴィはサルトルの罠に引っかかったかな、という気がしないでもありません。まず例の『嘔吐』のロカンタンのいわゆるヒューマニズム批判というのがあって、これはヒューマニズムに投げつけた侮蔑の言葉、罵倒の言葉としては、最大の傑作とも言える言説です。そして、今度は当のサルトル自身が、ドイツの捕虜収容所から、「独学者になって」帰って来る。そこで集団や連帯を発見し、レジスタンス・グループ「社会主義と自由」を組織する。その動きの延長線上で、「実存主義はヒューマニズムである」と宣言するにいたる。まさにドラマチックでもあり、ヒューマニズムへの罵倒からヒューマニズム宣言まで、ほとんど絵に描いたような軌道が描かれているわけです。この明解な構図にレヴィは乗せられてしまったところがあるのかなという感じがします。もともとサルトルにとってヒューマニズムであるかどうかは外から課された問題で、そんなことを言えば実存主義であるかどうかということも同じと言えるわけですが、この二つを、言わばサルトルは半ば防衛的な必要から、半ば大衆啓蒙教化的な配慮から「引き受けた」わけです。しかし「実存主義はヒューマニズムである」という宣言が、あのサルトルが古くさいヒューマニズムを自称したと受け取られて、当時の気鋭の哲学青年たちをがっかりさせたのも事実のようです。

私見ではサルトルのヒューマニズムの問題というのは確かにあって、それはもちろん『実存主義はヒューマニズムである』からスタートしますが、ヒューマニズムとして内実を備えるようになるのは、ずっとあとになってからで、その完成形態は、たとえば「七十歳の自画像」における、「何人かの者が人間を創造しようと試みて失敗した」とか「革命が成就して、自由を実現することによって人間を創造する」といった言説で示される「人間」です。これは私の解釈では、人間は創造すべきものであるという「創造すべきもの」à faire は、先ほど清さんあるいは澤田さんが全体分解的とか脱自的構造とか永久革命的な努力という言葉で表現しようとされたもの、つまり対自の脱自につきまとう即自対自であったはずなのに、いつの間にか即自的なもの、原理的に実現可能なものに変わってしまっている。まさに「人間」を「神」にしてしまう物神崇拝であって、これこそがヒューマニズムの完成形態ではないでしょうか。ところがレヴィは、サルトルにおけるヒューマニズムを、ほとんど彼の言う政治的誤謬、つまり『共産主義者と平和』だとか、『地に呪われたる者』の序文といった政治的テクストだけについてしか検討していません。そのあたりには随分と不満が残ります。彼がサルトルの誤りとして挙げている例は、一つ一つ検証してみる必要がありますが、現在の段階で最小限指摘しておきたいことは、たとえば『地に呪われた者』の序文の中の「一人のヨーロッパ人を打ち倒すのは、一石二鳥だ。同時に抑圧者を一人と被抑圧者を一人消滅させるのだから」というような文言は、サルトルの直接的な訴えではなく、植民地現地人の内面の声をそのまま文字にしたもの、一種の内的独白の一部、ないし自由間接話法と考えることができます。サルトルにはこのような文言がたくさん見られ、たとえば拷問者の心の中の声を代弁したりします。内観と言うのか、あるいはempathie——「感情移入」と訳しますが——と言うのか、何とも言えませんが。

最後に『嘔吐』についてもう少し言うなら、案外見落としているけれども、もしかしたら重要かなという点は、『嘔吐』は一応フィクションですよね。だから、サルトル自身が言説の責任をもつ者であるという形での言説ではないという点です。もう一つ例の『エロストラート』という短編小説をもってくるとよくわかるのですが、自他ともに認める反ヒューマニストである主人公のポール・イルベールが街頭に降りていって無差別殺人を行おうとする。要するに「人間の社会というのはあらゆるものを許してくれるけれども、唯一反人間主義者は許さない」と言う。この小説はどうもブルトンへの反論ないし揶揄らしいのですが、ポール・イルベールのあの反ヒューマニズム、あれは完全にフィクションだと読む人間は受けとめます。ところが『嘔吐』のアントワーヌ・ロカンタンのあの言明は、サルトル自身もフィクションだと認めていないようで、例の『実存主義とはヒューマニズムである』のあとの対談で、「あなたは『嘔吐』の中でヒューマニズムを批判していたのに云々」という質問をされても、あれは小説に過ぎませんというようなことを一言も言ってない。もちろんそれはロカンタンとサルトル自身との特殊な関係があるからだと思います。ただ事柄としてはやはりフィクションであるあの言説を、フィクションとしての身分の範囲で受けとめることも必要なのではないか。つまりサルトルが生み出した、さまざまのレベルのさまざまなテクストがあるわけで、そういうものを考えていく中で、いま申し上げたようなことも考えるべきではないかと思います。

立花　いろいろなことが問題になってどこから始めていいかわからないのですけれども、とりあえず一言でできるだけわかりやすく、自分なりに言うとすれば、サルトルの立場というのは人間非中心主義的ヒューマニズムじゃないかと思います。先ほど海老坂さんのほうからいくつか質問がありましたが、たとえば「人間がつくるものほど美しいものはない」というのは、ぼくが読むと、むしろサルトルはそこで人間非中心主義を語っているのです。人間ほど美しいものはないと言っているのではない。人間の条件があまりにも惨めなので、だからこそ人間がつくったものは美しい、そのようにぼくには読めます。それから、アンチ・ロマンの小説家の中ではどうもアラン・ロブ゠グリエが一番サルトルに近いのではないでしょうか。あの小説世界はまさにサルトルそのものです。たとえば『迷路』のような作品はサルトルが書いたと言ってもおかしくない作品です。ロブ゠グリエは自分はサルトルとは異なるという独自性を強調する必要があったので、サルトル小説の不徹底を批判し、物質主義と言うのか、人間の外側やものの外側だけを描かなくてはいけないという描写論を展開するわけです。しかしロブ゠グリエの立場とサルトルの立場はあまり違わない、ロブ゠グリエの立場はサルトルに完全に包摂されてしまって、仏様の手のひらの上で踊っているようにしかぼくには見えません。

サルトルが文学から出発したことは間違いないと思うのです。サルトルはボードレールやフロベールと同じ家系にいる。彼自身言っていることですが、あまりにも身近に感じるので、ああいった批評ができたということですよね。だから最初に言ったように、制度としての「文学」を破壊しよう、そしてエクリチュールの中にある制度的なものを破壊しよう、それを「美」と取り違えてはいけないという立場をずっととり続けた人で、ボードレールは緩慢な自殺であったというようなことが言われますが、サルトルの中にもこのポトラッチ的な要素がありますね。自分自身をほふるみたいなね。自分を俎板にのせて透明性を目指していくわけで、それがあまりにも過激だったので反発を買い、嘲笑を買ったのだろうと思います。その上で戦後のサルトルは、行動を問題にしたのではないでしょうか。先ほど清さんも触れていらっしゃったけれども、結局レヴィはサルトルにおける行動の意味にまったく触れていない。ほかにも触れてないことはたくさんありますよね。たとえばスターリン主義には触れているけれども、ベトナム戦争にあまり触れていないのはぼくには大いに不満です。またレヴィは完全に西洋中心主義で、サルトルはそうじゃない。いくらレヴィがアルジェリアに行ったり、チェチェンに行っても、彼は根っからの西洋中心主義者ですから、じゃあその行動を支えているのはいったい何なんだ、それはヒューマニズムじゃないのかとなる。サルトルはそういう倫理の問題をまさに正面から扱い、倫理的「行為」を可能にする「全体性」の可能性にともかく取り組んだ。

レヴィはサルトルの『弁証法的理性批判』は失敗だったとか、アルチュセールがサルトルはマルクス主義が全然わかっていなかったと言っていたと書いていますけれども、原理的に「無限」を取り込めない弁証法が問題になっていると思います。認識論と倫理との問題、「無限」と「全体性」との相剋、ニーチェとマルクスの対立がその裏にあるのです。サルトルは彼自身言っているように無神論を徹底して押し進めた人です。「意味」自体は有神論の最後の隠れ家みたいな面があります。その「意味」を彼は攻撃した。「意味」、「表象」を壊すと、「無限」が現れる。だがそこに行ってしまうと弁証法も「倫理」も不可能になるかもしれない。そういう問題意識が背後にあるのです。二十世紀においてこれだけ大きな問題設定をした人は、ほかにあまりいません。『弁証法的理性批判』が未完になった理由もそこから考える必要があります。たぶん、現象学から来る「無限」の観念が完結を阻んだのです。

あと一つだけ言えば、彼自身もまず一個の個人であり、その生い立ちはボードレールと似ていますよね。母親が再婚したことが非常にショックだった。そういう個の主観から出発したことは当然ですが、彼はそこに留まらず自分を越えていった。サルトルの書く情熱は、ボードレールと根を同じくしていた。その根が人間非中心的な存在意識に下りているのです。だから若いころのエクリチュールだけでサルトルを理解できるかどうか疑問です。それは出発点であって『言葉』にあるように、自分は「誰でもない個人としての個人」、つまりだれもが自分の立場に取って代わりうるような場へと地平を広げていった。人間というものは内部にあらゆる要素をもっているわけで、だからサルトルの中には独学者もいたし、いろんな人間が生息していた。それら幼年時代の彼個人をも含めた諸「個人」を相対化していく中で、そして「文学」をも相対化、歴史化していく中で、「友愛」あるいは「他者」を問題にしたのではないかという気がいたします。

サルトルと文学

海老坂　二つだけ申しあげます。一つは、先ほど出た認識におけるアンチ・ヒューマニズム、倫理におけるヒューマニズム、これは逆だと考えています。認識においてサルトルはつねにヒューマニズム、しかし倫理においては、ある時期においてアンチ・ヒューマニズムの立場に立ったと考えています。というのは、サルトルの倫理思想はつねに芸術創造と関連している。芸術創造と言うとき、そこには反ヒューマニズムの要素がどうしても入ってくる。他者や読者を考えずに芸術創造を考える、つまり自分の人生を救済するがために、正当化するために芸術創造をする。単独人間として世界の真理をつくり出すとか、あるいは芸術創造するという要素はアンチ・ヒューマニズムに通じるところでしょう。ただ、サルトルには生涯、倫理の問題を考えるときに芸術創造をヒューマニズムのうちに取り込みたい、あるいはヒューマニズムで考えたいという葛藤があったと思うのです。それが最終的に、『文学とは何か』から『文学に何ができるか』という本に出てくる。それから、さらにその次の『知識人論』にいく。その一連の作品の中で一つの解決をサルトルは与えているんじゃないか。どういうことかと言うと『文学とは何か』の中で、作家とは言語を通し、さまざまな意味、シニフィカシオンの構築物をつくるとされる。その最終的な形である本のシニフィカシオンの総合的なものは意味、べつの言葉の sens、それは同時に沈黙であるということです。個々の読者は言葉を通してさまざまな意味を通して、全体を捉えようとするが、そこにあるのは沈黙でありサンスという言葉の全体的な意味であるということです。そこまでは『文学とは何か』ですね。今度は、六四年に書いた『文学に何ができるか』、それから『知識人論』の中で、その作家がつくり出すトータルな沈黙、あるいはサンスとは、人生の意味だと言っている。それによって彼は、芸術創造と倫理との二律背反に人生の意味の創造を芸術の目的と考えることで一つの解決を与えているんじゃないかと考えています。

それからもう一点は、「バリオナ」の話が出たのですが、日本で翻訳されていない作品なのですが、最後にバリオナが村人たちに対してキリストを救うために闘いに出る。そのときのバリオナはオプチミスト、楽観主義的である、そこから「サルトルは変わった」とレヴィは言っている。ところがぼくが読んだ範囲では、バリオナはオプチミストにはまったく見えない。もう自分の闘いは負けると知っている。にもかかわらず彼は村人たちに闘おうと呼びかけている。そのときに希望という言葉を与える。レヴィはまったく見落としているというか、あえて書かなかったのは実はバリオナにとってキリストのいのちを救うということは自分の子どものいのちを救うことでもあるのですね。ローマ人の圧政に対してもう子どもを産むことはやめようじゃないかと村人に提案する。その瞬間に妻がやってきて、妊娠したと告げる。にもかかわらず初めバリオナはキリストを信じない。しかし最終的に彼はキリストを救おうと言う。それで戦争に出かける。それはバリオナにとってはキリストを信じることより長いあいだ待望していた自分の子どもを救うことであるという仕掛けをサルトルはつくっています。それをレヴィは見ていない。そして最終的な呼びかけは、『悪魔と神』の最後と同じように決してオプティミズムではなく、むしろペシミズムです。だいたいサルトル思想の前半を彼はペシミズムと言い、後半をオプティミズムとする。ぼくのヴィジョンはまったく反対なんですね。前半はオプティミズムであり、後半のサルトルは、晩年になるにしたがってますますペシミズムが強くなっていったというのがぼくのサルトル像なんです。

清　海老坂さんのおっしゃったことに関連づけて発言したいと思います。一つは、美と倫理との関係やいかにという問題です。不条理きわまる人生を救済するのは芸術の創造だけだ、人類のことなど俺には関係ないという初期の立場をいかに彼は超えようとしたかというテーマに関連してのことです。ぼくは雑誌「環」のサルトル特集号にニーチェとの関係でその問題について少し書いたので、そこだけちょっと読ませていただきます。《『聖ジュネ』が雄渾に描き出しているように、ジュネが明らかにするのは、彼にあって審美的宇宙とは「生きることの不可能な状況を生きうるものとするための脱出口」として誕生するという実存の事情であった。ニーチェは『悲劇の誕生』においておおよそこう主張した。ディオニュソス的人間とハムレット的人間は同一であり、彼らは共に人間の行為がいかに自己誤認と自己欺瞞に満ち満ちたものであり、むなしくまた愚劣な結果しか生まないかを痛感した果てに、おのれを「行為者」に対立する「認識者」として把握した人間である。行為へのこうした絶望、道徳と政治へのこうした絶望が人生を耐え難いものとし、「意志のこの最高の危機」（ニーチェ）を生み、まさに生を「生きることの不可能な状況」に変える。だが、そのときこそ、「医術に長けた救いの魔法使いとして芸術が近寄って来る。芸術のみが、存在の戦慄と不合理に関するあのむかつくような反省を、生きることを可能ならしめる表象へ変形させることができる」》と。そう指摘したあとで、ぼくはこう続けました。《ニーチェの認定した問題とサルトルのそれとはぴったり対応しあっている。ただし、サルトルは『文学とは何か』が宣言したように、暴力と疎外に満ち満ちた現代が生み出す「意志のこの最高の危機」をニーチェ的＝バタイユ的＝ジュネ的審美主義の方向にではなく、再びの現実参与《アンガジュマン》たる「行為の文学」の方向へと乗り越えようとした》云々と。ぼくの直観なんですが、こういった「行為へのペシミズム」と一体になった、ニーチェ的に言えば、「認識者」に徹するみたいな構えがいわゆる「フランス現代思想」の中にあるのではないか。つまり、そういう点で無意識の作用力としての構造とか力に人間は突き動かされてやっているのであって、「責任」を問題にする「行為」という概念は無効になってしまっており、「認識者」たる批判者のやることは、「行為」と「責任」に訴えることではなく、そうした「行為」概念の幻想性と無効性をニーチェのように暴露分析的に徹底的に醒めて分析することだといった暗黙の自己納得みたいなものがあるのではないか。だが、そういうスタンスからはいかなる社会的実践も主体的＝積極的に論じることはできなくなる。それは当然ではないか。とすれば、そこからもう一度「行為」という問題へいかに出ていけるかという点で、サルトルはもう一度読まれるべきじゃないか。もう一度舞台が変わってきたのではないか、このことが一つ。

　あと、澤田さんがおっしゃった倫理の問題ですが、ぼくもべつに解答はないですが、「他者」という問題がそこに出てくると思うんです。たとえばサルトルの思考にとって他有化《アリエナシオン》は、ヘーゲルにおいて疎外がそうであると同様に、決して単に自己喪失といったネガティヴな意味だけを担っているのではなく、同時に自己の実存の真実性への復帰を媒介するものというポジティヴな意義を担っていると思います。ただし、この場合の自己の実存の真実性への復帰というのは、「神」の視線（「哲学者の視線」にほかならぬ）の立場に自分も立つといったヘーゲル的な復帰なのではなくて、自分の行為がある他者に対してどういう作用をもたらすかをはっきりその他者から突きつけられることで、あらためて自分の行為の責任性を引き受けるという位置にまで自分の意識が進出するという意味です。つまり、それまでは自分の視野の中に自分のインテンションだけがあって、自分の行為が他者にどういう結果をもたらすかまでは本当の意味では視野に入っていなかった。ところが、他者の視点でもう一度自分の行為を見たときに、自分の行為の今まで気づかなかった問題性が露わになる。しかも、もう行為はすでになされてしまっている。とはいえ、その露わになった他者にとっての自分の側面をいかに誤魔化すことなくきちっと見てとって、凝視して、それを次の自分の生き方にいかに生かすか、そういう事後的なものをいかに引き受けることができるかという能力と、倫理的能力という問題がサルトルの中では切っても切り離せない形に結びついているのではないか、そう思うのです。べつな言い方で言うと、どっちを選んでも罪を犯さざるをえない。でも選ばなければならないから、罪を犯して選んで、その結果をずっと意識の中で引きずりながら、次の行為へとにじり寄っていくような感覚じゃないかなという気がします。だから、「実存主義はヒューマニズムである」という講演でも、たとえばレジスタンスに闘士として身を投じるか、自分が死んで母親に絶望を強いる悲しみを与えるか、どっちを選ぶか、という問いを掲げるわけですが、結局、「それは君自身が決めるしかない」みたいな話で終わるわけですよね。つまり、それはどっちを選んでも罪を犯すということだと思うのです。つまり、そもそも人間はそういう形でしか行為できない。しかし、こっちを選んでこういう罪を同時に犯したということを誤魔化さない、それを忘れないで意識化していくことは、次の状況で何か行為するときにまたべつな反省をもたらして行為の選択やあり方を変えるかもしれないし、そういう責任の引き受け方の中で罪と過ちを通しながらもより真実というか、より正しいあり方へにじり寄っていくことができるといった感覚、あるいは、そういう二律背反的な選択を強制する状況全体をどう変えるかという発想と、罪を犯しながら行為するということと、いつも両方考えながら生きる生き方、そういうモラルのあり方みたいなものを、彼は言いたかったのではないかと思います。いずれにせよ、他者との相互性が一番のポイントになると思うのです。そういう意味で反ナルシシズム、「自己に抗って考える」というのが、サルトルのモラルの根本にあると思います。

澤田　ありがとうございました。サルトルにおける責任、レスポンサビリティというのはまさにそういう形での応答性の回路を含んでいるというご指摘で、その通りだと思います。先ほど海老坂さんがご指摘になった救済の問題、文学の問題も非常に重要な問題で、今日の話の中でも中心になるべきだった問題だと思います。しかし一方でアンチ・ヒューマニズム的な作品であっても、それが文学としては一つ機能する、あるいは読者はそれに一つの力を得るという構造もあったり、文学というもの自体、サルトルは一つの行動と考えていたわけですね。そういったことも含めていろいろな問題が提起されて、これからさらに討論を深めたいところですけれども、すでに時間がほとんどございません。それでは会場からの質問に移ります。

——海老坂さんに一つ質問したいのですけれども、先ほどコメントのところで石崎さんが指摘された「『嘔吐』はフィクションだ」という問題を私も非常に重要だと思っていて、サルトルはある箇所では「自分は吐き気を感じたことはない」というコメントも残しています。海老坂さんがおっしゃるように、サルトル自身が自分はスピノザであり、スタンダールであることを目指していた人間ですから、文学と哲学を境界分けすること自体が間違っているのかもしれませんけれども、哲学のほうから見ますとフレデリックはサルトルだと割り切って文学作品の中にサルトルの思想を読み込んでいくやり方は、どちらかというと批判的に見る人もいるのではないでしょうか。そのようなアプローチはどこまで有効だとお考えでしょうか。

海老坂　作中人物は作者がつくったものであって、そこに作者自身の思想を読み込むのは問題ではないかと、そういう質問と考えてよろしいでしょうか。それは作品によってすべて違うと思います。サルトルの初期の作品では、主人公はサルトルと非常に近い人物と考えていいと思います。自分は自分に起こる出来事しか書くまいと考えている、自分がつねに作品の主人公であると初期のある作品の中で言っている。『嘔吐』になるとすこし違ってきて、ロカンタンとサルトルとではかなりずれができてくると思います。だいたいロカンタンというのは大男ですし、サルトル自身は小男です。そういう肉体的な違いからも、そこのところは考えていかないといけない。しかし、初期の作品においては主人公はほぼサルトルの考えを体現していると言っていいし、それから今度は主人公以外に出てくる人物のうちにも、サルトルの考えがかなり濃厚に出てきていると思います。それは『嘔吐』の中にも実はあって、独学者というのはサルトルが批判する人物として出てきているけれども、私自身は『嘔吐』の独学者にさえもサルトル自身の当時の考え方が入っていると考えます。もちろんそのときにそれをどういうふうに区別するか絶対的な基準はないから、結局これは全体的な読み方とかかわってくるわけです。

——清さんへの質問です。レヴィには反ヒューマニズム的側面があるが、サルトルはそうではなく、単独主義といった、バタイユ・ニーチェ的な方向でもないというのが清さんのレヴィ批判だと思います。しかしサルトルが批判したものをバタイユ・ニーチェ的と言ってしまうのも、ある種マニ教的というか、バタイユ、ニーチェを悪者にしてしまうのではないだろうかと気になりました。バタイユ、ニーチェ的というけれども、バタイユ、ニーチェにも共同体の思想とかコミュニカシオンの思想があるわけです。そのあたりのところをお聞かせてください。

清　思想の構造はすごく複雑だから、そのようにマニ教的に単純化するのは当然よくないと思うのですけど、論点をクリアにする上で対立を強調したことがまずあります。それに、この対立関係はあまりこれまで議論されてこなかったと思いましたので。立花先生のレヴィの紹介を聞いて、やっぱり思想というのは複雑だなと思いました。レヴィがユダヤ・キリスト教的伝統を非常に高く評価しているという話を初めて聞きましたが、そうすると、ご存じのようにニーチェは徹底してこの伝統を批判したわけですし、「ユートピア」にしろ、「終末論」にしろ、「歴史の意味＝目的の思想」にしろ、レヴィが全体主義の隠された思想前提といって激しく批判したこれらの要素は実はユダヤ・キリスト教的世界観を顕著に特徴づける本質的構成要素ですね。ヘーゲル哲学はいわばこのキリスト教神学の哲学的焼き直しに過ぎない、そこをニーチェは徹底して突こうとするわけです。しかし、レヴィは自分のことをこの三要素を徹底批判するニーチェ主義者と思っているわけでしょう。すると、そのあたりの事情はレヴィの中でどうなっているのか。思想の構造というのは、やっぱり異種交配的というか、簡単にレヴィはニーチェ主義だから何から何までニーチェと同じ考えだというのは当然違うわけで、対立する要素がはいり込んでくるという点で、議論はもっと複雑に展開していくことになると思います。そういう異種交配的な問題はバタイユにも当然あるでしょうね。

でも原点にある問題で言えば、バタイユの追求しようとする共同体は目的によって統括されていない点で反政治的な共同体ですが、しかしディオニュソス的な一体化がそこで追求されるような共同体ですよね。法悦の高まりの果てに意識なんかぶっ飛んでしまって、存在の力そのもの、言葉にならない非-知の力の感覚で一体化しているような共同性です。しかし、サルトルの中で問題となっているのは――レヴィナスも確認するように、あるいはサルトル自身がつねに確認するように――到底他者の他者性を完全に理解できることは人間にはありえないけれども、でも言葉を尽くしながら、また実践の一歩一歩の行程でその理解を検証にかけながら、共同のある実践的な関係性を日常世界の中に実際に生み出していくことで、人間が世界にかかわる関係性を「集列性」から解放し、そこに自由と相互性を取り戻そうとするという共同性ですね。「統制的理念」としての「伝達可能性」に導かれた共同性です。他方、バタイユの語る共同性は、非日常的な、まさに「瞬間の君臨」としての、あるエクスタシーの美的な特権的な空間の中で、越えがたい他者性、「伝達不可能性」への絶望をバネに一挙にそこから反転することで一瞬実現するといった、魂と魂の非-知の詩的な触れ合いとしてのコミュニカシオンです。またニーチェの思想にはもっと〈他者〉がいないと思います。このあたりの対立軸は鮮明に取り出しておかないと、評価するにしろ批判するにしろ相互の思考の違いというものが曖昧になると思います。

澤田　たいへん興味深い主題ですけれども、時間も尽きました。いずれにしても、ベルナール=アンリ・レヴィの『サルトルの世紀』は非常に刺激的な本で、今日の話にも出たように、サルトル思想として今まで評価されてきた部分を評価しないで、それ以外の部分を評価しているという意味では逆説的な本ですけれども、しかしこれを読むといろいろな点で議論をしていきたくなる。それがこの本の一つの大きな意義だと思いますし、それを出発点として本日はサルトルのヒューマニズムの問題に関して、多角的な観点から討議ができたと思います。みなさまどうもありがとうございました。

（2005.11.3）

＊レヴィのサルトル理解に対する批判という点で、時間の関係でシンポジウムの中では十分強調できなかった私の主張を二点だけ注としてここに載せてもらうことにした。第一点。私見によれば、サルトルの「二十世紀思想家」としての価値は、彼がレヴィのいうように最初はニーチェ主義的「単独者」であったにもかかわらず、それを自己批判的に克服し、私の言葉を使えば、〈相互性のユマニスム〉の方《かた》へと進み、レヴィナスと本質においては同質の激しい「他者性の倫理学」に身を焦がすことによって、さまざまな過誤をおかしつつも、全体主義的な共同体主義を原理とする社会主義ではなく、つねに〈他者〉との「相互性」の緊張を生きることをやめない友愛の社会主義のヴィジョンに賭け、マニ教的で全体主義的な「暴力のモラル」に最後まで抗して〈相互性のユマニスム〉を追求し続けたという点にこそある。この移行をおこない、またそうすることによって彼の思考の構造が必然的に両義的性格のものになったという事情、まさにこの点こそがサルトルを代表的な「二十世紀思想家」の一人にする理由である。第二点。レヴィの本はかのアルジェリア解放戦争をめぐってサルトルがとった態度についてどのような論じ方をしているか？　当時フランス白人「市民社会」にとって誰にもましてその〈他者〉とは、解放闘争に立ち上がるアルジェリア原住民にほかならなかったはずだ。私がかのファノンの『地に呪われたる者』へ寄せたサルトルの序文問題について考えることは次の三点である。第一に、かのサルトルの挑発的なテクストの真の意図はテロリズム称賛にあるのではなく、必然性を認識せよとの要求にある。アルジェリア人から湧き起ってくる無差別テロを道徳的に非難する資格がフランス社会にはないこと、そうしたテロが誕生する歴史的＝心理的必然性がフランスの植民地政策によってこそつくりだされたこと、その結果彼我のあいだには恐るべき〈他者〉性が横たわっていること、したがって、彼我の関係性の構造転換を図る主体的イニシアティヴを発揮する責任はあげてまずフランス社会の側にあること、これらを認識させるという点にあったということである。第二に、しかしながら、今日の時点で振り返るなら、このサルトルのテクストがレヴィの指摘するようなテロリズムの実に安易な倫理的正当化の「バイブル」としてテロリストたちによって受容されたということ、またそのことがもつ問題性についての自覚がサルトル自身にあってやはり曖昧であったということ、このことは否定しがたい。したがって第三に、サルトルを論ずる評論者の責務は、サルトルのテクストのもつ第一の意味を第二の意味から救い出し、いっそう正確な形で、サルトル自身の言説の限界をも超えて、今もサルトルの思考のもっとも尊敬すべき点として展開し、そのようにしてサルトルのテクストを現在へと受け渡すことである。まさにこの点で、レヴィはそうした真の評論者としての作家的

責務を果たしていない。アルジェリア戦争に関してレヴィが示した数字、「死者一〇〇万人……二〇〇万人の強制退去」とは驚嘆的数字である。まさにサルトルが認識することを求めた恐るべき抑圧の〈他者〉性がフランス社会とアルジェリア人とのあいだに横たわっていたことを端的に示すものだ。しかしながら、この数字に言及してみせるレヴィの文章において、この〈他者〉性の問題にはたんなる一エピソードとしての位置しか与えられていない。

（清）

Ⅱ

文体への郷愁？

――ジャン＝ポール・サルトルの哲学的文章に関する考察

ジル・フィリップ
岡村雅史訳

哲学をまちがいなく把握するのに適した形式的方法として、普通は修辞学を用いる。それが思想の弁証法的展開を描くのに向いていると思われるからである。文体論を用いることはごくまれであろう。文体論は、この種のテクストではなく、哲学的ではないもの、言語という素材の究極的な組み立てにのみ向いているとされているからである。したがって、「内容の形」の学問である修辞学は、単なる「表現の形」の学である文体論を大いに上回っているとされるわけで、表現形式は思想の過程において補足的な役割しか持ち得まいとしばしば信じられている。こういった見解は、内容と形式との対立に、はからずも基づいているので非常に素朴なものに見えがちだが、それでも良識にはのっとっているから哲学書を文体論的に読もうとする場合は、常に自らを正当化し、その真価を示し、すなわち別なものを示さねばならないことになる。

J＝P・サルトルの場合、思索的なテクストの文体分析に関する方法論的先入観は一層増える。それは、彼が自分の哲学的なエクリチュールや、自ら「技術的な《テクニック》」と呼ぶ一連の論文を、「文体」の概念がまさに適用される作品群からはっきり除外してしまったからだ。もちろん、サルトルの作品の中で文体という語にはいくつかの意味がある。時には、古典と学校教科書の継承者として、サルトルは文体を単に「良き書き方」の同義語とみなす。だがしばしば、ロマン主義作家の継承者として、文体の概念を人がその発話に残す痕跡であり、あるいはもっと正確には（というのは、初期の実存主義は人間主義であるよりはロマン主義であった）言語を抽象的普遍性の特異性によってわがものにすること、また逆に、言語の特性として一時的な特殊化を通じてしか存在しないものと定義することもあった。[1] そして、失明で書けなくなった晩年の対談では、言葉の審美的実践と技術的実践という対立に立ち返りながらサルトルは、文体を言語の用法の独自の型、文学性の構成要素とみなす。その場合、文体とは各文が「三つ、四つの事柄を一度に言う」ことのできるように言語を使う行為を意味する。ところで、とりあえずはあたりさわりのないように見えるこの文体の定義をサルトルが用いるのは、文学的な文章作成を特徴づけるためよりも、哲学的な文章作成が何でないかを言うため、つまり、「哲学において各文は一つの意味しか持つべきでない[2]」と言うためなのである。サルトルは複数の事柄を同時に述べるという文学の可能性が、哲学では拒まれるべき理由を説明している。文学が伝達よりは表現であるのに対し、哲学は表現である以上に伝達であり、それゆえ一義性と明瞭性という原則に従わねばならぬというのである。

したがって、サルトルが自分の哲学作品を「技術的《テクニック》」とみなすのはその言語上の形からではなく、その実用的な目的のためであり、それが理論的で実践的な知を有効に伝えることを目指すからである。いずれにせよ、この技術性は作家による語彙の選択とはほとんど関係がないことがわかる。もちろん、サルトルの散文はギリシア語やドイツ語からの借用語に溢れていると見なすこともできるが、それだけなら決して例外的なことでも、困ったことでもなく、脚註をつけるか、括弧や挿入節の形で用語解説をすれば解決できる問題である。その上、こういった点はサルトルの前期の哲学作品（『存在と無』でその絶頂になる）には当てはまるが、サルトルが——まさに——技術的著述と位置づける後期のものには、ほとんどあてはまらないのである。したがって、サルトルの哲学的散文の「技術性」は語彙の問題ではなく、本質的に論証の道筋をどのように管理するかという問題である。哲学者サルトルにとっては、すべてを明示し、自らの論調を極力濃密にしないようにすることが大事なようである。そのためには、物事は「文体」的テクストのように全て同時に語られるのではなく、ひとつずつ順番に語られる必要がある。このような次第で、『弁証法的理性批判』のエクリチュールは超分析的な側面を備えているのであり、それは『存在と無』の執筆姿勢を徹底化したものと言ってよかろう。

以上の指摘でほぼすべてが語られ尽くし、後はサルトルの哲学的「手法」の形式的な特徴を列挙することぐらいしか残っていないように思われるかもしれない。随所に見られる論理的つなぎ語や、頭辞反復的なつなぎの構造的強化、「慣用表現」の誘惑に対抗する「文節」の美文調の展開などである。確かにこういった特性はサルトルの哲学的文章に固有のものではない（そして、すでに述べた理由により、固有であることはふさわしくない）が、サルトルの文章には、突然あらわれる過剰説明の中に、積極的逃避といったものがある。この点についてより大局的に事柄を取り上げ、とくにサルトルの言語に関する思想の中では従来充分に強調されてはこなかった、あの根本的な反音声中心主義を想い起こしながら理解する必要があるだろう。実際、『家の馬鹿息子』の作者は、フローベールが書き言葉に対して音声言語をいかに優位においたかを知った時に驚きを述べるのだが（「言語に関するフローベールのすべての問題、書き言葉に対して話し言葉を優位におくことを私はつい最近まで知らなかった(3)」）、サルトルが戸惑いを覚えるのは、「語られえないもの」というフローベール的カテゴリーについて、彼が与えようとする以後の文字通りの解釈よりも、書くより口で言う方が現実をよりよく言い表せるという考えそのものなのだ。そして、この直観的だが根源的な反音声中心主義（「私は話し言葉と書き言葉の間に大きな差異があると思う」(4)）のために、サルトルは当時の進歩的言語学を受け付けなかったのである。(5)しかしなぜ書記媒体にそれほど価値を与えるのか？　反音声中心主義がサルトルの哲学的散文におけるエクリチュールの選択をどう説明できるのか？　それは、サルトルにとって、言語の呪われた性格が線形的（リニア）であるということだ。つまり、言語記号は次々と順番に現れ、意味は発話の継起のうちで構成される。つまり、言語によっては、同時に本当であることを同時に言うことができないのである。その点で言語は現実と一致することはない。しかるに、時間的である前に空間的な現実である書記表現は、この呪いをかなり弱めるのである（読書は中断することもできるし、一つの文を書き直したり読み直したりもできる）。書記化された現実であるから、文学は同時に複数の意味をもった数行を展開しうると主張できるわけなのだ。ただ、そのような主張は哲学においては、表現された概念的内容の把握がまさに必要とされるために無効とされる。しかし、哲学は不明瞭さという危険を避けるために別の危険を冒すことになる。言葉の線形化によって、同時性にある、あるいは正確には同時性においてのみ真実である現実を、継起性において表すという危険である。この危険性は哲学的語りがフランス語という分析的言語で述べられると一層増大する。この点についてサルトルは英語で書かなかったことを悔いていたかもしれないほどである。「私は総合的な意味を持つ、つまり多くの事柄を要約しているアングロ・サクソンの言葉を使う時、又、私がアングロ・サクソンの構文が単純化されていることを考えると、時折、フランス語での総合が難しい場合に限って、フランス語より英語で表現したいと思う。というのもフランス語は分析的な言語だからね」(6)。

だとすれば、サルトルは論証的な線形的表現に取り付かれるとともに、同時にいくつかのことを述べる必要性（ここでは審美的ではなく哲学的なのだが）にも専心していたことがわかるだろう。『方法の問題』や『弁証法的理性批判』のエクリチュールのうちで超分析的と思えたものは、実は、言説を非線形化するための方策であり、あの「三つ、四つの事柄を一度に言う」技術、つまり一種の文体への郷愁を内に秘めているのではないかと思えるほどなのだ。かくして、われわれは初めに述べたサルトルの哲学的手法の初期的記述と分析的素描に立ち戻ることができる。すると、超分析的と同様、超凝集的と呼ぶこともふさわしくないのではないかと思われる。実際、サルトルの哲学的エクリチュールと文学的スタイルとに共通点があるとすれば、それは文の冒頭の部分を重くするという明らかな傾向であり、文の主題部分と述語部分、つまり、いわゆる既述要素の繰り返し（普通は文の始まりにある）、と（しばしば発話の終わりまでとっておかれる）新しい情報を言説に挿入することを可能にする部分とを、同じバランスにしようとする傾向である。これが、サルトルの後期の典型的な哲学的文章によく見られる表現となる。たとえば、「そこから出発して労働者階級が、生産諸手段の社会化によって階級の全運命を奪還するために己れを組織化するかぎりにおいて、それどころか、労働者階級が基礎的な生産関係としての機械類の私的所有から生まれる、歴史過程の一定時点のなかでの個々の諸帰結にたいして闘争に入る（たとえば組合闘争の地平で）そのかぎりにおいてでさえも、集団の実践は運命としての己れの自己＝外＝存在の実践的否定をつうじて、その己れの自己＝外＝存在を、こんどは未来の利益として（つまり物質的対象をつうじて）、利益＝物質（matérialité-intérêt）にまで変わることへの運命＝物質（matérialité-destin）に含まれた要求として、構成するのである」（『弁証法的理性批判』三一九頁）。ここでは文の主節動詞群に先行する部分が全体の三分の二以上を占めていることがわかる。とりわけこういった具体例に関してはサルトルが、いかに自分の言葉を非線形化することを重視しているかがわかる。文の初めの構造はどれも、同時に重複又は挿入を生じさせる。それは同時に数本の線を引き、次に述べることを一層適切なものとするという離れ業のような野望であり、端的にいえば、分析的な散文の形――逆説的ではあるが――による総合の運動を操作することなのだ。

もちろん、以上の指摘――『方法の問題』か『弁証法的理性批判』のページを適当に開けば簡単に確認できる――には、留保をつける必要があるだろう。第一は、フランス語では、書くという行為が、語るという行為に対比されるのは、まさに文章を直接主語から始めないで、何らかの属詞を先立てるという配慮をするという点である（話すときなら「晴れだろうね、たぶん、明日は」（Il fera peut-être beau demain）と言うところを、書く時には意図的に「明日は、たぶん、晴れるだろう」（Demain, peut-être, il fera beau）となる）。第二は、すでに強調した理由によって、書かれたテクストというものはすべて書記媒体の魔術によって、当然のことながら（前）文学的である（論証的流れという線形的なものが、空間化されることで、疑問視されるというまさにそのためである）から、多少とも意識的にサルトルは、文頭を重くすることも、文筆家の文章の特徴と考えていたと思えるのだ。彼が自らの哲学的エクリチュールを考察するテクストそのもので、文学言語を例にあげるのに、スタンダールの「ヴェリエールの鐘楼を見ることができる限り、ジュリアンは何度もふりむいた[7]」のような文をとりあげはしないだろうか。その主な特性は、冒頭からあらゆる任意の構成要素をあわせもっている点にある。このような書き方の文体論的な長所は多数あるが、そのなかで、持続的な内容をもった話、つまりただ一つのことのみを語っているテクストにおいて、文章を様々な形で始められるという長所は他にひけをとらないものである。フランク・ヌヴーが、その重要な著書の中で、サルトルの伝記的作品や自伝的作品において、文の初めに同格が頻出するのは、主語の位置に決まったように「彼」や「私」が現れるような、テクストの単調さを打破するためであった、と指摘したのはまったく妥当であった。(「虫殺しの私は、犠牲者の立場に立って、今度は自分が虫になる。」(『言葉』))。[8]

したがって、サルトルの哲学的文章の冒頭部に、学校で習った規範への従順と共に、文学的な文体へのあきらかな郷愁にも属すものがあることは疑う余地はない。だがそれらは単に二次的な利点であり、いずれにしてもサルトルの哲学的企図には、こういった文法的選択が必要だったと言える。もっともこれは言葉の持つどうにもならない線形的特性をのがれ、思考が同時性において管理すべきことを継起的に述べることを避けるための様々な技巧の一つでしかない。サルトルの哲学的文章で譲歩構文が多用されるのも同じことを目指しているのだ(文法上の法では「しかし全体化があったとしても、以下のように思うべきではないだろうが、(条件法)……」)。第一にこういった構文には論理的な分節という意味はない。単に結果を生じさせない因果関係を排除するためでなく、相容れないが同時に真実でもある二つの事実を共に有効なものとすることが目指されている。論証的な展開においてさえ、サルトルはつねに時間をかけて、話を先に進めるよりは展開しようとする。より正確に言えば、論証の進行はいかなる場合でも、今述べられたばかりのことを無効にするものと考えるべきではないということなのである。この点について『弁証法的理性批判』の哲学的エクリチュールで最もあきらかな、もう一つの特性は仮定的構文が多いことであろう。こういった構文はしばしば、第一に総括的なことに論理的な様相をあたえ、述べたばかりのことを再び取り上げ述べたことを主題とする手法なのであり、最後に、非常にしばしば短い述部が置かれる。「戦いが、いかなる戦いであっても、あらゆる戦いの今あるところの再全体化であることが明らかだとするなら、つまりあらゆる戦いによってしか解釈されないことが明らかなら、今日のボクシングの現実的な視野に置かれてしか意味を持たないとしたなら（……）容易に次のことがわかるだろう……」（*CRD, II* 29）

サルトルの哲学的文章における非線形化への情熱は、観察の単位を文からパラグラフへと変えて見ても、かなり見応えがある。ここでも、サルトルの文章の超凝縮性は驚くべきものだ。というのも、第一にまさに、改行段落による区切りが非常に少ないからであり、そして第二に、パラグラフの冒頭の半数以上の例が前のくだりを参照する指示詞を含み、そしてほぼ全部のパラグラフが、しばしば「かくして ainsi」とか「実際に en effet」といった、さらに多くの場合は対立型（「しかし mais」、「いずれにせよ toutefois」など）の論理的結合辞を含んでいるからである。『批判』の第二巻の冒頭を見てみれば、第二段落以降が一貫して「しかし mais」で始まっていることに驚くであろう。あたかも、テクストの最初の段落で提起された痕跡を一挙に凝固させ、後戻りし、話の流れを変え、訂正し、つまるところ、推論を遅らせることを目的とするかのようにすべてが展開するのである。サルトルの哲学的テクストに、「我々はこれを見た……」（*CRD, I* 491）「次のことが後にあきらかになるだろう」（*CRD, I* 188）といった形で後戻りが随所に見られることも、こうして説明がつく。つまり、ここでもやはり、論証的な線形性の効果を妨げ、すでに得られた内容を乗り越えるのではなく、同時に展開させることを示すことが、この作家にとっては大事なのである。『方法の問題』以降ではこのような文体が幅をきかせるようになるが、この本ではサルトルは、言説の線形性が与えかねない進展という幻想と、しばしばはっきりと訣別しようとしていて、「我々は……と決着をつけなかった」（*CRD, I* 59）とか「我々はそこに達していない……」（*CRD, I* 75）といった表現が見られる。要するに、サルトルの主張は、ページをめくることは必ずしも話が進むことにはならないということで、話が展開するときは、我々が同一点にいることを述べるためなのだ。したがって何ページかが、改行段落の効果そのものを、いわば主題を変えたという印象を妨げることだけを目的として、段落の冒頭に驚くべき文章が連なる。たとえば「しかし、まさに問題の立て方が悪いのである……ところで、これらの総合は、それら自身、先に我々がそれらを研究したときに見たとおり……しかし、もっとこの点を見てみよう……それは、もう少し長く説明を要することだ……」(*CRD*, *I* 492-494) つまり、ここで我々は超凝集的な文を前にしているのであり、それは共有効性(私はXと言うが、Yを想い起こそう)の形での所与を非常に秩序立てて分節化するのだが、こういった文がまれに美文調を捨てた場合には、一連の挿入句を読んでいるような印象を受ける。「実際、我々は可知的なもの (l'intelligible) と了解可能なもの (le compréhensible) とのこうした対立に固執すべきではない。原理的に区別された二つの明証性の秩序など問題ではないのである。にもかかわらず、我々がこの二つの用語を保存するとすれば、それは了解とは知解をその属とする一つの種のようなものだからである。実際我々は……を保持するだろう。周知のように……それゆえ……しないようにしよう」(*CRD*, *I* 189)。サルトルは自らの思想を非線形化するために別の技法を使うこともできたであろう。たとえば、より型通りに括弧を用いたり、解説の水準を順次倍増して二つの事柄を同時に述べたりすることができる脚註使用などである。彼があまりそれをしないのは、結局書かれたページの管理といった伝統的な見方からか、話の内容が難しくなる時の、明瞭さへのこだわりによるものであろうが、それは一種の諦めでもある。というのも、ページ上でどんなに行数を増やして説明したとしても、結局たいした解決にはならないからである。なぜなら読むことは書くことと同じくらい線形的なのであり、内容を解読してゆく作業はやはり継起的に行われるからである。

「技術的」な文で、話法を非線形化するためにサルトルの用いた多くの独創の例をさらにあげることもできよう。とはいえ、本質的なことはすでに述べたから、ここで、『存在と無』というサルトルの前期の哲学的エクリチュールに立ち返り、後期の『批判』のエクリチュールと対置させてもよいであろう。哲学的文章の固有の特性と、文学的話法と技術的話法との対比に関するサルトルの最も徹底した考察が彼の作品では遅れて現れ、『批判』の作成に重なっていたとはいえ、一九四〇年代の現象学者が、言語学的媒体を素朴に使っていたと信じるのはまちがいであろう（前期サルトルが四面楚歌の中で仕事をしているという感情をすでに抱いていたことを我々は他で述べたことがある）[9]。しかし言葉における思考の線形化と、その結果、総合として概念化されたことを全体化として表現することが不可能なことは、当時、言語が哲学的コミュニケーションの過程にもたらす最も重要な障害とはならなかった。というのも、現象学的言説はことに、言語全体がもたらす表象のアプリオリ性、とりわけ実体論的なアプリオリ性（虚構の笑劇《サイネーテ》や、一人称に関する作用や、「自己（の）意識」などのような形の連辞的形成が生じるのはそのためだ）に対して戦わねばならないと考えられていたからだ。もちろん『存在と無』の中にも『批判』について列挙された多くの特性がすでに見られるが、ずっと希薄である。一つのパラグラフから別のパラグラフへの移行は、この作品では自由に行われ（前のことを想起させるための指示詞も、結合辞もない）主題の変更が強調される。非常に短い一文が前もって次の段落で示される内容を示すことがある。（「即自的である過去と違い、現在は対自である」（*EN* 159）、「対自は、現在であり、存在への現前である」（*EN* 255）、「即自の無化としての対自は、何かに向かっての逃亡」（fuite vers）として自己を時間化する」（*EN* 411））。このパラグラフで展開される点は、哲学素、形式をもって表現されうる思考の原子として、場合に応じて孤立させることができる。要するに、『存在と無』は「技術的」であるために、完全に「文学的」であることをやめたわけではない。こういったエクリチュールの実践は十五年後のサルトルでは考えられないこととなった。『批判』ではこれと比較できるものも全くなくなる。「私が哲学的作品でも文学的になるように書いてしまうとしたら、それは読者を煙に巻こうとしているといった印象がいつも少しある。読者の信頼を濫用した（……）『弁証法的理性批判』では、信頼の濫用は全くしなかったと思う」[10]。サルトルが『存在と無』の「文学的」すぎる特性を悔いていたらしいことや、哲学的なテクストでは形式的な書体の方がふさわしくないと思っていたことも知られている。さらに言えば、サルトルは、文学的言葉とは反対に、哲学論文や技術的テクストの文には一語一語の適切さは決してないという考えに少しずつたどりついたようだ。サルトルによれば、「技術的な文章の集積が、ひとつの全体的意味を創造するのである。それはいくつかの段階にあって一つの意味である[11]」。それに対して、「文体」的な文章は一文だけで意味作用のいくつかの水準に達するのである。

アラン・ロムが述べたように、哲学的テクストの文体論は、語彙の問題（語彙の研究は言語学者よりも哲学者の行うべきものである）を放棄して、「水平的」次元を優先し、特に哲学的テクスト性の構文的次元を主に考察する場合のみに適切であると言っても良いだろう。そこにおいて「作品の研究」が観察される[12]。しかし、その場合であっても、慎重であらねばならない。それは一方で、言葉が概念の相関物とされ、他方で、構文《シンタクス》が言葉を、弁証法が概念を分節化するように、分節化するからではない。構文が弁証法の言葉の上での相関物だからではない。この慎重さは、後期サルトルの慎重さそのものである。彼にあってはもっぱら哲学的な文章（いわば文学的誘惑からのがれた）の可能性の条件は言葉が厳密であろうとする限り、思考の全体系から独立して定義され、それぞれの哲学者によって変わるものではない。こうしてサルトルは自らの哲学者としての方法についての省察に、『弁証法的理性批判』の核心にある問題、つまりまさしく全体化の問題を導入していないのである。しかし、それはいずれにせよ、定義上、線形的ではないものを、つまり一つの体系を論証的な線形性に適応させることである。

文学と同様に、しかしまったく別の理由から、哲学的散文も、同時に真実であることを同時に言い得るためには、言葉《パロール》の呪いを解かねばならない。これこそが、作家と同等のことをするように求められた哲学者である。しかも文学が見出した解決法に頼ることはできないのだ。文学が見出した解決法はサルトルがまさしく「文体」と呼ぶもので、ひとつの形式によってすべてのことを述べる術である。かくして、哲学者に開かれた唯一の道は逆説的なものである。つまり常に総合に必要な要素全体を喚起し、最大限厳密かつ明確に発話を互いに結びつける。一切が分散せず、読書単位は本となる。本が今後、総合による所与全体を一貫した連続性の中で一本化する巨大な形式として機能する(13)。このようにして哲学者はサルトルが取り付かれたあの言葉の線形性そのものに、線形性を立ち向かわせることになろう。

(1)「知識人の擁護」(一九六五年)参照、*Sit, VIII* 499。
(2)「七十歳の自画像」(一九七五年)*Sit, X* 137-138/一二九。文体の問題はサルトルの最後の重要な対談の一つ、ミシェル・シカールとの一九七七年の対談の中で再び取り上げられ、一九七九年「オブリック」誌の十八、十九号に「エクリチュールと出版」の題で公刊されている。しかし哲学的エクリチュールの特殊性については一九七五年の対談におけるほど深く追求されていない。
(3)「家の馬鹿息子について」(一九七一年)、*Sit, X* 111/一〇五。
(4)「七十歳の自画像」*Sit, X* 136/一二七。
(5)ジル・フィリップ「文章のサルトル的分析——『存在と無』の数ページに関して」*Le Gré des langues*, n° 12, 1997, p.130-137。
(6)「作家とその言語」*Sit, IX* 81/六四。

（7）「七十歳の自画像」*Sit, X* 139／一三〇。

（8）フランク・ヌヴー『同格の研究、ジャン・ポール・サルトルの資料による現代フランス語の名詞と形容詞の分離という視点』、オノレ・シャンピオン出版、一九九八年。

（9）ジル・フィリップ「意識の陳述的連結と理論——『存在と無』について」参照。「言語」誌、一九九五年、一一九号、九五—一〇八頁。

（10）「作家とその言語」*Sit, IX* 56／四四。文学と戯れる、こういった哲学をサルトルがラシュリエ、ラニョー、アランと続く系列に加えていることが知られている。

（11）「七十歳の自画像」*Sit, X* 139／一三〇。

（12）アラン・ロム「哲学者の文体」、ジャン＝フランソワ・マティネ編『哲学的言説』、フランス大学出版、一九九八年、一五六九頁。

（13）問題が文学にせよ哲学にせよ、サルトルにとって読書の単位は常にその全体性において本である。（「文体作成の作業は一つの文章を練りあげることよりは、その心に場面や、その章、さらに本全体を常に保持することにある。あなたがこの全体性を持てば、あなたは良い文章を書いているのだ」（「七十歳の自画像」*Sit, X* 138／一二九））。哲学的文章が全体化によるデータの分析的記憶、文学的文章が総合的様式で、読まれ書かれるのは、この全体性の地平においてである。このことはサルトルの文学の手稿と哲学の手稿との様相の明かな違いを説明している。というのは「普通は哲学におけるように一文を一文で書くより、四つの文を一文に書くほうが難しい」からである（「七十歳の自画像」*Sit, X* 139／一二九）。

他者による自伝
――『言葉』と『家の馬鹿息子』をめぐって

澤田直

あらゆる自伝は物語であり、書かれたものはすべて自伝なのだ。
J・M・クッツェー

サルトルのコーパスにおいて評伝 biographie が、哲学、創作（小説、戯曲）、批評と並んで、独自の問題系をなしており、重要な位置を占めていることは改めて指摘するまでもない。一九四七年の『ボードレール』に始まり、『聖ジュネ』を経て『家の馬鹿息子』まで――さらには未完に終わり、草稿の大部分が失われたマラルメ論やティントレット論も含め――膨大な量の原稿をサルトルは書き継いだ。一九六四年に単行本として刊行された『言葉』は、これらの評伝で行った分析を自分自身に適用したものだとしばしば言われるし、サルトル自身もそのように述べている。その意味で、『言葉』はサルトルの自伝だとも言われる。だが、自伝だと思って『言葉』を読み始めた者は、ふっと肩すかしを喰ったような気がするのではないか。というのも、せいぜいのところ十二歳ぐらいまでの出来事が語られているこのテクストは、幼年時代と読書体験に関するまことに魅力的な書物ではあるが、「実存主義の旗手」としてのサルトルのイメージとはおよそ結びつかない気がするからだ。

自伝とは読んで字のごとく、自分自身が書く伝記のことだが、果たしてこのテクストはほんとうに自らの生について語っているのだろうか。仮にそれが自伝 autobiographie であるとすれば、それはどのような意味でなのだろうか。自伝とはいわば画家にとっての自画像 autoportrait のようなものと言ってもよいだろうが、この両者で問題になっている自己 auto とは何なのか。このような一連のナイーヴな問いをきっかけにサルトルにおける評伝の意味を問うてみたい。具体的には、『言葉』を最晩年のフローベール論『家の馬鹿息子』と比較することで、若干の光を投げかけてみることが小論の目的である。(1) まず両作品が多くのテーマを共有していることを確認したうえで、このように反復回帰する主題の意味を探る。それに続いて、自伝という装いのもとで描かれたテクスト『言葉』がいかなる意味で、主体の問題と結びついているのかについて考察することにしたい。

『言葉』と『家の馬鹿息子』——共通するテーマ

フローベールに関する広汎な研究である『家の馬鹿息子』と『言葉』は、その射程においても企図においても規模が大きく異なり、同レベルで論じることには若干の無理がある。それでも、あえて並べて比較してみると、(2) 二つの作品が共有するキーワードの多さに驚かざるをえない。委任状 mandat、儀式 cérémonies、喜劇 comédie、気前の良さ générosité、想像力 imaginaire、神経症 névrose といった語は、両作品でほぼ同じようなコンテクスト、同じような論述のなかで現れ、読んでいると奇妙な既視感に襲われる。(3) 以下、具体的な例をいくつか取り上げ、比較してみよう。

委任状

委任状と訳した mandat は、正統性の象徴として現れる。委任状とは、自らの正統性のお墨付きであり、委任状の欠如はとりもなおさず存在理由の欠如を意味する。早くに父を失い、祖父母の家に身を寄せたプルー（サルトル少年）は、あらゆるレベルで「定員外の存在」、余剰だと感じていた、と語り手サルトルは述べる。通常、父から子へと自然に継承されるはずの何かがプルーにはなかった。そこで、少年は自分が至高な存在によって作家である委任状を与えられたと考えるにいたる。

「シャルル・シュヴァイツァーが祖父であったように、私は作家だった。生まれたときから、そして永遠に作家だったのだ。とはいえ、熱情のさ中に不安の影が差すこともあった。カールによって保証されたはずの才能に、偶然の要素を認めることを私は拒んだ。委任されたことにしようと画策してはみたものの、支持するものも真の必要性もなかったために、自分自身で委任した事実を忘れられなかった」（*M* 140-141／一四二）

一方のギュスターヴ少年は、プルーとは異なり、孤児ではない。二親が揃い、兄妹に恵まれている。しかし、『家の馬鹿息子』でも、少年は真の委任状を持たない者として描かれる。

「ひとりの子どもは生きることの委任状をもっている。両親がその委任者である。（……）後になって、子どもが〈ぼくは目的をもっている。ぼくは自分の生の目標を見つけた〉と言いうるとすれば、それは、創造であり期待であり、未来の享受のための創造である両親の愛情が、子どもの存在をひとつの目的に向かう運動として開いてやったからである」（*IF, I* 141／1・一四八）と一般論を述べたあと、サルトルはこのような意味づけ、価値化がうまく行かない場合——ギュスターヴ少年がまさにそうだが——を分析する。

「その人は自問することだろう。私は果たしてこうした企てのために委任を受けた人間だろうか、と。——これはキルケゴールの「私はアブラハムなのか」である。——あるいはまた、「委任はそれだけで価値があるのかしら、委任者を知りもせぬのにそれを受けることができるだろうか」と。（カフカは言った、私は委任状をもつ、だが誰もそれを私に与えたわけではない、と）」（*IF, I* 142／1・一四九）

どちらの場合も、いかなる目的もあらかじめ与えられていない少年が自分自身で目的を定立する過程が描かれる。ところで、このような措定作用はいかなる根拠ももたず、それゆえ、まったくの無償である。その意味で、これは実存の無根拠性、無償性、つまり前期のサルトルが積極的な意味で「自由」と呼んだものに他ならない。プルーもギュスターヴ少年もこっそりと自らに付与したこの委任状をすっかり信用することはできず、みずからの使命《ミッション》を確信することができない。しかし、この確信の不在こそが逆説的にも彼らを「書くこと」へと導くとサルトルは展開する。

ジェネロジテ

ジェネロジテというテーマは、この根元的な自由、無根拠性と表裏のテーマと見なすことができよう。『言葉』では次のように述べられる。

「私は父親のいない孤児で、誰の息子でもなかったから、自己原因となったのだ。高慢と悲惨に満ちていた。私を世界へと生みだしたのは、善のほうへと私をもたらす跳躍だった。その経緯は明らかなように思えた。母親が優しかったから女性化し、私を産み出す厳しいモーゼがいなかったから精彩を欠き、祖父に溺愛されたから思い上がっていた。私は純粋なオブジェであり、もし我が家の喜劇を本気で信じていたならば、マゾシストになっていたことであろう。しかし、そうはならなかった。この喜劇は表面上の影響しか与えなかったのであり、奥底は冷たいまま、根拠のないままにとどまった。システムにはぞっとした。幸福な失神、身を委ねること、撫でられ、可愛がられすぎたこの身体には嫌悪感を覚えた。

私は反対の立場をとり、傲慢とサディズムへと、つまりジェネロジテ（寛大さ）へと身を投じた。寛大さとは、吝嗇や人種差別と同じで、私たちの内なる傷を治すために分泌される鎮痛作用のある軟膏だが、しまいには私たちを中毒にしてしまう。私は打ち捨てられた被造物の状態から逃れるために、ブルジョアジーの最も癒しがたい孤独、つまり創造者としての孤独を選んだのだ」（*M* 93-94／八六―八七）

一方、『家の馬鹿息子』ではもっぱら封建的な主従関係の相のもとにこのジェネロジテは現れ、第二部「人格形成」Ⅰの一「想像的な子ども」のc「贈与の仕草」において中心的に分析される。ひとが鷹揚である（être généreux）、つまり気前よく人に贈与する場合、そこには不可避的にヘーゲル的な〈承認〉の刻印が見出されると指摘するサルトルは、ギュスターヴ少年と妹カロリーヌとの関係を分析しつつ、次のように述べる。

「ヘーゲルの奴隷がその主人の真理であるように、あるいはもっと正確に言うなら臣下がその領主の、さらに言うなら観客が毎晩役者たちの真理であるように、彼女は彼の真理である。彼女に贈り物を振りまくだけでは足りない。さらには彼女がそれを受け取ってくれなくてはならないのだ」（*IF, I* 729-730／2・九六）

そして、このような贈与の仕草は、引用文からも明らかに見て取れるように、儀式や喜劇という問題構成とリンクしている。

儀式、喜劇

儀式と訳した cérémonies、さらには rites も両作品に頻出する語である。『言葉』では、「人生は一連の儀式であり、私たちは年がら年中挨拶をして過ごしている」（*M* 29／二六―二七）をはじめとして、祖父が本を取るときの仕草や、多くの所作が儀式と見なされる（ここには、『聖ジュネ』において精緻に分析された行為 acte と仕草 geste の区別が残響しているが、それについて触れる余裕はここではない）。一方、『家の馬鹿息子』の一節はまさに「儀式」と名づけられ、馬鹿馬鹿しさ＝愚鈍さ bêtise の問題が、儀式性との関係で詳細に論じられている。

「儀式のさなかで孤独な追放の身となったギュスターヴは、直接的なものから身を引き離して儀式を真剣に受け取ることをやめ、こうして儀式のもつ因習的な性格を見出したのである。だからといって、これは儀式を解体させることにはならない。儀式の客観的な関係は、個々人のなかに吸収されて消えるどころかずっしりと重くなり、神秘的なものを身につけていたのである」（*IF, I* 614／1・六六〇）

　そして、この儀式性は人びとが演じる喜劇 comédie と分かちがたく結びついていると、サルトルは論述する。コメディーはジュネ論のキーワードでもあったが、『言葉』においても、パントマイム、大根役者 cabotin、道化役 pasquin など同系列の言葉が頻出する。ここではコメディーという語そのものが出てくる部分をいくつか引用しておこう。

「教養を演じる喜劇《コメディー》がついには私に教養をもたらした」（*M* 61／五七）

「もし、そのころそんなことを理解できる年頃になっていたら、私はある左翼の老政治家が行動で私に教えてくれた右翼的な箴言のすべてを容認することができただろう。つまり、〈真実と寓話は同じものだ〉とか、〈情熱を感じるためにはそれを演じなければならない〉とか〈人間とは儀式の存在だ〉といったことだ。人間がお互いにお芝居《コメディー》を演じるものであることを、私は納得した」（*M* 72／六六―六七）

『家の馬鹿息子』でも同様のくだりは数多く見られる。

「それは二重の意味でお芝居《コメディ》だ。（……）性格が演技されるが、じつはそれはまったく単純に他人が彼のものだとした性格なのだ。(……)ギュスターヴがわざと意識的にお芝居を演じているかのように、それを理解してはならない。けれどもそれはまた無意識でもない。職業的俳優とは異なり、彼は自分の役割とうまく会うことも、また自分の主体的現実の名においてその役割に文句をつけることもできない」(*IF, I* 170-171／1・一八〇—一八一)

先に引用した儀式の問題のすぐ後にサルトルは記している。

「ギュスターヴは躊躇していた。彼は、共通の目的を完全に分け持っているわけでなかったから、自分が身につけているこうした風習の奇妙さを見抜いてはいたのである。ここでわれわれは、行動が拡散して客体化し、そしてずっしりと重くなっていく現象をかたることもできるであろう。意味や人間は抽象的で、非本質的なものになる。本質的なものは、彼らが信じきって演じている喜劇なのだ。集団の行動が個々人を呑み込み、個々人を利用し、物質的現実として愚劣さのなかに自己を確立し、その物質的現実のために個々人は抹殺されてしまう」(*IF, I* 615／1・六六二)

想像力《イマジネール》と神経症《ネヴローズ》

儀式、喜劇という問題系は、現実と虚構の関係としてまとめることができよう。じっさい、『言葉』でも『家の馬鹿息子』でも、サルトルはプルー少年やギュスターヴ少年を想像力の子どもと規定する。イマジネールはサルトルにとっては最初期の論考『想像力の問題《イマジネール》』の主要なテーマであったが、ここであたかもそれが回帰するかのように反復される。つまり現実との関係がうまく形成できない子どもたちである点が、二人の共通項である。

「すべては私の頭の中の出来事だった。想像力の子どもだった私は想像力によって身を守った。六歳か

ら九歳までのころを振り返ってみると、なんという精神的訓練の連続であったか、驚愕するほどだ」（*M* 94／八七）

「想像力の子どもだった私が、真の書物を探求する騎士となった」（*M* 139／一四一）

『家の馬鹿息子』では、第二部「人格形成」のIの一が「想像的な子ども」と題され、全面的に展開されるが、特徴的な一節をここでは引用しておこう。

「彼は自分のなかで想像上のものを現実化の一手段となす〈通常の〉ヒエラルキーが逆転していることを発見し、これを生体験の一つの欠落、自己の異常性とみなした。そのとき彼はこの欠陥を逆に利用して、恥辱を栄光へと変える包み込み投企という形で自己を人格化しようと試みたのである。ところで、夢に夢としてのかぎりで価値を与える事を選ぶためには、自分自身が夢として構成されていなければならない。ただ想像的な子どもだけが、自らの目に純粋な見かけとして構成されている理由から、現実に対するイマージュの勝利を身をもって確保することを企てるのだ」[4]（*IF, I* 665／2・一二一）

以上の問題を別の言葉で言いかえたのが、〈ネヴローズ〉であると言ってよいだろう。

「私は恐怖のなかで生きていた。それは正真正銘の神経症《ネヴローズ》だった」（*M* 81／七四―七五）

「それが私の狂気だった。性格神経症、と友人の精神分析者に言われたことがあるが、この見立ては正しいにちがいない。一九一四年の夏から一九一六年の夏にかけて、私の委任状は私の性格となったのであり、私の狂気は頭を離れ、骨の中に流れ込んだのだ」（*M* 186／一八五）

一方のフローベールでは、第三巻がそっくり神経症《ネヴローズ》の問題に当てられているから、引用には事欠かない。ここでは、一カ所だけ挙げておこう。

「フローベールの人生がプログラム化されていたとすれば、それは彼の神経症というもののみから発し

ているのだ」（*IF, III* 447）

言語習得の困難

最後に挙げたいのは言語習得の困難というテーマである。言葉と物の混同、言語というものに対する違和感といったテーマはすでに、ジュネ論でも重要な問題系をなしていたものだったが、『言葉』はなによりも言語習得の物語と言ってもよいほど、それが全編を貫くテーマとなっている。「私は言葉が事物の神髄だと思いこんでいた。ミミズの這ったような字が、その鬼火のような弱々しい光から脱し、物質の確固たる質感をもつように変化するのを見ること以上に、どきどきすることはなかった。これこそ、想像が現実になる瞬間だった」（*M* 117／一二〇―一二一）「プラトン主義者であった私は、知識から出発して事物と向かったのだ。事物よりもその観念のほうに実在があると思った。なぜならば、概念こそがまず最初に私には与えられ、しかもそれは物として与えられたからである。私が宇宙を見出したのは、書物のうちにおいてであった。それは訓化され、分類され、名札をつけられ、思考されてはいたが、それでも恐ろしいものだった。それに、私は自分のブッキシュな経験の無秩序と現実の出来事の偶然的な流れを混同していた。私の観念主義の原因はそこに由来するのだろう。そこから抜け出すのには三十年という歳月が必要だった」（*M* 44／四〇―四一）「事物に名を与えること、それは事物を創造し、かつ、我が物にすることだ、と私は思っていた。この根元的な幻影に囚われていなかったなら、私はけっして物書きにならなかっただろう」（*M* 52／四八）『家の馬鹿息子』は「ひとつの問題」と題された章から始められるが、そこで取り上げられるのが、ギュスターヴ少年が最初にであった挫折、つまり読み書きの習得に際する困難である。「Scripta manent

（書いたものは残る）」と題された節をはじめ多くの箇所でサルトルは、言語の他者性を執拗に強調する。ここでサルトルはギュスターヴ少年の言語習得の困難に二つの原因を指摘している。第一は無能力あるいは愚鈍さであり、第二は言葉と物の混同である。

この最初の躓きをきっかけに、自らを非本質的で偶然的な存在だと感じたギュスターヴ少年は、自分の存在の正当化のために演技を選択するとサルトルは分析する。そしてこの選択は必然的に受動性へと通じることになる。その後、書くことによる世界の奪還の試み、選ばれた神経症、女性化の意義へとサルトルは論を展開してゆく。このように、ここでもまた伝記的アプローチはあくまで文学との関係で問題になっているのだ。

以上瞥見したトピックスは網羅的なリストではない。だが、このような断片的な例からも、サルトルが『言葉』と『家の馬鹿息子』で、作家への道筋を驚くほど似たうねりのもとに描いていることは明らかにみてとれよう。つまり、想像界の子どもが、想像力の積極的な活用によって作家となる、という道筋である。(5) したがって、このようなテーマの類似性の分析から、〈自伝〉と評伝の類似性は十分に見て取れるが、ここで指摘したいのは、それ以上に『言葉』においても、自伝とは言いながら、プルー少年が徹底的に突き放された視点から描かれている点である。

ルソーの『告白』に代表される自伝において問題になるのは、「わたし」だけが知りうるような内密性 intimité ないしは、知られざる人格 personne の開示である。その意味で、告白という言葉に象徴されるような内密 confidentiel な関係への参入が、「自伝契約」の一条項であろう。つまり、自分以外誰にも接近不可能である内奥こそが個人の本質と考えられ、したがって、その開示こそが自伝の中枢であると考えられているのである。ところが、『言葉』には、このような作者と読者の共犯関係を促すような側面がなんとも希薄である。サルトルが嫌ったのは、まさにこのような内面性だった。じっさい、『自我の超越』以来、一貫してサルトルはこのような「わたし」なるものは一個の他者であることを強調してきた。だとすれば、自伝や伝記でサルトルが浮かび上がらせようとしているのはどのような人格、誰の人格、あるいは端的に「何」なのだろうか。

『言葉』で問題になる自己

このような一連の問いに答えるためには他のテクストに当たってみる必要がある。サルトル自身、一般的な意味での自伝に近いものを書いているからだ。『嘔吐』や『自由への道』といった自伝的な側面を含む小説のことではない。戦中日記『奇妙な戦争』のなかのいくつかの記述である。この時期のサルトルは日記や伝記に強い関心を示し、ジィドの日記をはじめ、多くの作家たちの日記(ゴンクール、ジュリアン・グリーン、ルナール、ウージェーヌ・ダビ)を読む一方で、伝記作家エミール・ルードヴィッヒの『ヴィルヘルム二世伝』『ビスマルク伝』などに読みふけっている。この日記自体が、ついに現実のものとなった戦争をきっかけに書き始められたものであるから、そこに自らのこれまでの半生の決算を試みる場面がしばしば現れるのは当然といえば、当然である。

「私はもう十五年以上も、自分の生きるさまを観察しないままでやってきた。私自身というものには全然興味がなかった。思想や世界や他人の心ばかり知ろうとしていた。(……)私自身の全身像(portrait de moi-même en pied)を仕上げようという気になるには、戦争、さらにはいくつかの新しい学問領域(現象学、精神分析、社会学)、そして「成熟の年」の読書が必要だった」(*CDG* 351/一六六)

サルトルによれば、この肖像は内面の手記とはまったく異なるので、人生の重要な局面において、脱皮する蛇のように、「抜け殻を眺め、現在の位置を確認すること」（同前）が問題だという。かくして、サルトルは自己の記憶を辿りながら、自らの人格形成と成長の過程を追っていくことになる。ここに見られるのは、作者サルトルしか知り得ない内奥なり、「ほんとうのわたし」ではないが、少なくともこの手帖ではまだ、『言葉』で見られるような突き放した視線にまでは達していない。ただ、その萌芽のようなものはすでに見られるのであり、この関心が『存在と無』、そしてジュネ論、『言葉』へと展開していくように思われる。

じっさい、サルトルが自画像を描く気になった理由として戦争と並んで、現象学、精神分析、社会学が挙げられていることは注目に値しよう。現象学によって、自己はまず反省 réflexion の問題として提起される。これは『存在と無』の後半の分析に現れる実存分析と直接つながるものだが、ここで指摘したいのは、自己が自己に到達する方法がまさに、反省という回路を通してのみ可能となるということである。ただその時、「反省する私」と「反省される私」はかぎりなく同一でありながら、しかもそれでいて完全には同一ではないという根元的な分裂に曝される、とされる。

『言葉』という作品に見られるわたしの複数性は、この反省の構造をまさになぞっている。同じように「わたし」je を語り手としながらも、『戦中日記』における「わたし」がいわば素の「わたし」であるのに対して、『言葉』には複数「わたし」があり、少年サルトルの「わたし」と、五十をすぎた語り手の「わたし」とは大きく隔たっている。バンヴェニストが夙に指摘したように、一人称の代名詞 je は転換詞《シフター》なのであり、特定の誰かでなく、語り手一般を示す言葉である。『言葉』における je は書き手サルトルとプルー少年が同一であるという意味でのみ、つながれているにすぎない。しかし、過去の「わたし」

の行為や感情について語る（騙る）のは、辛辣な視線を自らに投げかけ、自己を対象として措定する「わたし」なのであり、そのかぎりにおいて、語る私と語られる私は、ほぼ別人と言える。それとほとんど対称的に、『家の馬鹿息子』のサルトルはなんとかギュスターヴの内部に入り込もうと試みており、三人称でありながら、「彼」は対象としてではなく、主体として現れる。その意味で『言葉』の語りと『家の馬鹿息子』の語りはかぎりなく近づくのである。

ここで、この逆説的な自己性の回路を理解する補助線として、ジャン＝リュック・ナンシーの『肖像の眼差し』[6]を用いることにしよう。この刺激的な論考の中でナンシーは、肖像の本質が主体＝主題 sujet の問題に他ならないことを説得的に論じている。「肖像はある主体の表象ではない。むしろ、肖像はそのつど主体性や自己－存在をそのものとして制作することである。肖像の自律性とは、技術上の意味を超えて、アウトス autos――自己、あるいは自己への存在――を実施すること（作品となすこと）と理解されねばならない」（*RP* 34／二六―二七）

ヨハネス・ヒュンプ『自画像』（1646年頃、ウフィツィ美術館）

その論述の途中でナンシーは、ヨハネス・ヒュンプの自画像をとりあげているが、その絵では鏡に映った画家、そして画布に描かれた画家の顔が描かれ、さらに自画像を描く画家本人が後ろ姿で表される。当然のこととして、これを描いた当のヒュンプその人がこの絵の前にいたことを我々は想起せざるをえない。これこそは、『存在と無』でサルトルが記述

ティントレット『自画像』（1589 年頃、62.5×52 cm、ルーブル美術館）

した自己性の回路で問題となっていた「反省する私と反省される私」の鏡のような構造の似姿である。ここでもう少し、肖像という言葉にこだわれば、私たちは、『シチュアシオンⅣ』が「肖像集」Portraits と副題されていたことを思い起こすことができるし、『シチュアシオンⅨ』には「七十歳の自画像」と題されたインタビューが収録されていることも知っている。だが、それは措くとして、ここでは、未完に終わった「ティントレット論」の断片中のティントレット晩年の自画像に触れた部分を引いておきたい。ミシェル・シカールによれば、一九五七年に「レ・タン・モデルヌ」誌に発表された「ヴェネチアの幽閉者」に続くものだという。

「殺人現場を去ろうとする瞬間、突然現れた人物に驚いた犯人はそいつに向かって発砲する。すると、相手もまったく同じ動作で反応する。ふぅ。なんだ、玄関の鏡に映った自分自身だったのか。私は、一九一九年ごろ、古い映画でこんな場面を見たことがあり、それになんともいえず感動したものだった。もちろん、その当時はこの映画監督が剽窃をしていることも、彼が生まれる三百年も前にこのような出会いの瞬間がすでに永遠に固定されていたことも私は知らなかった。ヴェネチアの鏡の底から、ひとりの見知らぬ男が、自分自身のほうへとやってきて、自分自身の犯行現場を取り押さえたのだ。危機に晒され、恐怖に襲われた後、すべてが逆転する。なんだ、この他人は、私自身ではないか、と彼は気づく。しかし、それが解決にはならない。いやそれどころか、事態はさらに悪くなる。だとすると、私はひとりの他者なのだろうか（Je suis donc un Autre?）。ティントレットは自問する。すでにこんなにも親しげで、裁くことすらできないこの未知の男のうちで、最も恐るべきものであるのはどちらなのだろうか。この男が誰なのかが認識できないということ（ne pas le reconnaître）なのか、それとも自分自身をたやすくそこに認識してしまうということ（se connaître）、どちらなのだろうか[7]」

ティントレット論が未完に終わったことと、サルトルが自伝を書き始めたことを関連づけ、より直接的に自己を語る場へと移行したために、画家への関心が薄れたと指摘する研究者もいるが[8]、ティントレット論が『言葉』と多くの問題系を共有していることは確かであり、じっさい鏡のモチーフは『言葉』においてもかなりの頻度で現れる。いくつかの例をあげれば、戯けがそれまでのような成功を博さなくなって、サルトル少年が鏡の前で百面相する様子が描かれている[9]（*M* 88-91／八二―八四）場面がそうであり、また、鏡の戯れがエクリチュールへと移行したとも述べられる。

「嘘つきは、嘘を作り上げることのうちに自らの真実を見いだしたのだ。私はエクリチュールから生まれた。書き始めるまでは、鏡の戯れしかなかった。最初の小説を書き始めるや、子どもは鏡の宮殿に迷いこんだことを知ったのだ。書くことによって存在し、大人たちから逃れられた。しかし、私は書くためにしか存在しなかったのであり、「私」と言った場合は「書き手としての私」という意味だった」（*M* 126／一二九）

ここに顕著にみられるのは、鏡を媒介としての、他者としての「書く私」の誕生である。だが、それ以上に興味深いのは、書くことがまさに鏡そのものを作り上げることであると考えられていることである。

「描カザリシ日ハ、一日トテナシ。それが私の習慣であり、そして仕事なのだ。長いこと、私は自分のペンを剣だと思ってきたが、いまでは文学の無力を覚った。詮方のないことだ。私はいまだに本を書いているし、これからも書くだろう。そうするほかはないのだ。それに、本だって少しは役にたつのだ。教養によっては誰も、そして何ものも救われはしないし、正当化されることもない。だとしても、それは人間の所産のひとつなのだ。人間はそれへと向かって自らを投企し、そこに自らを認める。この批判的な鏡のみが、人間に自分の姿を与えるのである」(*M* 205／二〇三―二〇四)

これを額面通り受け取れば、本とは、人間がそれを通してはじめて自己と向き合うことが可能になる鏡ということになる。他者によって私を映し出す鏡。これは多くの画家たちを魅了した肖像画の機能と通じる。ここで、再びナンシーを呼び起こすことにしよう。

「肖像は、だれか quelqu'un に似ているが、それと同時に誰にも似てはおらず、むしろ似ていることそれ自体に似る、あるいは、自分自身に似ているかぎりでの「人物《ペルソナ》 personne」に似ている。自分自身に似ることによって、人物は人物となるのだ。つまり、ここで問題になっていることは、対自的な同一性《アイデンティティ》であって、即自的な事物でない」(*RP* 50／四〇)

ナンシーは、類似とは何なのかという問いにこのように答えた後、続けて断言する。「絵画が描き出すのは対自であって、即自ではないのだ。即自は描かれることはない」(*Ibid.*)

この考察はそっくりそのまま、絵画を文学に置きかえても当てはまるだろう。「描くこと、肖像を描くことか、引き出すこと、「即自」の外へと引き出すことである」(*Ibid.*)とすれば、『言葉』は、その意味でひとつの自画像、つまり対自の構造そのものを露出させる装置であるように思われる。

「肝心なことは、識別可能なものを複製することでもなければ、ましてや、奥底にあるかもしれない何か(「精神の生」とか「深層の人格」などとしての即自)の現象的な外観を与えることでもない。そうではなくて、奥底そのものを白日のもとに引き出すこと、現前を不在のそとに引き出すのではなく、不在にまで引き出すことなのだ」（*RP* 51／四〇）というナンシーの言葉とサルトルの描いた〈他者による自伝〉『言葉』は響き合う。

　すでに初期のサルトルは「偉人の肖像」と「顔」において、そして『想像力の問題《イマジネール》』において、この不在と現前の問題を扱っていた[10]。サルトルが問題にしているのが一貫して、モデルの再現＝表象でもなく、奥底にあるかもしれない何かの現象的外観を与えることでもないとすれば、『家の馬鹿息子』のギュスターヴがフローベールに似ていないというしばしばなされる批判が的はずれであることも明らかであろう。同様に『言葉』に描かれるサルトル少年も、モデル＝サルトルとは似ていないだろう。ここに映し出されているのは、わたしではないひとりの別人、他者である。あるいは他者によって描かれるわたしである。しかし、まさにこの反転構造、回転装置によって、『言葉』というテクストは、イマジネールな対自の構造そのものを描いた興味深い自画像となるのではないか。

（1）本稿は、シンポジウムの際に発表したテクストを大幅に修正したものである。すでに自伝の問題に関して他で発表したものと重なる部分は省略し、新たに自画像との関連に関する後半部を書き足した。自伝に関しては、以下の拙文を参照いただければ幸いである。拙訳『言葉』（人文書院、二〇〇六年）解説、「分裂増殖するサルトル――自伝『言葉』をめぐって」（別冊「環」11「サルトル」特集、藤原書店、二〇〇五年）所収。

（2）『家の馬鹿息子』は、子どもの人格形成と家庭環境、十九世紀半ばの作家の地位、イデオロギー分析、言語論、作品論等々、様々な問題系が渾然一体となって論じられている。同様のテーマは『言葉』では簡略に触れられるにすぎない。「一八二一年から一八五七年のフローベール」という副題をもつ『家の馬鹿息子』は、作家の全生涯を覆ったいわゆる伝記ではなく、主著『ボヴァリー夫人』出版までの分析、つまり〈作家の誕生〉の物語である。その意味でも幼年時代のみが語られる『言葉』は『家の馬鹿息子』のミニチュア版といった趣をもっている。

（3）とはいえ、これらのテーマは二作品に共通するのみならず、サルトルの他の評伝にも連なるテーマである。実際、『聖ジュネ』と『言葉』の間の比較をすることは可能であるし、すでにそのような試みは行われている。Josette Pacaly, *Sartre au miroir*, Klincksieck, Paris, 1980, Chapitre II, Saint Genet, comédien et martyr, pp. 215-262.

（4）インタビュー「サルトル、サルトルを語る」ではフローベールを論じる四つの理由をあげているが、それらはいずれもイマジネールと関連している。要約すれば、第一にフローベールが想像界の存在だからであり、第二にこの十九世紀の作家が彼自身とは正反対の存在であるからであり、第三にそれが自分の初期の研究『イマジネール（想像力の問題）』に連なるからであり、最後にこれらを通して、一八四八年の夢想的なブルジョワジーの社会的想像世界を露わにすることができるからだとされる。ここにはひとつの流れがある、それはある種のブルジョワジー子弟にとってイマジネールとは何か、ということだ。じっさい、想像的なものへの逃亡は、『言葉』の主要なテーマでもあった。想像的な世界に捕囚された人間、それが作家であり、フローベールはその代表的存在と言える。

（5）だとすれば、サルトルとフローベールというあらゆる点で異質な作家が、作家になる道筋は同じということになるのだろうか、これは別途論じられる問題である。サルトルは『言葉』において、祖父に育てられた我が身を振り返って次のように述べている。「第一次ロシア革命と第一次世界大戦の間、マラルメが死んでは や十五年が過ぎ、ダニエル・ド・フォンタナンがジィドの『地の糧』を発見していた時代に、十九世紀の人間だった祖父によって私はルイ＝フィリップ時代の観念を植えつけられたのだった。農民が因襲的であるのと同じ原理だ。「親たちは子どもを祖父母に預けて、野良仕事に出かけるのだ」。私はスタート時から八十年ものハンディキャップを負っていた。それを嘆くべきだったろうか。どうだろうか。現代社会は変化が激しく、時に遅れがリードになることもある」。これを額面どおり受け取るとすれば、サルトルはフローベールの同時代人ということになる。

(6) Jean-Luc Nancy, *Le regard du portrait*, Galilée, 2000.／『肖像の眼差し』岡田温司・長友文史訳、人文書院、二〇〇四年。*RP* と略記する。

(7) «Un vieillard mystifié», Sartre, sous la direction de Mauricette Berne, BNF/Gallimard, 2005, p.190.

(8) Alain Buisine, *Laideurs de Sartre*, Presses Universitaires de Lille, 1986, pp.124-128. 共通点を一つだけ挙げるとすれば、委任状に関して、「委任状がなければ、だれも描いたり、書いたりしないものだ。もし「私が他者でなかったとしたら」、敢えてそんなことをするだろうか」(«Le Séquestré de Venise», *Sit, IV* 308.／二六一)とサルトルは書いている。

(9)『家の馬鹿息子』でも、鏡は重要なテーマとして分析される。第二部「人格形成」Iの一「想像的な子ども」のB「視線」は1「鏡と笑い」2「鏡と物神」の二つの節からなっている。『言葉』と同様、百面相、渋面 grimacer という表現が見られる (*IF, I* 679／2・三八)。

(10) なぜ公式の肖像 portrait officiel が必要なのかとサルトルは問いながら、それが描かれる人物の正当化をめざすものであり、現実とは無関係に王の功績を問題にすると指摘し、その役割を「王侯と臣民の結合の実現」(*ES*／『実存主義とは何か』一二〇—一二二)であるとしている。

『家の馬鹿息子』と発達心理学

生方淳子

サルトル哲学と人間科学

サルトル哲学は同時代の人間科学の発達に無関心ではなかった。それどころか、「人類学」anthropologie という語の意義を広げ「人間学」と訳されうる広範さでこの領域を包括的に捉え、たえずその研究の批判的摂取につとめてきた。そこで、まずはサルトル哲学とこれら人間科学の諸領域との連続的対話、しかも複数の導線からなる対話の存在に注意を向けてみたい。

それらの中で第一に思い出されるのは、レヴィ＝ストロースとの論争やフロイト批判である。また、ナチス台頭の原因を追及したエドモン・ヴェルメイユやドイツ第二帝国を論じたエミール・ルードヴィッヒらの歴史学者を『奇妙な戦争』の中で引用し史実の分析方法を批判的に検討していることも挙げられる（*CDG* 357-375, 377-380, 383-387, 398-401）。『弁証法的理性批判』でもブローデル、ジョルジュ・ルフェーヴルらの歴史家、レヴィン、カーディナーらアメリカの社会学者、そして新古典派経済学を例に人間科学における認知的理性の批判がなされている（*CRD, I* 61-66, 99-100, 135-137, 278-288, 386-406）。

しかし、歴史学、社会学、経済学へのこうした目配りに先立って、初期サルトルの関心を特に引いていた領域がある。後年のフローベール論『家の馬鹿息子』へと続く関心だが、それが心理学の領域なのである。精神分析ではない。心理学である。そこで、この論考では、特にサルトル哲学による心理学との対話を取り上げ、両者の接点とズレをさぐり、そこからサルトル哲学の今日的意義について新たな問いを投げかけてみたい。構成としては、まず、サルトルと心理学との出会いを時系列に沿って大まかに振り返り、その上で『家の馬鹿息子』における心理学との対話を検証する。サルトルにおける幼年期というテーマの位置、そして人格形成期における困難や不幸や虐待といったテーマの倫理的側面は、すでに何冊かの研究書で扱われているので[1]、それ自体詳しく立ち入らず、もっぱら、かつて児童心理学と呼ばれ現在では発達心理学と呼ばれる領域[2]との対話の中で幼少期における人間発達とその障害の問題がどう分析されるかに目を向けたい[3]。

サルトルと心理学とのかかわりを辿る

サルトルの学生時代、高等師範学校の哲学専攻には四つの下位区分があった。狭義での哲学、論理学、倫理学、そして心理学である。サルトルはそのうち心理学を選択し、パリのサンタンヌ病院でジョルジュ・デュマの講義を受けるなどして臨床的知識も身につけた。一九二七年にはソルボンヌの心理学教授アンリ・ドラクロワの指導のもとに『心理生活におけるイマージュ』という題の卒業論文を提出し、「優」にあたる評価を得ている。出版はされていないが、その主張はビネーやピアジェに依拠しており、一九三六年の『想像力』に反映していることが確認されている[4]。一九三五年のメスカリンの注射もまた、サルトルの心理的現象に対する関心の深さを物語っている。この経験が一九三六年と一九四〇年の二冊の想像力論へと結実したことはよく知られている。一九三九年の『情動論粗描』もまた同時代の心理学との対話からなる。そこには、現象学によって心理学を救うという明確な立場の表明がある。同時代のフランス、ドイツ、アメリカの著名な心理学者がことごとく引き合いに出され、援用される一方で現象学の立場から批判もされている。そこでのサルトルの狙いは「存在の解釈学」、すなわち彼自身の現象学が「ひとつの人間学を形成し、その人間学がすべての心理学の基盤となること」であった（*ETH* 14／一〇三）。

『存在と無』においては、サルトルはあらゆる種類の「心理学的決定論」déterminisme psychologique に対して批判を向ける。第一に批判されるのが「十九世紀の現実主義的・実証的心理学」である。その理由は、この心理学が他者の存在について問いを立てないことである。サルトルにとって、それは受け容れがたい独断的公準 postulat なのである（*EN* 278／上・四〇二）。ここで念頭に置かれているのは、おそらく実験心理学の創設者ヴィルヘルム・ヴントとその流れを汲む研究、そして離反したヴュルツブルク学派の研究であろう。第二の標的は行動主義心理学（*EN* 279, 355／上・四〇二、五一七）、第三はゲシュタルト心理学（*EN* 548, 556／下・八八五、八九六）、そして第四はピエール・ジャネ（*EN* 553／下・八九二）である。はじめは十九世紀心理学の意識の理論を反駁するために行動心理学やゲシュタルト心理学の行動理論が援用されるが、続いてサルトルは自らの「行為」faire の理論を打ち立てるために、援用した理論をもすべて破棄するといういかにも彼らしい手つきを見せている。また、同書ではフローベールのケースを取り上げて、伝記作家の「初歩的心理学」psychologie rudimentaire をやりこめてもいる（*EN* 644／下・一〇二六）。これに対し、ジャン・ピアジェは批判の対象とせず、逆に彼が実施したテストの例を挙げて、非措定的意識 conscience non-positionnelle の理論の論拠を固めようとしている（*EN* 19／上・二六）。

以上のように、サルトルと心理学とのかかわりについて、さらに時代を追って詳細に辿り直すこともできるであろうが、それはこの論考の趣旨ではない。むしろ、青年期から『存在と無』に至るまで、常にかかわりがあったことを念頭に置いた上で、『家の馬鹿息子』における両者の交錯をさぐりたい。

『家の馬鹿息子』における発達心理学とのかかわり

三つの心理学概念

サルトルのフローベール論はどのような形で心理学の領域に踏み込んでいるだろうか。まず、「素因構成」constitution と「人格形成」personnalisation の双方にまたがって、少なくとも①マザーリング maternage, mothering ②愛着 attachement, attachment ③臨界期 période critique, critical period の三つの心理学概念が直接ないし間接的に使われていることに注目したい。以下、それぞれについて詳しく見ていく。

①「マザーリング」について

サルトルはギュスターヴの乳児期を論じた箇所で、maternation という見慣れぬ語を用いている（*IF* 676／II・三五）が、それは maternage の間違いと解釈できる。これは、英語の mothering の訳語として一九五六年にフランス語に導入された用語である[5]。しばしば、心理療法のひとつの方法を指すが、サルトルはその意味では用いていない。より広く、「母性的感情を特徴づける、能動的で献身的で注意深く連続した愛情のある環境の中で子どもになされる世話のすべて[6]」という意味で用いている。「すべてはマザーリングにかかっている」とサルトルは述べる（*IF* 676／Ⅱ・三三五）。この心理学概念はサルトルにおいて、子どもが「実践的主体」として自己を構成するために必要な条件と位置づけられている。それは子どもが起こりうる不幸から自分を守る防波堤を築くための手助けをしてくれるはずのものとされる。不幸とはフローベール家の次男の場合、まず父親の愛を失ったことであるが、まさにそれに対して防波堤を築くための手段が彼には欠けていた、とサルトルは考える。母親カロリーヌがギュスターヴに対してなしえたはずであり実際になしえなかった母性行動をサルトルは詳しく記述しているが、ここには「マザーリング」の概念が色濃く反映している。特にギュスターヴの受動性の分析に先立って「一般論」と呼ぶものを展開しているが、ここにはこの概念の見事な具体化がある。決して専門用語の具体的説明に終始している訳ではなく、現象学の色彩を帯びた小説的な記述となっている（*IF* 57-59, 137, 139-140／Ⅰ・五六―五八、一四三、一四七）。こうした記述は児童心理学や小児医学においてはまずもって見られない。サルトルは、主たる成育者と子との間のありうべき最初の関係を心理学の一般的概念に沿う形で記述しつつ、現象学と小説的言語という自らの領野に引き入れていると言える。

②「愛着」について

サルトルは「愛着」attachementという用語を明示的に用いてはいない。しかし、フローベール論の幾多の箇所でその概念を含みこんだ考察を展開している。この用語は発達心理学のキーワードのひとつであり、言語習得における遅れの問題と緊密に結びついている点で留意に値する。「愛着理論」はエリクソンらの指摘を背景に、おもにスピッツとボウルビーによって構築され、バウアーらによって補強されてきたものだが[7]、一言で言うなら、愛と言語とのあいだに因果関係を認める理論である。すなわち、乳幼児において母語の習得が容易に進むか否かは、その子どもの最も身近にいる大人との間に愛情の絆が結ばれるか否かに大きくかかっている、という指摘である。最も身近な大人とは多くの場合、生みの母であるが、別の人であってもまったく構わない。この理論の構築にかかわった上記の心理学者、小児科医および精神科医らは、臨床観察などをとおして、言語の遅滞している子どもが多くの場合、周囲のいかなる大人とも精神的に結びついていないことを発見した。そしてそこから、人間における言語能力の正常な発達にはある一人の他者との愛情の絆の存在が必要であると結論づけたのである。この絆が「愛着」ないし「愛着関係」という用語で呼ばれるようになり、将来の人間関係、特にコミュニケーション能力の形成にとって不可欠なものと見なされるようになったのである。

サルトルが記述するギュスターヴのケースは、愛着の欠如とその結果を示すもので、この理論の見事な例証と言える。

「彼（ギュスターヴ）は母親の愛を感じなかった。単なる世話の対象になっていただけで、愛情の相互性というこの最初のコミュニケーションを経験しなかったのだ。（……）彼は本当の意味で伝達をすることができない。生体験の秩序が（……）記号の秩序とかけ離れているのだ[8]」（*IF* 668／Ⅱ・一二五―一二六）。

ギュスターヴが言葉を話さないのは、母親が彼を愛していないからだ、という解釈である。これはたしかに愛着理論の主張に合致するし、また良識の範囲でも納得しやすいことである。しかし、そこから哲学的洞察と専門的知の合致を確認するのみでは意味がない。注目すべきはむしろ、多くの臨床例の中のひとつとして扱いえたかも知れないケースをサルトルがいかに多くの言葉を費やして還元不可能な独自性の中に再構成したか、という点である。愛着理論という普遍的に適応可能な専門知は、哲学者のペンの下でひとつの独自な主観性の謎の深い掘り起こしへと変わったのである。

③臨界期について

『家の馬鹿息子』に見られる第三の心理学概念が「臨界期」[9]である。ギュスターヴが本当に姪のカロリーヌ・コマンヴィルの証言どおり、九歳まで読み書きができなかったかを問い、その信憑性に疑問を投げかけるところでサルトルはこの概念を持ち出している。

「ちがう。九歳で読み書きができなかったなら、その子の負うものは余りに重大であり、到底、巻き返しなど考えられなかっただろう」(*IF* 16/I・一二)。

「臨界期」という用語こそ使用されていないが、その概念は歴然と機能している。九歳という年齢が文字習得の臨界期を超えた年齢と見なされているのである。しかし、読み書きの習得にこのように臨界期を想定する根拠は何であろうか。サルトルの記述自体にその正当化は見出せない。あたかも常識や通念を根拠としているかのようなのである。それゆえ、サルトルのこの判断は恣意的と見なすべきだろうか。科学的根拠を欠いた揶揄的な意味での「哲学的洞察」に過ぎないのだろうか。

話し言葉の習得に関しては、母語の場合でも第二言語(外国語)の場合でもレネバーグやニューポートによる臨界期仮説が存在する。[10]学習一般の臨界期についても多くの研究がある。[11]しかし、特に文字習得という限られたケースについては有力な臨界期仮説が提出され検証されたことはない。その違いは何によるか。

まず、話しことばと書きことばでは、いかなる意味での環境が影響するかという点が異なる。話しことば、それも母語の場合には、その習得の環境が与えられないということは即、非人間的環境に置かれたことを意味する。[12]それは必ずや身体の成長の遅れや感情・表象能力の発達阻害を伴う。この場合、のちに適切な環境を与えて遅滞の回復を図ったとき、成功するか否かは身体の発達や養育者との愛着関係の取り戻しに大きく左右されることになる。

他方、文字習得の環境が与えられないケースでは、理由は主に経済的・社会的事情であって、それが必ずしも上記のような非人間的環境とは言い切れない。貧困と混乱の中でも愛着が成立し、話しことば、表象能力、身体機能が発達を続けていれば、事情が好転したときに何歳からでも読み書きは学びうる。幼少時に教育の機会を与えられなかった者が、のちに機会を得て字を習う、といったことは可能である。その意味では読み書きの臨界期は存在しないと言えよう。しかし、適切な教育環境に置かれていたにもかかわらず習得できない場合は、何らかの異常があると見なされ、ある一定の時期に巻き返しはもはや不可能と判断されうる。サルトルが九歳の時点に設定したのはそうした意味での臨界期と言える。そして、ギュスターヴが最終的に文字を習得した以上、その時期は臨界期以前だったと推測しているのである。

巻き返し不可能ないし困難なケースは現実に珍しくない。知能全般が低いわけではないのに読み書きができない「読字障害」dyslexie と呼ばれる障害がある。日本ではほとんど症例が報告されていないが、欧米では、人口のあるパーセンテージにこの障害が認められ、かつそれを直視すること自体が長い間タブーになっていたことが知られている[13]。現在までの研究の範囲では、この障害の候補遺伝子は第2、3、6、15、18番染色体上に特定されている[14]。この障害がない場合には、成育歴などが原因で読み書きの習得が遅れることはあっても、適切な環境さえ用意すれば何歳でも習得が可能と見なされる。

サルトルはそのような遺伝子上の障害にはもちろん触れていないが、「負うものがあまりに深刻」trop gravement atteint という表現を用いてある種の「異常」を認識している。そして、その異常を見分ける地点を九歳に置いているわけである。

この主張と完全に一致する発達心理学の学説はない。現代では、実際、読字障害はもっと早い時期に発現し、発見される。そして回復のための教育も九歳を超えて続けられる。九歳が文字習得の臨界期とは特に見なされていないのである。

とは言え、九歳という年齢は、子どもの知的能力が形式的操作段階への移行を完了するという点できわめて象徴的な節目の年齢と考えられる。それまで身近な文脈に依存しつつ具体的にものを考え言葉を用いていた子どもが、文脈から独立して抽象的形式的な記号操作をすることができるようになるのである。遅くとも九歳になるまでにこの段階への移行が何らかの理由で阻止された場合、学校での学習に支障をきたすことが多いことから、この節目を「九歳の壁」と呼ぶこともある。文字の習得は、まさにこの壁を越えずに進みえない。もちろん、一足飛びではない。幼児期から徐々に越えていく。母語習得における形式的操作段階への移行の第一歩は、意味を帯びた音声と視覚的記号との恣意的かつ制度的な結合を承認し、わがものとすることである。つまり、母語のエクリチュールという記号の体系をその既成の規則ごと受容することなのである。

移行の時期が時代・社会によって異なるか、それとも人類という種に共通のものとして認められるかについては、臨床的検証を待たねばならない。しかし、少なくとも言えるのは、科学的に証明されない人間的事象の深い真実の承認がありうることをサルトルが示している、ということである。反証可能性を欠く命題は科学的でないとするポパーの有名な定義の逆を行く形で、サルトルは反論可能な非科学的言説によって人間を語ることの有効性を自他に承認する。この承認がなければ、人間についての哲学的言説と科学的知との間の出会いの可能性は閉ざされてしまうのだ。もちろん、これをもってフッサールの指摘した人間についての二種類の知の対立、すなわちコギトから出発する知とマテーシス・ユニヴェルサリスに基づく知との間の対立[15]が解消するとまでは言えまい。言えるのは、少なくとも対話の双方向からの道が開かれたままだということである。

影響関係という問題について一言触れておくならば、フローベール論の執筆にあたって、いかなる心理学者の知見が援用されているかを知るには、サルトルが実際に手に取った本やそこに残されたメモなど十分な資料に基づく実証的研究が必要であり、それがない限り答えを出すことはできない。サルトル自身が名前をあげて引用している研究者はマーガレット・ミードなどごくわずかである。フローベール論に限らず、サルトルの著書には至る所に人間科学の研究を参照し援用した形跡があるが、研究者はその事実を確認する手段、彼の読書の形跡のある蔵書を確認するなどの手段をいまだ手にしていない。そうである以上、影響関係については推測の域を出ず、断定は避けるべきであると考える。

ギュスターヴの「遅滞」をどう見るか

サルトルはコマンヴィルの証言を批判的に検証する一方でフローベールの初期作品を読み解きつつ、幼児期の知的発達の遅れを示す症状として、読み書きの習得の困難のほかに、放心状態、寡黙さ、過度のナイーヴさなどを挙げている。それが伝記的事実に合致しているかどうかは疑問の余地があるが、真偽に対するそうした問いを予めかわすかのように、サルトルはこの著作を「真実の小説」と呼んでいる(*Sit, X* 94)。その点についてはここでは議論すまい。目を向けたいのはむしろ、サルトルによるギュスターヴの遅滞の記述が「正しい」と仮定して、それが何に起因するものかという問題の方である。ここには相反する二つの解釈がありうる。生得的か後天的か、といういわば古典的な二者択一である。サルトルの解釈は、遅滞が家庭環境に由来すると見なす純粋に後天的な解釈である。家庭環境の中でも特に母親の愛情の欠如が最も大きな原因だとする見方であり、先ほど見た「愛着関係」の欠如と言語習得の困難との相関関係に則った考え方である。愛着の対象をひたすら生物学的母に求め、その母の愛情の欠如に子どもの問題の原因を見る点では、日本で一時期流行した「母原病」[16]と発想が類似しているとも言える。

他方、現代の発達心理学者や医師にとって、『家の馬鹿息子』に描かれたような子どもはDNAレベルでの病理学的アプローチの対象となりうる。サルトルは一九七一年のインタビューの中で「ギュスターヴの自閉症的傾向」という表現を用いている（*Sit. X* 97）が、「傾向」[17]どころではあるまい。自閉症スペクトラムと呼ばれる一連の先天性障害の中のひとつである高機能自閉症と診断される可能性が大いにあるだろう。サルトルによる「遅れ」の記述は、そのまま受け取るならば、この障害の症状とよく対応している。高機能自閉症児は、スペクトラムの他の症例と異なり、知能の遅れを伴わない。一見変った様子から知能が低いと誤解されることもあるが、中には逆に空間の知覚、図形の把握、数学的能力などの点でひときわ優れているケースもある。言語伝達しえないギュスターヴの「詩的な魂」とは、特異な鋭い空間認知に基づく映像的思考ゆえだったかもしれない。こうした子どもはしばしば、将来の「天才」である。アインシュタインやバルトークがそうであったように。ところが、周囲はそうした可能性を知らず、「普通でない子」として心配し、しばしば母親の育て方が非難される。

一九四三年に初めて小児科医のレオ・カナーが自閉症の子どもたちを観察し記述した際にも原因は家庭、特に母親の養育態度に求められた[18]。それ以来、自閉症を不適切な養育環境に起因する後天的な障害と見る考え方が流布していった。サルトルの解釈と母親への否定的態度[19]も、その記述の独自性を別にすれば何ら突出しているわけではなく、こうした大きな風潮の中に位置づけられると見てよいだろう。

しかし、現代の小児医学および発達心理学の見地からすると、この見方は不当とせざるを得ない。自閉症は直接的に人的環境に起因するものではなく、染色体異常、脳の損傷、胎内環境などの問題に起因する中枢神経系の障害と考えられるからである。この場合、先に触れた愛着理論をそのまま当てはめることはできない。むしろ、障害ゆえに愛着の成立が困難なケースとして対処されなくてはならない。一般に、わが子が自閉症の場合、育児は非常に難しくなる。愛らしい笑顔や声、しぐさが見られないので、かわいいと思えず、愛情を注げないことがある。虐待に至るケースもある。ラターやオオタらは、実際に自閉症児に愛着行動が見られず親との絆の形成が困難であること、自閉症児の母親の多くが母子関係の困難を訴えていることを報告している[20]。一般に子どもに発達障害が見られたり、のちに反社会的行動や犯罪を起こしたりすると、とかく母親の育て方に問題があった、愛情が足りなかった、あるいは逆に甘やかしすぎた、といった批判がなされがちである。現代日本においても同様である。しかし、実は反対に子どもに分子生物学的レベルの問題があったために扱いがきわめて難しく、母親がいくら努力しても良い母親になれないというケースも存在する。それは、母親の愛情が「母性愛」といった先天的な所与でも一方的な意志的努力の結果でもなく、子どもが働きかけることによって喚起される相互作用の所産であり、感情の喚起に関与するプロラクチン・ホルモンなどの生化学的要素が絡んでいるからであると考えられる。その見地からすると、こうしたケースは早期に発見して母親を社会的にサポートすべきとされる。

このように、精神遅滞の原因と責任をめぐる見方は、サルトル哲学と現代の人間科学とでは両極端に分かれる。しかし、サルトルは生化学的要素を頭から否定しているわけではない。立場上、不問に付しているだけである。フローベール論は厳密なコンセプトに基づく科学的な研究ではないと述べている

(*Sit, X* 95) が、そこにはこの意味も含まれていると考えられる。

確かに、人的環境という面のみに目を向けたゆえにギュスターヴの母が非情な母として描かれているのは不当の感がある。彼女自身が不幸な幼少期を送り、また男児三人の死により、あえて愛情を自己検閲していたとして理解を示している (*IF* 130-136/I・一三六―一四三) にしても、やはり母親ばかりに責任を帰するのは偏った考え方との感を禁じえない。愛着関係は生みの母以外の人との間にも成立しうるし、母との絆に比べて遜色なく、また「愛着の形成において単純な暦年齢による臨界期を仮定するのはふさわしくない[21]」とも言える。遅れて他の人との間に形成されても取り返しは十分つくのである。そして何より、いかなる時代社会においても母親ひとりを育児の密室に追い込まない社会的な配慮が求められる。その意味で、ギュスターヴと母親をめぐるサルトルの考察は現代の母子が出会いうる問題の解決に有効な力を与えるとはまったく言いがたいのである。

とは言うものの、そのために『家の馬鹿息子』の価値が皆無になるわけではない。人間自身の身体という事実性が不透明な他者でしかないとき、人間の内的経験をどう捉えるかは大問題である。それを見知らぬ他者の作用として捉える他律的発想に対し、サルトルは徹底的に意識の自律性をとおして捉えることを選んだ。ギュスターヴの遅滞の原因説明はその究極の議論である。主人と奴隷の弁証法にも似た、意識と意識の対決と葛藤と変貌の物語に「中枢神経」や「ゲノム」の入り込む余地はまったくない。それは人間の自律的自己認識に対する信頼の最たる証として近代のコギトの最終的な姿を体現する記念碑的価値をもっているのである。

最後の問いは人間についての「知」とそれを研究する者の「職業倫理」との関係についてである。心理学の諸領域には、研究者自身によって定められた職業倫理規定が存在する[22]。個人の内面やプライバシーにかかわる研究であれば、倫理的基準を自覚することが求められ、観察、実験、分析、記述そして公表の際に、その基準に照らし合わせることが必要となるのである。代表的な基準としては、被験者ないし研究協力者からのインフォームド・コンセントがある。本人および場合によってその家族や関係者に研究の目的、概要、期間、方法、協力者の研究における役割、リスクや苦痛の可能性、報酬の有無、個人情報の守秘の方法等々をあらかじめ説明し同意を得ることを必須条件とするものである。また、結果を公表するに先立って被験者へのフィードバックがなされなければならない、という規定もごく一般的である。

では、哲学の領域では事情はまったく別であろうか。ある実在の個人について哲学的知を総動員して語る場合、上記のような倫理基準は無関係であろうか。サルトルがフローベールについて書いたような「小説」であれば、確かに無関係であろう。ただ、それが本当に「小説」だとするなら、なぜ虚構の人物に託さないのかという疑問は残る。

問題は、「人間を理解したいという情熱」(SG 158)、サルトルを常に突き動かしてきた哲学的情熱が、ある個人の最も秘められた内面をこと細かに洞察し記述する研究を正当化しうるか、ということである。美化的傾向の強い偉人伝ならば、この問題は生じまい。しかし、『聖ジュネ』も『家の馬鹿息子』も偉人伝からは程遠い。サルトルはこの両著の中で人間がすみずみまで可知的 intelligible であることを証明しようとした。ギリシャ以来、人間への問いと合理的・自律的な答の探求をやめなかった哲学的知は、サルトルとともに絶対知となることを自らに許容したのか。この疑問はデリダが『弔鐘』の中で提出した疑問から遠くない[23]。デリダはその絶対知を弔ったわけだが、「人間主義」的哲学と人間科学との間に見出される溝は、その弔いのもうひとつの理由になるのだろうか。

こうした哲学的「知」について、人間科学の諸領域の研究者はどう考えるか。筆者は、注3で触れたCOE研究グループにおいてこの問いを発し、数人から反応を得ることができた[24]。すなわち、倫理規定のもとで研究を進める人間科学の領域の専門家にとって、「哲学的知」の名の下になされる研究がどう映るか、知の傲慢と映らないか、「伝記」、「偉人伝」はともかく、ある実在の人物の病理的な部分や反社会的な部分も含めた内面的真実をさぐり、実名で記述し、出版する、という行為に倫理的問題を感じるか、という問いである。これに対し、以下のように多様な意見が出された。「作家という公人の場合は問題ない」、「公人でも家族や周囲の人が傷つく。不利益をこうむる可能性がある」、「対象とする人物がすでに亡くなっている場合（フローベール）は良いが、存命中の場合（ジュネ）は問題がある」、「ジュネ論の場合は明らかに契約違反であり、文人としての倫理に反する」、「アリス・ミラーのケース・スタディー（『魂の殺人』、『真実をとく鍵』など）の場合は一般人のデータを取っているが、公表できないので公人（ヒットラー、ヘス、ワーグナー、ニーチェ）に託して発表している。以後、文学作品として名前を変えて書いている。それならば倫理的問題はない。（まさにサルトルはフローベール論を「小説」と呼んで、倫理的疑問をかわしているが、実名を使っている点、人物が容易に特定できる点でミラーの場合と全く異なる）」、「現在、個人情報保護の名の下に、犯罪者の成育歴なども公表されなくなっている。心理学の研究者としては、発生を防止する上でもこうしたデータは是非欲しい。専門家に対してだけでも、データを公表して欲しいと望んでいる。こうした状況の中で、哲学がここまで一個人の心理に立ち入れるということは大変貴重な興味深いことである。哲学だからこそできる大胆な研究と言える」。

このように賛否両論が提出された。批判的見解に対しては謙虚に耳を傾け、サルトル的な知のモデルに対し人間科学から否定的な見方があることをあらためて認識しなおすべきだろう。他方、最後に記した肯定的発言から得るものも多い。科学としての人間学は、様々な規則に縛られている。そのために、誰もがごく常識的に知っている事柄でも学問的に確証するには煩瑣な手続きを経ねばならない。そうした中で、人間についての別の形の知が、より自由でしばしば直観的で大胆な洞察を言葉豊かに示してくれることには意義がある。

それは、より実証的な研究に向けた問題提起や発想や推察の宝庫となりうるのである。また、他の人間科学と同様に心理学にも時として思考の浅さが気になるきらいがある。一例を挙げれば、ローレンツの幼形理論に対する目的論 téléologie の無批判な適用がそうである。すなわち、鳥類や哺乳類の子どもが丸くかわいらしい顔をしているのは生存のために有利に働くからだという説だが、こうした目的論の進化論以降のあらたな単純化された適用は大いに議論の余地がある。哲学的言説においてなら、目的論的推論は言葉を尽くして徹底的に検証されるはずである。そうした意味で、フローベール論のみならず、サルトルの伝記的作品系列とその背景にある哲学は人間科学にとって排除し乗り越えるべき知であるどころか、問題点を含みつつも視界を照らす灯台として、あるいは思考の深化の極限値を示す地平線として、異質だが有効な対話の相手として存在意義をもつと言える。

十九世紀に人間の自己自身についての知の体系が細分化していったとき、心理学は母なる哲学の許を去り科学の仲間入りをするのが最も遅かった学問である。コギトの領域にとどまった哲学と科学の領域に踏み出た「末娘」との対話は、以降むずかしくなった。新しい実証科学の出現に哲学の危機を感じ取ったフッサールとハイデガーは、その批判をとおして哲学の活路を探った。サルトルはそれに続いて、この領域に新たな対決を挑んだ。対話を試みつつ、人間についての新しい言説を哲学の庇護のもとに置こうと試みた。『弁証法的理性批判』の中で語った「未来のあらゆる人間学のプロレゴメナの基盤を築く」(*CRD, I* 180)とは、「基盤」という語にもかかわらず、科学知の上に立つ哲学知を自認することであり、これが如何に反感を買ったかは周知のとおりである。『家の馬鹿息子』では、サルトルは哲学を人間諸科学の上に置くしぐさを見せていない。それゆえにこそ、新たな対話の可能性が残っているのであり、それを発掘するのはわれわれ読者と言える。

(1) 清眞人『〈受難した子供〉の眼差しとサルトル』御茶の水書房、一九九六年
Vincent Lemière, *La conception sartrienne de l'enfance ou L'idiot de la famille*, L'Harmattan, 1999.
(2) 日本では一九五〇年頃から英米系の研究の影響のもとに児童心理学 child psychology に代わって発達心理学 developmental psychology という呼び方が採用されるようになった。その後、一九七〇年代に青年心理学、老年学などを含めて、人間を誕生から死に至るまでの時間軸の中で連続的に理解しようとする生涯発達心理学 life-span developmental psychology が提唱され、幼少期を対象とする研究もこの視野の中に位置づけられている。フランスにはそうした動きは目立って波及せず、児童心理学 psychologie de l'enfant という言い方が今も一般的で、psychologie du développement という呼称は存在するが広く認知されてはいない。発達心理学に近い意味で psychologie génétique が使われることもある。
(3) 筆者は二〇〇五年四月より、お茶の水女子大学にて21世紀COEプログラム「誕生から死までの人間発達科学」(拠点リーダー内田伸子)に客員研究員として参加している。この研究チームには心理学だけでなく、人類学、社会学の専門家、医師など医療関係者も参加し、学際的な研究を進めている。この論考は、筆者が

その一環として学んだ発達心理学の知見と研究会において活発な反応を得たサルトルの「実存主義的精神分析」とフローベール論における幼年期概念についての発表に基づいている。

（4）Michel Contat と Michel Rybalka の調査による。*OR, Chronologie* XLV.

（5）P. C. Racamier, *Psychothérapie psychanalytique des psychoses*, in *La psychanalyse d'aujourd'hui*, PUF, 1956. 狭義での育児（世話）だけでなく、乳児への働きかけ（微笑み、言葉かけ）や乳児の行動に対する呼応（泣いたらすぐ駆け寄る、など）も含めた広い意味での母性行動を指す。その仕方は養育者の感受性やパーソナリティや状況によって異なる。特に精神疾患の治療法の意味で使われているが、もとはこの意味である。

（6）Laplanche et Pontalis, *Vocabulaire de la psychanalyse*, PUF, p.233.

（7）「愛着理論」の成立過程について以下に概略を記す。エリクソン Erikson, E. H. が一歳までに養育者との間に情緒的に安定した関係を保つことが、将来、人間一般への信頼をもつための基盤となる、と指摘。スピッツ Spitz, R. が一九四五年に人手不足の施設に預けられた子どもは発達が遅れることを臨床的に検証し、「ホスピタリズム」（施設病）という概念を提出。ボールビー Bowlby, J. M. は一九六九年に、乳幼児期に身近な人との愛着関係が成立しないと心身の発達に遅滞が生じることを臨床的に確認。しかし、「一歳まで」という単純なタイムリミットの設定については異論がある（後述注21参照）。

（8）主たる養育者（ギュスターヴの場合は母親）の愛情の欠如が子どもの言語の遅滞をもたらすとの主張は他の箇所にも散見できる。*IF* 24, 31, 57-59, 149, 152, 668, 721／Ⅰ・一八、二一、五六―六〇、一五七、一六〇、Ⅱ・二五、八七）などに、「彼は母親の愛を感じることがなく、愛情の相互性というあの最初のコミュニケーションを知らなかった」「母親との関係は彼の言葉との関係を損なった」と述べられている。つまり、対人関係の基盤が正常に形成されなかったために対人コミュニケーションの手段としての言語の発達が遅滞した、とサルトルは考えているのである。

（9）臨界期とは、刷りこみ（インプリンティング）の概念を提出した比較行動学者のＫ・ローレンツが使用して以来普及した概念であり、それを越えると、ある能力の獲得の可能性が急激に低くなる時期とされる。たとえば、絶対音感は六歳を越えると獲得が困難になる。類似の概念で敏感期 période sensible（または最適期 période optimale）は一定の能力の発達が最も顕著な時期のことである。たとえば「語彙爆発」が生じる生後十六〜二十箇月の時期がそれにあたる。

（10）Lenneberg, E. H., *Biological foundations of Language*, 1967.／『言語の生物学的基礎』佐藤方哉・神尾昭雄訳、大修館書店、一九七四年。
Newport, E. L., *Maturational constraints on language leaning*, 1990.

（11）Scott, J. P., Forgays, D. G, Read, J. M., Nyman, A. J. らの研究がある。

（12）内田伸子『発達心理学——ことばの獲得と教育』岩波書店、一九九九年、第V章「ことばが遅滞するとき」では親の養育放棄で乳児期から地下室や密室に閉じ込められるなどして、社会的に隔離された子どもがのちに救出され、発達遅滞の回復を促す教育を受けたケースが十例近く挙げられている。それによれば、救出時の年齢が臨界期とされる十一〜十二歳を越えていたか否かにかかわらず、身体の成長および養育者との愛着関係の成立に伴って言語の発達がみられたケースがある。

（13）フランスでそのタブーを破って社会的に大きな話題となったのが Claude Chabrol 監督の映画 La Cérémonie（一九九五）である。ジャン・ジュネの『女中たち』をモデルに、「文盲」の家政婦の犯罪を描いた作品だが、これをきっかけに、読字障害とそれに苦しむ人々に対する認識が高まり、それに対処する様々な取り組みがマスコミでもしばしば報道されるようになった。

（14）Fisher, Defrjes, Developmental dyslexia: *Genetic dissection of a complex cognitive trait. Nature Reviews Neuroscience*, 3, 2002.

（15）Husserl, *Die Krisis, La crise des sciences européennes et la phénoménologie transcendantale*, 1954

（16）「母原病」は医師で医療評論家の久徳重盛著『母原病——母親が原因でふえる子どもの異常』（一九七九）

により一九八〇年代に流行語となった言葉で、「母親の養育態度（過保護、心配性、緊張、イライラ等）が原因で子どもに異常が生じる」とする考え方。高度成長期の日本を支えた核家族・専業主婦家庭の中では、育児の責任が母親のみに過度に負わされた。そして子どもに問題が生じると母親の養育態度にその原因が求められた。そうした一般の風潮を追認し、社会全体の矛盾を考慮せずに母親ばかりを非難する母親叩きの学説として強い反撃を受け、現在ではほとんど信奉されていない。

（17）「自閉症」の概念はもともと一九一一年にブロイラー E. Bleuler が精神分裂病（今でいう統合失調症）の基本症状のひとつとして提出したものだが、一九四三年にカナー Leo Kanner がこれを幼児の特異な感情接触障害の病名として転用し、現在に至っている。

最近の研究によれば、自閉症は広汎性発達障害の一種で、通常、言語発達やコミュニケーション能力の発達に問題がある。特に「メタ表象能力」（他者の抱く表象についての表象を形成する能力。平たく言えば、人の気持ちを察する力）の獲得に困難が生じる。三歳以前に発症するのが特徴である。これは中枢神経系の何らかの障害と推測され、原因としては染色体異常、脳の損傷、胎内環境の問題等が考えられているが、現在なお研究が進行中である。自閉症には、重度精神遅滞を伴うものから普通以上の知能が認められるものまでさまざまなレベルがあり、それらを連続体として捉えたとき、自閉症スペクトラムと呼ばれる。その中で特に、特定の知的能力が並外れている場合を高機能自閉症と呼ぶ。右脳の発達がめざましく、図形・空間認知に優れており、学業成績が優秀で偏差値が極めて高い場合もある。

（18）Leo Kanner, *Autistic disturbances of affective contact*, *Nervous Child*, 1943.

（19）『家の馬鹿息子』の中には母親について価値判断や感情的評価を持ち込んでいないが、前出のインタビューの中では、「フローベールの母親は私は好きでない。」と発言している。*Sit*, *X* 96.

（20）Rutter, M. *Diagnosis and definition of childhood autism*, 1978.

Ohta, Nagai, Hara, *Parental perception of behavioral symptoms in Japanese autistic children*, 1987.

伊藤英夫「自閉症児のアタッチメント」、岩立志津夫・小椋たみ子編『言語発達』、ミネルヴァ書房、二〇〇五年所収。

（21）内田伸子『発達心理学——ことばの獲得と教育』一五二頁。

（22）日本発達心理学会監修『心理学・倫理ガイドブック』有斐閣、二〇〇〇年。子安増生、二宮克美『発達心理学』新曜社、二〇〇四年、八—一五頁。

一個人の内面に立ち入った心理学的研究に際して設置されている倫理基準には、主に以下のものがある。「対象とする人の人権、特にプライバシーに細心の注意を払う」、「インフォームド・コンセントを取り付ける」、「ディセプションとディブリーフィングという方法（被験者や研究協力者に目的を知らせなかったり意図的に事実と違うことを伝えたりしてデータを入手し、研究終了後に事実を知らせるというやり方）を安易に用いない」。

歴史的に国際的倫理原則も確立しているが、その経緯は以下のとおりである。一九四七年、ニュルンベルク綱領（被験者の自発的意志の重視など、初の国際的原則を打ち出す）。一九六四年、ヘルシンキ宣言（二〇〇〇年改定）インフォームド・コンセントの必要性を明示。一九五三年、アメリカ心理学会が倫理基準を作成（二〇〇二年に最新版）。日本でも学会ごと、大学ごとに倫理規定を定めたり、倫理委員会を設置して審査し、許可を与えるなどの対処が一般化している。

（23）左ページにヘーゲル論、右ページにジュネ論を配したこのテクストの中で、デリダは「一九五二年、刑務所から出所したところで、もう一度、ジュネを捕らえようとすること。解放の存在現象学が彼の人と全作品の〝鍵〟、すなわち実存的精神分析によるその究極の意味をきれいな手で安全な場所で提供しようと躍起になった一九五二年。」と書いてサルトルのジュネ論を痛烈に批判している。J. Derrida : *Glas, Que reste-t-il du savoir absolu?*, 1974, édition1981, pp.39-40.

（24）二〇〇五年十月二日、お茶の水女子大学における研究グループの会合にて、サルトルの実存主義的精神分析とフローベール論についての報告を行なったのちに質問を投げかけ、反応を収集した。

作者と読者の間

——「交わり」commerce の概念の文化的源泉

フランソワ・ビゼ
石崎晴己訳

サルトルが「レ・タン・モデルヌ」に『文学とは何か』の最初の部分[1]を掲載した直後に、モーリス・ブランショは、「文学とは何か」という問いの「真面目さ[2]」に疑問を呈して、次のように述べている。すなわち、「文学とは何か」というタイトルは、解決を目指す呼びかけに満ちた、まことに期待を掻き立てるものではあるが、これでは問いそのものがあらぬ方角へと向かい、その対象たる文学から却って遠ざかってしまう、何故なら、文学とは、定義しようとの意志には馴染まないものだからである、というのだ。ブランショの「文学と死への権利」と題するこの論文は、このような展望に立って、作者と読者という文学空間の主要な審級、さらには作者と読者の間の問題をはらんだ関係についての知覚をくまなく探訪し直し、『文学とは何か』の最終章に見られる見方とは全く異なる、より流動的で、矛盾に揺れ動く見方を、サルトルに対して突きつけていた[3]。『文学とは何か』最終章に見出される見方とは、明確で決定的な輪郭を持つ、次の文言で示される、研ぎすまされた見方である。すなわち、「読書とは、読者と作者の交わり commerce である」（*QL* 271／二五八）。

「……ものを書くという作業は、その弁証法的相関者としての読むという作業を前提とする。そして密接な関連にあるこの二つの行為は、別々の二つの行為者を必要とする。作者と読者の両者の努力の結合こそが、精神の作品という具体的な想像上のこの対象を出現させることになるのである。他者にとってしか、そして他者によってしか、芸術はない」(*QL* 50/五〇)。

　サルトルによれば、本はその読者を生み出すものではなく、そもそも本が練り上げられる作業の襞の中に読者を含み持っている。ちょうど、バンヴェニストにおいて、「お前」は「私」の中に構成要素として存在する[4]、のと同様である。文を書くことは、作者と読者の本物の関係を前提とするのであり、読書はその関係に再び具体性を与えるのである。それは、サルトルが「弁証法的往復運動」(*QL* 62/六四)と呼ぶもので、両者が互いに相手にますます多くを要求して行く(*QL* 62/六四)、複合的な競争関係のようなものとして記述されている。補完性、可逆性、相互性……。文を書くということは、話すということと同様に、対象に向かう行為であり、かつ相互性に律されているのである。

　文学的関係がこれほどまでに相互作用的図式を再現するものとなっているのは、実はサルトルが、自分の分析の全体をプラグマチックな言語観に基づいて展開しているからである。かなり硬直した二元論で、彼は言語というものを、詩という「裏側」と散文という「表側」とに真っ二つに切断してしまい[5]、それによって、詩を厄介払いし、希望はもはや散文の中にしか求めないのである。散文というこの自然化した言説の中では、言《パロール》は、移動運動のような一つの機能以外の何ものでもない[6]。『文学とは何か』は、その大筋の動きとしては、詩的言語を消費の同義語として追放に処することを主張しているのだ。建設的なコミュニケーションの項を再建することができるのは、唯一、散文のみである。したがって、散文作家は「語る人である。彼は指示し、証明し、命令し、拒絶し、質問し、嘆願し、罵倒し、説得し、ほのめかす」（*QL* 25／二六）。このテクストは全体を通して、このような話しかけ的姿勢の跡をたどるのは雑作もないことであろう。それにこのテクストは、個別の読者を探し求めているのではなく、「読者層」（*QL* 265-266／二五一―二五三）を探していることを、はしなくも漏らしている。作家は、「語る」だけでなく、「狙いを定め……話しかけ……議論し……差し向け……触れ……的を射抜き……征服する」（*QL* 86, 251, 265）。このようないささか好戦的な性格がうかがえるのは、言語の道具的機能とその透明性という性質――そこから直接的な「実践的用途」（*QL* 36／三六）が帰納される――で説明がつく。「われわれが（……）アングーレムのある家庭の日常の会話を再現するレコードを聴いたとしても、何を言っているのか理解できないだろう。コンテクストが欠けているのだ。（……）読書もまた同様である」（*QL* 76／七六）。言《パロール》は、地方の一戸建て住宅で発せられようと、本の中で発せられようと、サルトルに言わせれば、暗黙の了解というリスクを負うのであり、そのリスクこそが言《パロール》の本性にして、その唯一の神秘なのだ。読者という話し相手には、作者という話し手の意図について仮説を立てるという責務が課されるのである。

　こうして読者は、ある種の「努力」を受け入れるよう仕向けられ、求められさえもするのだが、その努力は、協力において互いの要求度がますます高まって行く結果、最後には紛れもない「契約」（*QL* 66／六七）へと変貌する。文学は、実践《プラクシス》の領野に引き寄せられたわけである。その資格においてサルトルは、「読書とは、読者と作者の交わり commerce《コメルス》である」と書くことができた。こうなると、二つの自由を、二つの高邁の心を緊密に織り上げるこの作業が、文学的散文の存在理由とも、アンガジュマンの倫理的正当化ともなって来るのである（*QL* 67-68／六八）。

　一寸見には、一九四八年のこの試論は全体として、プルーストにまで遡る考察を引き継いでいるように見える。プルーストは、作者の全能性が長い間隠蔽して来た地位を再び読者に与えたのである。ところがサルトルとプルーストという二つの思考は、読者というこの新たな理論的形象の復権という主題において意見の一致を見るとしても、読者の身分に関しては意見を異にするのだ。プルーストの寄与とは、まさしく次のような決定的な認識にあった。すなわち、「読書と呼ばれる独特な心理的行為[7]」は、間主観性の個別的ケースと同一視できるものではなく、「会話という不適当な図式から断固として解放されなければならない[8]」という認識である。

「……書物と友人の本質的な違いは、その賢さの大小ではなく、こちらがコミュニケートする様態である。読書とは、われわれ各人がもう一つ別の思考のコミュニケーションを受け取るという行為であるが、ただし会話とは逆に、自分がただ独り孤独のままにそれを行う、つまり孤独の中でのみ持つことのできる知力を発揮し続けながらそれを行うのである。その知力は、会話が始まるや否や、直ちに雲散霧消してしまうものなのだ[9]」。

したがって、サルトルの言う、それぞれが己の職務にしっかりと立脚する二つの主体の間の「交わり」の規則性と、『サント＝ブーヴに反駁す』とラスキンについての解説[10]が果たした、ちょっとしたコペルニクス的転回との間の隔たりは大きい。ここでプルーストを引き合いに出す必要があるとしたら、それは逆に、『文学とは何か』が、私がいま引用した、新たな考え方を創始した試論に逆らう方向に向かっているように見えるからである。サルトルがフッサール現象学の到来について述べた一九三九年の論文の中で、内面性の拒絶について語りながら投げつけた「われわれはいまやプルーストから解放された[11]」という殺人的指摘を思い出す。『嘔吐』は、サルトルがプルーストという作家から解放されたことを示している[12]。『文学とは何か』を読むと、彼が同様に、数百年の伝統に抗してプルーストが手ほどきしてくれたあの新たな考え方も清算しようとしたのだと、考えたくもなるのである。

サルトルにおけるこのような抵抗ないし惰性の姿勢は、驚くべきものである。なにしろ、この問題におけるプルーストの権威は、広がり続けているのであり、特にジョルジュ・バタイユにおける、複合的にして多形性の「コミュニカシオン」という概念の素となったのは、プルーストなのであるから。というのも、このキー概念は、早くも一九三〇年代半ばには「聖社会学」の分野で着想されていたが、それが文学の分野で拡大するのは、なかんずく『失われた時を求めて』を読んだお蔭なのである[13]。

「コミュニカシオン」は、プラグマチックな言語観の逆であるが、それだけでなく、およそあらゆる弁証法の逆でもある。そこから、詩との内密な絆が由来する。まさにバタイユがプルーストについての考察の枠内で「言葉の全燔祭《ホロコースト》」[14]と定義した詩との。詩は、言語を供儀として用いるが故に、決然として言説の思弁的（コメルス的？）次元の外側に身を置くものである。そうなると、「詩的なものであるか、然らずんば無[15]」である「コミュニカシオン」は、投企の逆ということになる。それはいささかも節約と貯蓄に気をそそられることはなく、哲学的言説も含めてあらゆる言説の中において、まさに非生産的なものに他ならない「至高の消費[16]」となって蕩尽される。思考のいかなる項も考察されることなく、知は無限に非知に変転し、意味は無意味に変転する。このような条件において、作者と読者の間の「コメルス」はいかなる瞬間に位置することができようか。

「読者にとって、私はだれでも良いだれかだ。名前、素性、来歴などといったもので、何も変わりはしない。彼（読者）はだれでも良いだれかであり、私（作者）もだれでも良いだれかだ[17]」。

「コミュニカシオン」においては「移行がある（……）しかしそれはこちらからあちらへの移行ではない。こちらもあちらも別々の存在を失ってしまったのである[18]」。

それゆえプルーストからバタイユまでの間に、文学的コミュニケーションは根底的に本性を変えている。プルーストもバタイユも、それぞれ自分なりに、文学を支配的なモデルから解放しようとした。プルーストは、読書というものの心理的機能の再検討を通し（「一人一人の読者は、読書する時、自分自身の読者そのものなのだ[19]」）、さらに読書というものの「剝奪的[20]」次元の断言を通して、それを目指した。これはサント＝ブーヴの世間的なお喋りとは正反対のものであり、ラスキンの博愛的・教育的な見方とも正反対のものである。一方、バタイユにおいては、読むということは（もっとも、書くということもそうなのだが）、何よりもまず、巻き添えになることなのだ。そしてもちろんそれは、サルトルがしないことである。それゆえ早くも一九四三年[21]から一九五二年[22]までの間にサルトルとバタイユの間に生じた対立の核心に「コミュニカシオン」が見出されるとしても、驚くに当たらないのである。その際、バタイユはサルトルにその読書についての考え方を非難しているだけではない。批評の方法を告発しているのであり[23]、それによって、歴史主義的（バタイユに言わせれば、人は己の時代のためにのみ書くわけではない[24]）にして、かつ志向主義的性格を有する解釈学から一線を画しているのである。志向は「コミュニカシオン」を殺す。なぜなら、それはいかなる読書をも、一つの意味作用の開示、一つの意味のすぐれて弁証法的な引き受けの方へと差し向けるのだから。

ところで、『文学とは何か』が示しているように、サルトルは全力を振り絞って、弁証法的モデルにしがみつく。是が非でもそうする必要があるのだ。戦争が終結したこんにちにおいて、曖昧性の文学、「消費の文学」が言語を完全に駄目にしてしまうのを阻止しなければならない。「……こんにちでは、（……）建設する必要がある」（*QL* 281／二六七）。そして建設するためには、読者は余計なものではない。サルトルにとって、文学とは何よりもまず「同伴者としての付き合い」（*QL* 271／二五八）なのである。

＊

このようなこだわりをどのように理解するべきなのか。

このように「コルメス」（交わり・交渉・交流）という語が用いられていることをどのように理解したら良いのだろうか。サルトルのような、決然として未来に目を向ける人間の筆の下でこれが用いられているのは、何とも気がかりなのである。この語はそもそも、十六世紀半ばに「相互の関係」という比喩的な意味において流行したが、その後、古典主義時代を通じて華々しい経歴を誇った後、次第に廃れて行ったものである。ここには何かの兆候があるのではなかろうか。その兆候によって、次のように考えることが可能になるのではなかろうか。すなわち、『文学とは何か』の最後の数ページに述べられている、こんにちわれわれの注意を引き留めているあの文言は、単に「一九四七年における作家の状況」を定義するだけでなく、歴史をいささか強引に拡張することによって、あらゆる作家、あらゆる読者の状況を定義しているのだ、と。確かにサルトルの意図は、「何らかの文学の本質」（*ES* 161）を提出しようとすることではない。しかし、この調査全体は、この本の冒頭に掲げられた「コメルス」という語が、厳かな守り神のように君臨するライトモチーフに貫かれ、運ばれているように見えるのだ。近代の深い海底に根ざした独特の権威の名において、「コメルス」という語は、果たして、ばらばらに散らばった異質な文化実践を寄せ集め、あらゆる方角から探し出された言説を合成し、さまざまな歴史の時点を溶かし込んで、一過性の枝分かれ（シュールレアリスム）以外には枝分かれを持たず、無限に永続する構えを見せる、滑らかですべすべした連続物を作り出しているのだ。このような時間の同質化、時間は始源の時からすでに作用していたものの完遂へと向かうとする、このような包括化的ヴィジョン、私が思うに、これをこそ説明しようと試みる必要があるのである。フーコーがサルトルとの論争のクライマックスにおいて、「哲学的な歴史神話[25]」の刻印を見出したのは、こうしたものの中にであった。そしてサルトルは、『文学とは何か』の執筆と同時期に、『倫理学ノート』の中で（CM 56）、そうした神話の出現の諸条件を記述しているのであるから、この神話についてはサルトル自身が完全に自覚していたことになる。

すべては二つの力線の緊密な連接の中に存する。第一の力線は明瞭である。それはこの試論の中では、「だれのために書くか」という、秘密を暴露する表題を冠する章の一部を占めており、十八世紀を、精神の共同体のこの上ない範例として措定している。それゆえサント＝ブーヴのはるか彼方にまで遡る必要があるのだ[26]。十九世紀は、『月曜閑談』の著者によれば、フランス古典文学の特徴ということになる、あの「会話と社交の精神[27]」にほかならないアンシャン・レジームの精神を、時代錯誤的に永続させたわけだが、その十九世紀より遙か上流へと遡る必要がある。サルトルによって理想化されたあの啓蒙の世紀、いささか短すぎたが熱烈だった黄金時代、増大の一途をたどる読者大衆が知的・文学的エリート層と同位相にあったあの時代、著作家たちの自由への呼びかけが直ちに読者層に聴き届けられたあの時代に、遡る必要があるのである。このような同時進行、生産と受容のかくも完璧な適合関係、これはサルトルにとってまさに「奇跡」（QL 113／一〇八）であった。

いまから三十年ほど前から、歴史家たちはこの奇跡がいったい何であったか、その本性を正確に確定しようとした。ユルゲン・ハーバマスの足跡に従って、彼らは、十八世紀全般を通じて「公共空間[28]」が形成され、それの作動が不断のコミュニケーションを要求したという点を強調した。例えば、どのようにしてブルジョワジーは読書によって、社会集団の凝集力を強めることを任務とする文字通りの「文化的技術[29]」を押し付けたかを、示すことに成功したのである。この点に関しては、作家の職業化は、無視できない重要な過程なのである。それによって、著者と、いままさに読者層として形成されつつあるものとの間の接触（現実の接触と象徴的接触）の緊密化が可能になった[30]。読書がプラクシスの分野に受け入れられたのは、こうした新たな社会・経済的条件の下においてであった。そこにおいて、当時の社会風潮的イデオロギーが推奨する「有益な読書[31]」なるものが発達した。それは演説、手紙、対話、会談といった特殊的文学ジャンル――これらはいずれも、相互行動、ないしはより直接的に口述性の力動性を帯びている――の利用によって助長されたのである。この点に関して、印刷物の流布の拡大が、口頭でのやり取り（サロンや、カフェや、非公式の夕食会や、アカデミーにおける）が支配的な重要性を発揮する社交性の場の拡大を助長したとの証言は、枚挙に暇がない。接待の諸様態は、まことに当然ながら、書かれたテクストの諸様態を引き継ぐことになり、言《パロール》は文学の領域から社交の領域へと無限に循環して再利用された。このような循環は、偉大なる世紀[32]以来の文人エリート層の標章にほかならなかった。エクリチュールと、その分身たる読書、そして会話は、いずれも相互依存的な活動であり、互いに継続し合い、互いに他方を肥沃化しあうのであって、これらの間にいかなる断絶も存在しなかった。一七七二年に、パリのサロンの熱烈な常連だったガリアニ神父は、ナポリに召還された。知的には砂漠に等しいナポリという地から、彼はディドロに次のように書き送っている。

「レイナル神父の本を読んだかとお尋ねですか。いえ、読んでいません。何故か。私は読書の時間も意欲も失ってしまったからです。読んだものの話をする相手も、論争したり、人に抜きん出たり、話を聴いたり聴いてもらったりする相手もなしに、独り孤独に読書するのは、不可能です。ヨーロッパは、私にとっては死にました[33]」。

生とは、話し相手がいるということなのだ。そして大抵は著者その人も居合わせるのだった。それこそが共同体の約束であり、著者が居合わせないのなら、印刷された書物はもはや死文にすぎないのである。生とはまた、接触を熱望する読者たちが、ページの向こうに熱烈に追い求めた価値でもある[34]。ディドロが自分の著作の中で[35]、しかも虚構作品の中でさえ、ほとんど固執観念的に対話形式のものを増殖させて行ったのは、このような価値に最も近くまで近付こうとするためであろう。実際、ディドロは『運命論者ジャック』のなかで、コメルスの要求を最も想像力豊かに劇化し、言わば教養豊かな社交界に拡がっていた知的な歓談への要求を物質化して見せたのである。そのことは、『運命論者ジャック』と同時期に書かれたもう一つ別のテクスト、『これはコントではない[36]』にも完全に見て取れる。この中で語り手は、一人の聴き手をゼロから作り出し、そのようにして紙の上に、出会いの諸条件を再現しつつ、すぐさまその聴き手と対話を始めるのである。この仕掛けは、それだけでは大した重要性も持たないだろうが、ディドロはこの奇妙な聴き手に、語りの穴を埋める機能を付与しており、そのためフィクションは（タイトルはそれを否定しているが、やはりこれは紛れもなく一つのフィクションである）、最後には協同作業の産物以外の何ものでもなくなってしまうのである。

さてここでもう一つ別の点、別の層へと論点を移してみよう。この理想的な十八世紀像というものの上に、サルトルのテクストの中では、もう一つ別の図像、輪郭ははっきり描かれていないが、同じように意味深長な図像が重なっているような気がする。「コメルス」の概念は、それだけでルネサンス文明全体を呼び出す力があると言っても過言ではない。モンテーニュのエセー「三つの交わり《コメルス》について」がこの出現を可能にする。いまや私としては、この独特の現象を観察し、すみずみまで詳述したいと思うのである。

友人ならびに女性との「交わり」はいずれも「他人次第の、偶然の」交わりであり、それよりも作家モンテーニュは、「より確実でより自分のものである」書物との交わりを選び取る[37]、というモンテーニュの告白は知られている。書斎にこもったモンテーニュの孤独は、いかにも自分自身に閉じこもる内向であるには違いないが、しかしとりわけ、慣れ親しんだ対話の相手との再会の約束である。『エセー』のどのページも、テクストと引用の絡み合いによって、古人とのこの絶え間ない対話を具体的に実現している。もっとも『文学とは何か』よりずっと後になって、サルトルは『エセー』の作者に馴染みのこのモチーフを鸚鵡返ししている。「今日でもまだ、この小さな悪癖は私の中に残っている。馴れ馴れしさという奴だ。私はこれらの高名な故人たちを寄宿仲間のように扱い、ボードレールについても、フローベールについても、歯に衣着せずに意見を述べるのだ」(*M* Folio Classique, 2001, 58／五四)。

　ところでここに姿を現しているのは、ユマニスト思想の深層に養分を供給するトポスである。とはいえ、その度合いはさまざまに異なる。というのも、モンテーニュは十六世紀の幻滅の最後の歳月にあって、書物に対してペトラルカと同じ信仰を捧げていたわけではない。ペトラルカという疲れを知らぬ読書家にとって、何らかの原稿を見出し受け取るということは、精神の冒険でもあれば、肉体の冒険でもあった。ペトラルカにとって書物とは、常に貴重な聖遺物であり、他人の思想を受け止めて貯めておく容器であることはもちろんだが、他人の秘かな生、時の力によってもまだ完全に消し去られていないプレゼンスを受け止める容器なのである。それに対して、モンテーニュにとっての書物とは、人の手で製造され、規格化された物品であり、彼の無造作で無遠慮な読書はしばしば、ペトラルカに見られる物神崇拝《フェティシズム》の気配をいささかも見せることなく、書物をそうした物品として扱うのである。こうした違いがあるにもかかわらず、彼らには同じ知的姿勢が共通している。その同じ身振りは、モンテーニュが、読書について述べるもう一つの重要なエセー、「話し合う方法について[38]」の中で用いる、「話し合う」conférer という動詞が要約している。読書とは、基本的構造をそれから借用している会話と同じ資格で、交わりという語が示しているように交流＝交換であるが、それだけではなく、conférer という語の語源が示唆するように、協同作業で意味を練り上げることでもあるのだ。この点については、このエセーが、出だしは書物との交わりの「あまり威勢の良くない動き[39]」とは対称的な、口頭での論戦の長所について論じながら、数ページ先では読書を前面に押し出すようになるのは、注目に値する。しかもそれを、何の移行措置も前置きもなく行っているので、まるで結局、会話と読書という二つの実践は等価であり、交換可能なものであると言わんばかりなのだ[40]。

一つの経験レベルからもう一つの経験レベルへの、こうした自然で流れるようにスムーズな移行の中に、文学的コミュニケーションのユマニスト的考え方の核心が掛かっているのである。そしてサルトルは、この同じ考え方を、暗黙のうちにではあるが全面的に、もう一つの知のユマニスト的確立の時代である十八世紀のただ中に、さらには戦後の緊急な再建の時代にさえ、継続する。こうして彼は、すぐれて弁証法的な指導理念の下に、歴史の変動を一本化しようとするのだ。ところが文化的実践の連鎖というものは、それほど直線的ではない。断絶や転換で込み入っているのだ。ルネサンスと古典主義時代で、確かに読書は一貫して、「口述化として[41]」体験された。それはロジェ・シャルチエが指摘しているところである。しかし対話相手は、同じではない。対話の相手は、生きている人間の間から選ばれるより、むしろ故人の中から選ばれたのである。

ガリアニ神父に先立つこと二世紀半、マキアヴェッリは追放の地から、こう書き送っている。「夜になると、私は家に帰る。書斎に入ると（……）、それは古代の人々が集う古代の中庭なのだ。そこで私は彼らから親切に迎えられ、すぐれて私のものである食物、私がそのために生まれた食物を摂取する。そこでは彼らと話をし、彼らの行動の動機について問いかけるのは、いささかも恥ずかしいことではない。そして彼らは、彼らの人間性によって、私に答えるのである[42]」。「……彼らの人間性によって」。マキアヴェッリにとっては、ポリュビオスが故人であるというのは、どうでも良いことである。彼がかつて言葉の人であった、というだけで十分なのだ。彼が後に残した書物が、彼の身柄の代わりをするのである。それは、現象学が語る、書かれたもののあの個別的な「浸透可能性[43]」の故ではあるが、しかしそれだけではない。「文字は(……)、われわれが不在の者とさえも語り合うことができるように発明された[44]」というのは、聖アウグスティヌス以来確定している真理なのだからである。死者と会話するというこの可能性が、われわれにとって持っている利点は、それが社交性の日常的行使と、いささかの問題もなく有機的に連接するという点である。「家に」帰る直前、マキアヴェッリは、旅籠に立ち寄り、「肉屋一人、粉挽き一人、石灰製造工二人」と議論している[45]。

同様にマキアヴェッリにとって、自分が『言語をめぐる論考』を書いている時に、ダンテがもう二世紀も前に死んでいるということは、大したことではない。この作品は、ダンテの『俗語雄弁術』への返答であるが、最初は論述として始まり、ダンテは三人称で扱われている。ところが突然、テクストの真ん真ん中で、内的力学がとくにそれを要求しているわけでもないのに、まるで著者が、生身の論敵を相手にした論争 disputatio の状況に身を置く誘惑に抗えなくなったとでもいうように、論述は対話に変わり、ダンテは二人称に、「君」になってしまい、やがて論証のために呼び出された役目を果たし、論争で打ち負かされるや、しょんぼりと「お暇[46]」するのである。これは十八世紀にヨーロッパ全域で流行した、死者の対話とはまるで違う。十八世紀には、生者は生者同士の会話に忙しかったので、死者たちの会話に介入することはなかった[47]。

死への無関心は、ペトラルカにあってさらに顕著である[48]。しかし詩人ペトラルカにおいて——特に、聖アウグスティヌスとの長い対話の形をとる『秘密』において——対話という形式を用いるのは、修辞的効果のためではない。ここに展開する省察は、内面の論争であって、他者の言、自分より上の権威ある者であると同時に自分と同等の者の言を介在させなければ形を取ることができないのである。その点で、『秘密』は、マキアヴェッリの『言語をめぐる論考』より教育的ではなく、聖アウグスティヌスも、モンテーニュにおけるセネカやプルタルコスのような、純然たる知的関係を保っている著作家よりは、教育的でない。それは書物の枠内には収まりきらない精神的・霊的臨在であり、思いやりと厳格さとを兼ね備えた声、一言で言うなら、友の声として受肉することをのみひたすら要求する言霊なのである。

以下に紹介する二つの出来事は、単なる逸話と考えてはならないだろう。それはまさに受肉の概念に照らして受け止めなければならない。一三四五年にペトラルカは、キケロの未発表の手紙を発見する。この出来事に衝撃を受け、またキケロのこれまで知ることのなかった姿にいささか落胆して、彼はキケロに手紙を書く決心をし、手厳しい批判を書き連ねた。私が関心を抱くのは、この話の論争的な様相ではない。ペトラルカはキケロに対して、次のように語りかけている。「手紙を拝読していると、貴兄の肉声が聞こえるような気がしました（……）。今度は貴兄が聴き手となる番です[49]」。ところがペトラルカは、きっと厳しすぎたことを後悔したのだろう、のちにまた一通の手紙を書いている。まるでその間に、キケロから返事を貰ったかのように。「もし私が先頃送った手紙が貴兄を傷つけたなら、（……）今度は傷ついた感情をなだめる言葉が聞こえることでしょう[50]」。

のちに、『イリアス』と『オデュッセイア』をラテン語に翻訳させようとしていた時、ペトラルカはホメロスからの手紙を受け取る。もちろんそれは悪ふざけで（何と手紙はラテン語で書かれていた！）、どうやらボッカッチョの手になるものらしい。しかしペトラルカはゲームに乗り、すぐさま返事を認めた。その返書は、ギリシア語のラテン語翻訳、つまりテクストの読解可能性と、ホメロスの顔の出現との間に完全な同等性を打ち立てている点で、実に興味深い。

「ある種の書物の書き出しの部分からは、私がかくも目にしたいと願っていた友の顔の映像、遠くからちらっと目にしただけではっきりしない映像が、あるいはむしろ私の目の当たりに姿を消して行く間際の、風にたなびく彼の髪の映像が、ほとばしり出て来るように思えたものだが、そうしたいくつかの書き出しを除いて、そういった一切を除いては、ラテン語のホメロスの相貌は何一つ私に達することはなく、私はいつの日か貴兄と差し向かうことができるという期待を一切失ってしまったのです(51)」。

ペトラルカという読者の凄まじい浸潤力、そのキリスト教的感受性、こうしたものだけで、この詩人ホメロスの出現を説明することが出来るだろうか。この驚嘆すべき甦りを通して、ペトラルカが甦らせようとしているのは、もちろんギリシア世界であるが、多少理想化されたヴァージョンで描き出されるギリシア世界とは、書かれたものの不透明な物質性の上に言の透明性がいまだに君臨していた黄金時代、知と真理が教育と歓談に関わる事柄であり、さらには文学の生産と消費が高度な社交的実践であった黄金時代にほかならない。

*

ここまで私が没頭して来た作業は、単なる考古学の企ての一環をなすということになるのだろうか。その場合には、ペトラルカが抱く過去への憧憬は、一種絶対的根源のごときものをなすであろう。しかしこのような結論で終わるのは、軽率だと私は思う。何故なら、ホメロスの臨在は、いかに強烈であっても、われわれ二十一世紀の読者が突きつけられている言表の状況、すなわち、ある人物が、自分に対して手紙を書くことなど出来なかった相手に返書を送るのだが、その返書を相手は読むことができず、その中で彼は相手の作品にたどり着けないのが残念だと言っている、そういう言表の状況の前代未聞の性格を覆い隠すことになってはならない。これはまさに交換の、対話の限界であり、私の出発点となった「対話的往復運動」の極限である。「交わり」の概念を隅々まで検討した結果、その概念の土台に横たわるアポリアにわれわれが突き当たるに至ったということは、まことに重要である。いかなるアポリアか。すなわち、欠如の、空虚の試練、ブランショが、文学作品という「これらすべての厳めしいものの中に現前している[52]」と述べた、あの「空虚の要素」という試練である。ペトラルカはホメロスのためにそこにいるわけではない。ホメロスはペトラルカのためにそこにいるわけではない。だから二重の不在なのであり、その二重の不在を、ペトラルカは何とか埋めようと努め、プルーストはその声を聞かせようと企て、バタイユはさらにいっそう深めようと努め、そしてサルトルは結局のところ、沈黙へと送り返すのである。

（1）*QL*、「レ・タン・モデルヌ」十七号から二十二号に掲載。本稿では今後«Folio-Essais», 2001版を用いる。
（2）M. Blanchot, «La littérature et le droit à la mort», *La Part du feu*, Gallimard, 1949, p.294.／『完本焔の文学』重信常喜・橋口守人訳、紀伊國屋書店、一九九七年、三八三頁。
（3）例えばM. Blanchot, 前掲書 p.303／三九五頁を見よ。
（4）E. Benveniste, *Problèmes de linguistique général*, vol. I, Gallimard, 1966, «Tel», 1997, p.260.／バンヴェニス

ト『一般言語学の諸問題』岸本通夫監訳、みすず書房、一九八三年、二四四頁。
(5)「われわれはこれまで十分に言語を裏側から眺めてきた。いまや表から眺めるべきだ」。同書 p.25／二六頁。
(6) 同書 p.26／二七―二八頁。サルトルは一九六五年にピエール・ヴェルストラーテンとの対談「作家とその言語」の中で、この区別に立ち帰っている。この厳格さを多少は緩和しているが、原則には指一本触れていない(*Sit, IX* 40-80／三三―六六)。
(7)«Le Regard littéraire», John Ruskin, M. Proust, *Sésame et les lys, précédé de Sur la lecture*, Ed.Complexe, 1987, p.59.／プルースト＝ラスキン『胡麻と百合』吉田城訳、筑摩書房、一九九〇年、一八頁。
(8) 同書 p.62／二〇頁。
(9) 同前。
(10) プルースト『サント＝ブーヴに反駁す』、『読書について』(『胡麻と百合』前出)。
(11)«Une idée fondamentale de la phénoménologie de Husserl: l'intentionnalité», *Sit, I* p.34.／「フッサールの現象学の根本的理念――志向性」白井健三郎訳、二九頁。
(12) この点については、プレイヤード版サルトル『小説集』のミシェル・コンタとミシェル・リバルカによる Notice, p.1663-1673. を見よ。
(13)«Digression sur la poésie et Marcel Proust», *L'Expérience intérieure*, 1943, Gallimard, «Tel», 1978, pp.156-175.／G・バタイユ「ポエジーおよびマルセル・プルーストについての余談」『内的体験』出口裕弘訳、現代思潮社、一九七〇年、三〇〇―三三八頁を見よ。
(14)『内的体験』前出 p.158／三〇六頁。
(15) G. Bataille, *La Littérature et le Mal*, 1957, «Folio-Essais», 1990, p.151.／G・バタイユ『文学と悪』山本功訳、紀伊國屋書店、一九五九年、二四八頁。

(16) 同書 p.148／二四二頁。
(17) 『内的体験』前出 p.64／一二一—一二二頁。
(18) 同書 p.74／一四二頁。
(19) プルースト『見出された時』、「プレイヤード叢書」1989年版、第四巻、pp.489-490／『失われた時を求めて Ⅶ』井上究一郎・淀野隆三訳、新潮社、一九七四年、二〇八頁。
(20) この形容詞は、アントワーヌ・コンパニョンの以下の本から借用したものである。«La couleur des idées», A. Compagnon, *Le Démon de la théorie*, Seuil, 1998, p.155.
(21) 「新しい神秘家」が発表された年。
(22) 「ジャン＝ポール・サルトル、ならびにジャン・ジュネの不可能な反抗」が発表された年。これは「ジュネ」のタイトルで『文学と悪』に再録された。
(23) とりわけ、バタイユ「ジャン＝ポール・サルトルへの回答」（発表年なし）を見よ。G. Bataille, *La Somme athéologique II*, Gallimard, 1973, p.199.
(24) 「己の時代のために書く」という命題は、『文学とは何か』の一断片の中で明示的に表明されている。この断片は、コンタとリバルカによれば、単行本に収録されることはなかったが、「広範な流布」を見たという。*Les Ecrits de Sartre*, Gallimard, 1970, p.152.
(25) «Foucault répond à Sartre», M. Foucault, *La Quinzaine littéraire*, n°46, mars 1968, repris in *Dits et écrits*, t. Ⅰ, Gallimard, "Quarto", 2001, p.695.／『ミシェル・フーコー思考集成 Ⅲ』筑摩書房、一九九九年、六〇頁。
(26) サント＝ブーヴとサルトルの方法論的連続性については、以下のものを見よ。Bernard Fauconnier, «Un critique en situation», *Magazine littéraire*, n°320, 1994, pp.55-57.
(27) Sainte-Beuve, *Portraits de femme*, 1886. 以下のものにおけるフュマロリの引用による。«La conversation», M. Fumaroli, *Trois institutions littéraires*, «Folio-Histoire», 1994, p.176.

（28）ハーバマスの著作『公共空間』より。*L'Espace public: archéologie de la publicité comme dimension constitutive de la société bourgeoise*, 1962.

（29）Reinhard Wittmann, «Une révolution de la lecture à la fin du XVIIIe siècle?», in Guglielmo Cavallo & Roger Chartier（dir）, *Histoire de la lecture dans le monde occidental*, Seuil, «Points-Histoire», 2001, p.390.／ラインハルト・ヴィトマン「第十一章　十八世紀に読書革命は起こったか」大野英二郎訳、『読むことの歴史』、大修館書店、二〇〇〇年、四四四頁。

（30）同書 p.378／四三一頁。

（31）同書 p.367／四一九頁。

（32）デカルトが次のように述べたのも、こうした事情のゆえである。「すべての良書を読むということは、その著者である過去の諸世紀の最も誠実な紳士諸賢と交わす会話のようなものであり、彼ら諸賢がその思想の最良のもののみを私たちに明かしてくれる考え抜かれた会話でさえあるのだ」*Discours de la méthode*（1637）, *Œuvres, Lettres*, Gallimard, «Bibliothèque de la Pléiade», 1953, p.128.／「方法序説」三宅徳嘉・小池健男共訳、『デカルト著作集Ⅰ』白水社、一九七三年、一五頁。

（33）Abbé Galiani, «Lettre du 5 septembre 1772», *Correspondance*,（Ed. L. Perry & G. Maugras）, Calmann-Lévy, 1890, t.Ⅱ, p.110. 次のものの引用による。Roger Chartier, «l'homme de lettres», in *L'Homme des Lumières*,（dir. M. Vovelle）, Seuil, «L'univers historique», 1996, p.172.

（34）R. Darnton, «Rousseau und seine Leser», Zeitschrift für Literaturwissenschaft und Linguistik, LⅦ-LⅧ, 1985, p.137.以下の本の引用による。『読むことの歴史』前掲書 p.370／四二二頁。

（35）Suzanne Guellouz, «Littératures modernes», *Le Dialogue*, PUF, 1992, p.233. を見よ。

（36）D. Diderot, *Ceci n'est pas un conte*（1773）, Gallimard, "Bibliothèque de la Pléiade", 1997, pp.497-516.

（37）Montaigne, «De trois commerces», *Essais*, Ⅲ, 3, «Folio Classique», p.70.／モンテーニュ『エセー（5）』原

二郎訳、ワイド版岩波文庫、一九九一年、七五頁。
（38）Montaigne, «De l'art de conférer», 前掲書 pp.184-210.／『エセー』「第八章　話し合う方法について」
（39）同書 p.185／二六四頁。
（40）「私は毎日、いろいろな著者の著作を読みふけっているが、彼らの知識は問題にしない。内容ではなく、話し方を求めるからである。私がだれか有名な精神の持ち主との交際を求めるのは、彼からものを教わるためではなく、彼を知るためであるのと同じことである」。「第八章　話し合う方法について」前出 p.192／二七三頁。
（41）R. Chartier, «le monde comme représentation», *Annales ESC*, n°6（44e année）, novembre-décembre 1989, p.1512.（シャルチエ「表象としての世界」）
（42）N. Machiavel, «Bibliothèque de la Pléiade», *Lettres familières*, *Œuvres complètes*, Gallimard, 1952, p.1436.
（43）G. Poulet, *La Conscience critique*, Librairie José Corti, 1971, p.277.
（44）Saint Augustin, *De la Trinité*,（XV, X, 19）, p.54.／トドロフ『象徴の理論』及川馥・一之瀬正興訳、法政大学出版局、五九頁の引用による。この考えはいささかも文人の専有物ではなく、あらゆる人間の心性に根ざしている。イタリアの印刷業のパイオニアの一人である、マキアヴェッリと同時代のアルド・マンツィーオにも、この考えは窺える。彼は、印刷物は「栄光ある故人たちと自由に会話する」ことを可能にしてくれる、と述べているのである（A. Manzio. A. Manguel, *Une histoire de la lecture*,（trad. C. Le Bœuf）, Babel, 2001, p.168. の引用による）。
（45）Machiavel, 前掲書 p.1436.
（46）Machiavel, *Discours ou plutôt dialogue dans lequel on examine si la langue dans laquelle ont écrit Dante, Boccace et Pétrarque doit s'appeler italienne, toscane ou florentine*「ダンテ、ボッカッチョ、ペトラルカがものを書いた言語は、イタリア語、トスカナ語、フィレンツェ語のいずれの名で呼ばれるべきかを検討する、論述、

もしくは対話」（1514？-1522-1523？）, *Œuvres complètes*, 前掲書 p.184.
（47） S. Guellouz, *Le Dialogue*, 前掲書 pp.228-230.
（48）「私はここに、私が識っている、もしくはこれまでに識った友をすべて集めるのだ。ともに生き、長い交際の間に友情を感じた相手だけでなく、数世紀も前にこの世に生きた人、その書き物を通して識るのみの、もしくはその偉業、性格、生涯、言語、知性に感嘆措くあたわざる相手もいる。彼らはあらゆる土地、あらゆる時代から、この狭い渓谷にやって来る。私は彼らを周りに集め、彼らと話を交わすのだが、その楽しさは、生者であると信じている人々との会話から引き出す楽しさにはるかに優っているのである」（F. Pétrarque, *Lettres familières*, XV, 3, 14,. U. Dotti, *Pétrarque*, trad. J. Nicolas, Fayard, 1991, p.223. の引用による）。
（49） F. Pétrarque, *Le ttres Familières*, XXIV, 4. この文は、J・H・ロビンソンの英語訳から私が訳したものである。"And as I seemed to hear your bodly voice（…）Now it is your turn to be the listener."（J. H. Robinson, *The first Moderne Scholar and Man of Letters*, New York, G. P. Putnam, 1898）.
（50） 同書 XXIV, 6. "If my earlier letter gave you offence,（…） you shall listen now to words that will soothe your wounded feelings" J. H. Robinson, 前掲書。
（51） 同書 XXIV, 12. "Except for a few of the opening lines of certain books, from which there seemed to flash upon me the face of the friend whom I had been longing to behold, a momentary glimpse, dim through distance, or, rather, the sight of his streaming hair, as he vanished from my view, —except for this no hint of a Latin Homer had come to me, and I had no hope of being able ever to see face to face." J. H. Robinson 前掲書。
（52） M. Blanchot, 前掲書 p.295／三八五頁。

＊なお、本論文の原文は、青山学院大学文学部『紀要』第四十八号に掲載の予定である。

Ⅲ

解放された芸術

ミシェル・シカール
黒川 学訳

自由はサルトルの存在論と倫理学の中心概念である。そしておそらくは美学においても。しかし芸術に関して、自由の観念は変貌する。それがかかわるのは投企――そして、芸術家が何を作ろうと、その芸術が極度に抽象的であろうと、ありうるかぎりの精妙さを示そうとも、結局のところ、その人のある種のアンガジュマン――であるというよりもむしろ、芸術家が取り組むジャンル、素材、支持体との関係となろう。芸術にとっての自由は、その芸術を構成する道具と材料とのダイナミックで、緊密な――それは闘牛士が牛をかすめるのにいささか似る――関係の内にある。

拡大された知性

一九二四年、サルトルは「ミディ手帖」に思索を書き留めているが、そこには芸術についてのメモ、とりわけ、映画と詩（例えばマラルメ）についてのメモが多数ある。その冒頭からこう書き留めている。「〈秘訣〉は自分の芸術を制御することにある」（«Carnet Midy», 1924, text établi et annoté par Michel Sicard, in *Les Ecrits de jeunesse*, Gallimard, 1990, p.443.／ミシェル・シカールによる校訂と注の「ミディ手帖」、『青年期作品集』所収)。芸術は彼をおののかせる。なぜならその内には限度のない何かがあるからだ。サルトルは四十年後に、そこに戻り、この逆説的な論理を取り上げなおす。フローベール論[1]である。すでに『嘔吐』の中で芸術は、探求として、真正な意識の地平として、考えられていた。この本の終わりのところで、ロカンタンが「サム・オブ・ジーズ・デイズ」というブルースに最後にもう一度耳を傾ける時、救済が、創造的〈書物〉の美学のもとでの可能性として示される……

ついで、『存在と無』の中で提示された自由の哲学が力強く確立されていく。サルトルはまだ、アンガジェした知識人ではなかった。そうなるのは戦後『文学とは何か』と雑誌「レ・タン・モデルヌ」によってである。占領下では、一九四〇年に捕虜生活の後でパリに戻って以来、戦争の終結までに、ジャコメッティに出会い、ついでミシェル・レリスの人脈でピカソに会った。一九四五年に合衆国へ初めて渡った際には、ニューヨークで、アンドレ・ブルトンの周辺の、亡命していたシュルレアリストの芸術家たちと出会う。彼はアンドレ・マッソンと友情を結ぶ（マッソンは、「レ・タン・モデルヌ」の最初の十年間に作家として、芸術欄担当者として、きわめて重要な役割を果たすことになる）。マッソンはサルトルをカルダーのアトリエに連れて行った。サルトルはデイヴィッド・ヘアとも友情を結んだ。ヘアはアンドレ・ブルトンの最初の妻であるジャクリーヌ・ランバと結婚した人だ。フランスに戻るとサルトルが作りつつあった実存主義者のファミリーには、知識人だけではなく、芸術家（ジャコメッティ、マッソン、ヴォルス）、詩人（ポンジュ、ジュネ、ボリス・ヴィアン）、音楽家（レイボヴィッツ。彼はセリー音楽のフランスでの紹介者であり、サルトルはレリスの家で幾度となく会っている。そして一九五〇年出版のその著『芸術家と彼の意識』に序文を書くことになる）が含まれる。

もちろん芸術家の存在は、思想運動において大きな構成要素であり、まさにダダイスムやシュルレアリスムにおいてはそうだった。だが、こうした運動は粗雑な領地交換を前提にしていた。純粋な心的現象《プシシスム》の領域を指定し、芸術家の労働はその象徴的表現を作り上げることだった。サルトルとともに変わったのは――それに、それこそがサルトルがシュルレアリスムを断罪した、『文学とは何か』でのシュルレアリスムに関する注の意味の全てである――具体的現実、歴史、歴史の方向に沿って働くことを責務とする知識人たち、こうしたものの領域と、想像的《イマジネール》なものの領域がひとつであり、そこは解放の諸力が張り詰め、相互に結びついている坩堝であるということだ。「純粋な心的現象」の秘められた作業の支配下にあり、もう一方の世界にとって代わりうるような、囲われた土地を指示する必要などないのである。[2] ここから「シュルレアリスムはそのアクチュアリティーを――一時的かもしれないが――失ってしまった」（*QL* 317／二八一）という総括が出てくる。

サルトルは、カルダーとアメリカの都市を同時に発見することで、芸術と労働が同じテリトリーを占めていることを確認したのだ。

可動性

アレクサンドル・カルダーについてサルトルは職人仕事と自然の混合としての芸術オブジェを開示する。そのエッセイの「カルダーのモビール」の冒頭からサルトルはカルダーを彫刻の問題系から、彫刻が動きを表現することの困難さから、引き離すように努める。サルトルはカルダーをジャンルの外へ連れ出す。カルダーの芸術はまったく別のところにあることを示すのだ。「不安定な物質」の中、茎と花弁のアレンジメント、ないしブリコラージュの中、作品は「罠」に、もしくは「共鳴器」に姿を変える。

宇宙の力は方向を生み出すためにキャッチされ、作品に命を吹きこむために、手なずけられる。『想像力の問題』の中で「生命付与《アニマシオン》」のコンセプトが果たしている役割はよく知られている。写真に関して、「私たちは、写真をひとつの像《イマージュ》とするために、いわば、写真に命を吹き込むことを、そこに生命を与えることを、意識している」（*IM* 40／三七）。

　端的に言えば、芸術オブジェは可動的《モビール》であらねばならない。芸術オブジェは、仕掛けのある、受信機にして変圧器であり、無限に変容し、プログラムされていながら、予期しがたいものであり、自由な生のあらゆる性質を持つことになる。そのリズムある有機的動作《アルティキュラシオン》、その展開、そのオーラがある。だからといってそれは意識であるのではない。それは、サルトルの語によれば、「運動の純粋な戯れ」なのであるからだ。だが、この純粋性は実存的投企に近い。人間的なものではないが、それに近い。そもそもサルトルはモビールを動物と比べている。鳥、「長く荘厳な尾」を広げる孔雀……「これらのモビールが似るのは、水の流れで反り返る水草、おじき草の花弁、脳を除去されたカエルの脚、上昇する空気の流れに捕らわれたクモの糸」。これらの小さな有機体は意識以下であり、また、ほとんどそれ以上である。それらは感覚と感情の世界を先取りしているからである。それらは命のない素材と自然との中間、「物質と生命との中間にある」混交物であろう。

カルダー『Lily of Force』（1945年、183×230cm）

　この自由は、サルトルがレイボヴィッツから教わったセリー音楽の持つ自由ではないだろうか。カルダー論の最後はこのことについて私たちにいささかなりとも教えてくれる。

「一言で言えば、カルダーがなんの真似もしたくなかったとしても——かれは未知の運動の音階と和音を創造すること以外は、何も望まなかったのだから——それらのモビールは叙情的な仕掛けであると同時に、ほとんど数学的な、テクニカルな組み合わせであり、「自然」の見てとれるシンボルである。この漠として偉大な「自然」は、花粉を撒き散らし、突然に千羽もの蝶を飛び立たせる。この大自然が原因と結果の盲目的な連鎖であるのか、それとも、ひとつの「理念《イデー》」の、つねに遅らされ、乱され、妨げられる、おずおずとした発展であるのか、人は決して知らない」(*Sit, III* 311/二二五—二二六)。

カルダーの芸術にその両義性のすべてを残す奇妙なテクストではある。芸術家は、「偉大な組織者」なのか、(ヘーゲル的な)理性の弟子なのか、それとも継起的なもの《セリー》が、さらには偶然がつながりあうままに任せる者なのか。すでにここで、「自由」と「プログラム化」(フローベール論で登場するコンセプト)との間で、哲学者はためらっている。選択しないことで、彼は芸術を、蓋然の領域にもどす。そこでは芸術家の一方的な志向性は崩れ去る。だがこの両義性の領域こそ、芸術の固有の場ではないだろうか。

アプローチ

サルトルがジャコメッティに誓った友情は、「主体」の問題について、見解を共にする友愛と結びついている。投企である自由な「主体」、論文「フッサールの現象学の根本理念」(*Sit, I*)の中で示された「主体」は、存在とその認識を、己の外への投げ出しによって定義する。「認識するとは、「に向かって己を炸裂さす」こと、じっとりとしたお腹の中の親密さから身を引き離し、彼方へ、己を越え、己ならぬものの方へ……逃走すること」(*Sit, I* 30／二七)。

ジャコメッティはシュルレアリスムから離れるころ、サルトルとすれ違っている。サルトルが初めてジャコメッティ（一九〇一年生まれ）と話したのは一九四一年のことである。それが長い友情の始まりとなり、一九六六年、芸術家の死まで途切れることはなかった。二人の間には内密な話、些細な話が行き来する——ときには不機嫌ささえも。ジャコメッティは、『言葉』の中で自分の事故を過度な「急進主義[3]」と無遠慮に語られたことで、一時的な仲たがいにまでいってしまう。サルトルは彼の内に、実存主義芸術家のプロトタイプを見ていた。フッサールからとられた「なにものかについての意識」という無に近い、空虚とともに、彫刻したり、絵を描く芸術家である。サルトルはジャコメッティについて二つの重要なエッセイを書くことになる。『シチュアシオンⅢ』に収録された「絶対の探求」と『シチュアシオンⅣ』に収録された「ジャコメッティの絵画」である。彼らは戦争中あまり会わなかったが（ジャコメッティは故郷のスイスに戻って暮していた）、ジャコメッティはサルトルにとって生涯、主要な芸術的参照項のひとつであり続ける。ジャコメッティはシュルレアリストだった。そのいくつかの作品がサルトルを魅了するが、なかでも一九三四年に遡る『見えないオブジェ（空虚を抱く手）』がある。そこには、謎めいた不在を両手でかかえようとしている人が座っている。持ち上がった上板に足を支えられて、途方もなく伸ばされた背もたれのある椅子に沿って体がある。サルトルもどれほどこの空虚を捉えたかったことだろうか！　「檻」——サルトルによって分析された作品のタイトル[4]——から解放されたジャコメッティの彫刻はすぐにシュルレアリスムと縁を切るが、空虚は保持する。その彫刻は行為、姿勢、状況を表す——実存的分析にとってすばらしい腐植土だ。まず芸術家にとって、記号の世界を離れることが問題となる（人間は「記号使いである。記号は髪にかかり、眼の中に輝き、唇の内に踊り、指の先に止まる。人間は全身で語る。人間は走るときも語る。止まるときも語る。眠るときも、その眠りは言葉《パロール》である……」(*Sit, III* 290／二一一)。サルトルはジャコメッティに、記号の排出を施す。これは後にサルトルがマッソンに、一切の神話に別れを告げさせた時と同じである。むしろ人間は空間や濃密な物質に属するのではないか、ということ。測り難いシミュラークルを介して、ではない。常軌を逸した冒険が始まる。揺れ動くエスキースの際限なく繰り返される冒険である。エスキースは「つねに無と存在の途中にあり」、多くは芸術家自身によってすぐに破棄される。彼は一切の到達点を、完成「作品」という一切の停止を、一切の知を自らに禁じているのである。

「ジャコメッティの絵画」論はきわめて興味深い。絵画におけるモチーフの問題、もしくは主題の問題を形而上学的側面からではなく、テクニックの角度からのアプローチとして、立てているからである。ジャコメッティは人物像を囲わない。そのデッサンは開かれており、複雑で増殖的である。捕捉を逃れるリアリティを取り囲むため、手を加え、ストロークを出し続ける。ひとつの実在が創造活動の最初に孤立してある。それが人物を物から、そして見る者から離している「距離」のモードである。サルトルは「ジャコメッティがいたるところに空虚を見ている」(「ジャコメッティの絵画」*Sit, IV* 350／二九九)こと、そして「空虚に強迫観念」を持っていることを指摘する。

「ジャコメッティは彫刻家である。何故なら、彼はカタツムリが殻をつけているように自分の空虚を運んでいるからである。何故なら、あらゆる面で、あらゆる次元で、空虚を理解したいからである。そして彼は、このどこへも連れて行く極小の流刑地と折り合いをつけることもあれば、時に、それに恐怖を抱くこともある」(*Ibid.* 351／二九九)。

サルトルは、絵画において「空虚を描く」とは、まず世界を排出することになると見る。人物たち

(例えばディエゴ)は独りだ。第二に、人物とその背景の関係は、サルトルによれば「便宜上」で、ミニマルである。一つの要素ともう一つの要素の間に深淵がある。人物の周辺で増殖している線は決して人物を囲うことがない。サルトルによれば「線は否定の始まりである、存在から非存在への移行である」(*Ibid.* 355/三〇二)。線は主題の周りで狭まる。線は求心的である。単に「存在の自分自身との内的な関係」を示すだけであって、事物間の関係を示すのではない。サルトルが持ち出すのは、「境界」の観念である。その分析の重要な契機が次にある。

「しかし体の境界はどこにも記されない。重い肉のマッスが、褐色の漠然とした後光によって、力線の錯綜の下どこかしらで、曖昧に密かに終わる時、——または文字通り終わらない時、腕もしくは腰の輪郭は、輪郭を隠す光のきらめきの内に消えていく。わたしたちは何の予告もない突然の非物資化に立ち会う」(*Ibid.* 355/三〇三)。

ジャコメッティ『チェックのシャツ姿のディエゴ』(1954年、89×62 cm)

境界の働きという重要事に関してこれ以上明晰なものはありえない。このアプローチのテクニックは、しばしの間、物質を停止する運動である。この運動が集中していくヴァーチャルな投影においては無が震える幽霊として姿を現わす。この分析はまさにポストモダン的である。もしポストモダンが本質的実在《リアル》のために情動を特権化するなら、もしポストモダンが具体性よりもヴァーチャル性を選ぶなら、もしポストモダンが現前よりも非物質化による美に一層開かれているなら、サルトルが見たジャコメッティの描線はこの新たな美学の肯定そのものである。

このアプローチにおいてすべては反転であり、パラドックスである。すべては、他性《アルテリア》から無を生み出すように定められているセリー的メカニズムである。サルトルはなおも言う。

「空虚？　空虚もまた、紙の白さによって、姿を表すのではないか。まさに。ジャコメッティは物質の惰性《イネルシ》と純粋な無の惰性のいずれをも拒否する。空虚とは緩み、広がった充満である。充満とは、方向を与えられた空虚である。実在《リアル》は一瞬の閃光である」(*Ibid.* 357／三〇四)。

ジャコメッティの「上半身と顔に線条をつけている」描線の繊細な分析として間然するところがない。その描線は姿を描き出すためにあるのではないし、デッサンのためではなおさらない。それらは単に指示するだけである。ヴェクトル、目立たない矢となって、瞬くことで、渦状の運動を鮮明なものとする。つぎのような複雑なアプローチがこの運動をとらえる。

「これらの白い線条は自らを示すことなく指示するために存在する。それらは眼を導く。眼の動きを決定する。そして視覚からは消える」(*Ibid.* 357／三〇四)。

実際、画家は、痕跡を消そうとか、漠然と描こうとかは思っていない。「全く逆に、認識の不正確さのもとでの、存在の完全な正確さを示唆しようとする」(*Ibid.* 359／三〇五)。したがってこの認識と認識すべき——隔たりのある——オブジェとの往復運動が、この茂みのような表象の迷宮を構成する。サルトルは「計算され尽くした未決定」、「多重決定」という考えを提出する。顔はこうしてその自律性を獲得する。なぜなら「この幽霊の顔は、私の背後で絶えず、形成され、崩れ、再形成される」(*Ibid.* 361／三〇七)からだ。要するにそのリアリティは幻覚の次元にある。それは左右ないし、奥深い移動によって漂う。それは裂け目の入った表象を生み出す。それが、「物問いたげな幻出」であるか、「消失」であるかは、場合による。

注目すべきは、サルトルがその分析の中で、名指しで、行なっている非物質化（まさしくこの語で示される）の努力である。この実在を疑う過程が転換点となり、実在は、見る者、さらには創作者さえもが吸い込まれる穴として示されることになる。実在とは、現前よりも、むしろ問いかけを作り直す想像的空虚の方へ向けて、表象を折り曲げていく渦巻きの運動である。〈主体〉の理論の芸術においては注目すべき移動がある。つまり、実在について、主体は迷いつつも、いくつかの見方をあててみる、いつでも離れることを胸におきつつ、前に進んだり、さがったりする。この中断は根本的なものである。それが、アプローチを受け、再構成され、置かれ、否定された、その実在の中の根本的な不連続性の印となっているのだ。イマージュのリアリティを肯定する／否定する、言う／取り消す、措定する／抹消する、ことにおいて、したがって、あらゆる境界を侵犯することにおいて、ここまで突き詰めた者は誰もいない。ジャコメッティ論が避けて通ることができないのは、啓示、天才、像《イマージュ》（そのイコン的側面）の信憑といったアプローチに代えて、もう一つ別の歩み、視覚における意味するものを一種のトランス状態におく、一つのステップを踏み出しているからだ。もはや初期サルトルが考えていたような、イマージュにおける「魔術」ないし情動は必要ではない。幻覚は、幻想を後から作り直すという理論に由来するのではない。そうではなく全てを肯定すると同時に否定する自由の実践、表象をもっと世間に出すために肯定し否認する自由の実践から来るのである。視覚的コードの中で、イコン的実在には亀裂が入る。ひびは際立ち、幻出／消失の中で、それは増殖する。幻出／消失は『想像力の問題《イマジネール》』ないし『存在と無』の、「恒常的反転《メタスタブル》」理論の回帰である。ただしここでは、広範なものになっている。

芸術の行為

サルトルがマッソンにおいて好んだもの、それは行為である。クレー、バウハウスの講義のクレーを通過した後で、サルトルはマッソンの震え、激しく動くフォルムの線に関心を持つ。漠とした生命主義を参照しようとするからではない。無神論的実存主義の父の関心を引くのは〈主体〉と〈芸術〉の関係である。線は、表象ないしフォルム、シンボルである前に、人の行動の、動きだした出来事の、移行の指標であり、痕跡であるから興味深いのだ。サルトルはマッソンの「ヴェクトル的」な線に関心を持ち、その線の脱全体化していく側面を特権化し、行程、移行の効果を強調する。

「私の窓の下を通る道を、私はそれを一本の帯とも、一つの流れとも見ることができる。最初のケースでは私は道をその物質的側面から考察しているし、第二のケースでは、その意味の全体性において、行進する群集によって残された航跡として、または後ほど私を仕事場まで運んでいく、凝結した乗り物として考えている。私はこの白茶けた跡に、それを作ったり、維持している道路工夫たちの定められた労働を、そこを走るトラックの強い力を、それが「つないでいる」東部の大工場群からあがるアピールを合体させていく。そのヴェクトルの本質は、「冷却された人間の労働」にあるといってもよい」(*Sit, IV* 395／三三三)。

分析のマルクス主義的側面は横においておこう。たぶん意図的に置かれている。それはフジュロン[*1]に代表される社会主義レアリスムの信奉者たちを彼らの土俵で論難するためである。哲学者が「レアリスム」の党派を選ばず、炯眼だった時代の激しい論争である。いずれにせよサルトルは、線の働きを「人間的超越」の運動に結びつける。一九四七―一九四八年は、「革命的シュルレアリストたち」と、行為の自発性を特権化する芸術における絶対自由主義的運動との論争がたけなわであった。この運動は、コブラ[*2]の結成と国際的な抽象芸術へと続いていく。サルトルのエッセイ全篇はマッソンをひとつの転換期にあるものとして示すことに意を注ぐ。「停止、限界である輪郭に囚われつつ彼は、その画布が一つの炸裂、一つの開花であることを望む」(*Ibid.* 397／三三五)。ある・認識するが、「に向かって炸裂する」こと(フッサールについての記述)であるのだから、フォルムの解放はたしかに、程度はどうあれ神話的な描線やテーマで良しとしないなら、炸裂の論理を経ることになるだろう。それは後に、コブラないし、マッソンが原点にあるとみることもできる、ニューヨーク・スクールの寄与の中心とされるものによって、画布を解放することである。と言うのもサルトルが「この肥沃な矛盾は彼のすべての進歩の原点にある」と付け加えているからである。もちろん芸術家の個人的「進歩」、展開ではある。しかしまた、戦後のヨーロッパ、アメリカの空間において、普遍化されていく抽象／解放の運動における進歩でもある。

マッソン『欲望をテーマとする 22 のデッサン』から『有翼人の離脱の試み』(1947 年、64 ×50 cm)

それはまたイデオロギーと過度に「窒息させる文化」(デュビュッフェの語とされる)を警戒していた。

　要するに、絶対自由主義的行為だけが肝要である。それは解放された空間へと、抽象的または全体化する定義によってはつかみがたい、揺れ動くフォルムへと、開かれている。サルトルは次のように新たなマッソン、「進歩しつつある」マッソンをこのエッセイの結論とする。

「マッソンがいま描きたいものはこれだ。飛翔ではなく、雉ではなく、雉の飛翔でもなく、雉へと生成する飛翔だ。それは野を渡り、火矢が茂みに炸裂する、雉として炸裂する。これが彼のタブローだ」（*Ibid.* 406／三四一）。

作品は即興的なアクションと眼差しとが本能的時間性の中で、一致する点において、一つの出会い、一つの出来事、一つの事故として現れる。作品は力を編み上げたものである。それは、時間性の中での、活動中の存在（一つのエネルギー）とそれ自体動いている（……に向かって差し伸べる）捕捉からなる。それなしでは何もないだろう。あるのは、穏やかな——惰性的《イネルト》な、ないし抑圧的な、と同じ意味——フォルムだけになってしまう。だからサルトルが取り上げた作品はすべて、運動の作品である。生命付与が作品を駆け巡る。炸裂が作品に命を吹き込む。それは緊張と抵抗、拷問、暴動、群集を描いたロベール・ラプージャードの作品に似ている。

サルトルの注意が「その芸術家のすべてが出ている」初期作品に向けられることがよくある。それは、サルトルが、閉じた表象への没入、あまりに枠組みのきつい連作、きっちりと確立されてしまった美的原則といったものを警戒しているからである。ティントレットの『奴隷の奇跡』[5]は、重力のオプセッションン、無秩序、アンバランスへと道を開く作品であった。「ジャコメッティの絵画」論の中で言及された『チェックのシャツ姿のディエゴ』は、生体験そのもののようなリアルな不透明性によって、「物問いたげな幻出」の様相について、表現を繰り出し続けるようにしむける濃密な作品であった。ヴォルスの『燃える巨大な柵』は、幻出／消失の複合的システムであり、素材の横断、〈存在〉からその〈非自己同一性《アルテリテ》〉への絶え間ない送り返しである。レベロルが、サルトルにオマージュとして捧げたリトグラフのタイトルを借りれば、その批評的言説は「冒険好きな哲学者」のそれである。それはいくつもの道筋を開く。その行程はどれも大胆で、しかもこれまでになく、同時に多様なものになっている。

そしてつねに深淵の上に架けられている。

要するに、サルトルにとって、行為が第一なのである。それは道を開き、神話とシンボルの共同体的な力に代えて、個人的な力を置く。行為は個人的主体の、エロチックな面まで含めて、深層の姿勢を表している。まずこの身振り《ジェスチック》は、あらゆる冒険の中で、もっとも全面的に解き放たれている。望むままにデッサンできること、都合のよい時間に、好きなものを固有の主題に結びつけられること。「彼は自分が好きなことをする」と、サルトルはマッソンについて言ってる。芸術における自由の定義にこれ以上のものはありえない。この自由は、オートマチスムの道を断つ。シュルレアリストにとって大事だった純粋な心的現象の領域で満足する代わりに、自由は、制度化されたイコン的言説の矛盾の中に、そして素早い連結の中に出現する。素早さ、エネルギー（サルトルは「ダイナミズム」と書く）、噴出する表現力などは、サルトルがマッソンのうちに認める特徴である。

しかし単刀直入に、ではない。彼はマラルメとランボーに寄り道をする。とくにブルトンの、『狂気の愛』の中で、「爆発的にして固定的」とされた美に引き止められる。ここにはサルトルの美しく、とても詩的なくだりがある。「存在するとは、無限の八つ裂きの中で、動悸を打つこと、そして自分自身と結びつきながらも、無の上に新たな存在領域を一瞬間ごとに獲得する、この地上の荒れ狂う潮に参加することである」（*Sit, IV* 391／三三〇）。しかしこのくだりは退けられるために存在する。ディオニュソス神話は告発される。否、マッソンをそこを越えて、別様に読むことが必要になる。サルトルは、カーンワイラー[*3]の名を引いて、「実存的要素の侵入」を語る。そして、唐突にサルトルの仮説が提出される。「彼は、事物の内的組織――その実質――を形成しているように見える原形質の連続的な爆発を、絶えざる激動を、定着しようと試みるのと同時に、事物をぐるりとかこむ描線を変貌させようとする。描線を矢印に変えようとする。地図上で、軍隊や布教団の行程、風の道筋を示す矢印のことだ。しかし誰がぐるりと辿るのか。誰の、もしくは何の行程か。ここにおいてマッソンのオリジナルな神話が、その人と画家の神話が姿を現わす」（*Ibid.* 392／三三二）。

サルトルがジャコメッティについて持ったのと同じ直感をここでも、私たちは認めることができる。輪郭的描線を打ち破り、職人技と才能から逃れて、手にその毒と自由を返さなければならない、ということ。しかしここでは、サルトルはさらに歩を進める。ジャコメッティにおいては、否定的契機——線条、抹消、無の隠された面の上で点滅する光線——のみを見ていたが、ここでは描線そのものが投企、プログラムへと生成することになる。走り書きで、体験された情動ないし誇張によってその力を変えるものとして、現代芸術の中で長く重視される新たな描線をサルトルは指摘する。それは抽象表現主義者たちの描線であり、叙情的抽象主義者たちの描線であり、コブラの人たちの描線である。サルトルはそれを「ヴェクトル的」線と呼ぶ。このヴェクトル的線は創作者から来る動きをたどり、鏡像的に「それが吹き込む恐怖」をたどる。恐怖という、他なる描線の暴力的な侵入を面前にした身体の反発運動は、図像のインパクトを、衝撃力を、その影響《アフェクト》を見せるもっとも確実な手段であるからだ。

要するに、ひとつの新たな美学が素描されている。それは人間的投企が引き受ける生命力の再編成と、実存的爆発から作られ、人間的投企の暴力とそれがぶつかる抵抗が伴っている。「もはや円はなく、渦がある。もはや垂線はなく、上昇、墜落、雨がある。もはや光はなく、エネルギーの粒がある。……輪郭が踊らねばならない。この巨大なサバトにはひとつの目的しかない。つまり存在の細かな肌理の抑制を解き、その内的なエネルギーを解放し、物体の中に継起を導入するすべてのやり方を試みること。マッソンは時間を描こうとする」（*Ibid.* 396／三三四）。

かくして、ここでもなおも存在している神話的なものはその経験の生成とそこからでる意思であり、とりわけ信じがたい「脱出速度＝解放の速度」（ポール・ヴィリリオの表現を借用）である。『言葉』の中で、サルトルは、自由における時間の歩みを特徴付けて、こう書いていた。「十歳のこと、自分の船首が現在をかき分け、離脱するように感じたのだった。それ以来、私は走り、いまでも走り続けている。私にとって速度とは、一定の時間内の走行距離よりも、離脱力によって表されるのだ」（*M* 193／一八六）。デッサンにおいて、自発性は、瞬間的な時間のうちに生じる緊張に、フォルムを行為の特異性と未思念の中を駆け巡らし、表層からの離脱という形で、それを表現するアクションの展開そのものの瞬間性を強いているのだ。

徐々に、サルトルは神話が、行為から派生したフォルムであることを示せるようになる。奇妙で、饒舌な制作が造形作業を自己指示するテーマと形象を生む。それらは慣性《イネルシー》の法則に反駁するまでになる。「血、痛み、筋肉の痙攣が抵抗を形象化し、握り締める力を純然たる物質に伝える。惰性でさえも握りこぶし、爪となる。しかし、逆に、これらの爪は惰性的であらねばならない。筋肉と鉱物のコントラストは極限にまで推し進められてしかるべきだ。それに物質の暗く純粋な頑固さのシンボルに、氷の多面体以上のものがあろうか。翼、血、水晶。これが運動に奉仕するイメージ群である。人間の身体は逆に飛翔の直接的な表象を提供する」（*Sit, IV* 402／三三八―三三九）。

矛盾的要素の交錯《シャッセクロワゼ》は自然的要素の横断を生み出す。サルトルはヴォルス論の中でそこへ戻り、なんとも快活に、このメカニスムを言語のパラドクス的効果として示すことになる。二重性の言語、起爆剤の詰まった二面的な物質は、たえず新たな読解と加工された素材の方へと跳ね上がるために、ただ現代芸術だけが、セリー的メカニズムのうちに維持を託されているヴァーチャル性の中を浮遊しているのだ。

（1）『家の馬鹿息子』の第三巻の最終章の一節のタイトルに「芸術が私を不安にする」。*IF, III* 2081.

（2）「『通底器』を読んでみよ。この表題もその本文と同じく、あらゆる媒介が遺憾ながら欠如していることを示している。夢と目覚めとは通底器である。ということは、混合と流出と逆流出とはあるが、総合的統一はない、ということを意味する。彼らが私に何と反論するか、私はよく解っている。すなわち、この綜合的統一は作るべきであって、それはまさしく、シュールレアリスムが自己のために立てる目標なのだ、と。「シュールレアリスムは意識的なものと無意識的なものとの別々の現実から出発して、これらの構成分子の綜合へと向かってゆく」と、アルバド・メッツェイはなお言っている。よろしい。だが、何を以てそれはその綜合をなすつもりなのか。媒介の道具はどんなものなのか。仙女のパレード全体がかぼちゃの上で回転するのを見ること（私は信じないが、そんなことが可能であるとして）、それは、夢を現実に混ぜることであり、夢の要素と現実的なものの要素とを変形させ、乗り越えさせてこれをおのれのうちに保持するような新しい形のなかに、夢と現実を統一することではない」*Sit, II* 322／「文学とは何か」、二八八）

（3）「いまから二十年以上も前の話になるが、ある晩、ジャコメッティがイタリア広場で車にはねられた。けがをし、足を折りながらも、意識を失うまでは明晰さを保っていた彼は、「ついに何かが私に起こった」というある種の喜びをまず感じたという」（*M* 193／一八六—一八七）。

（4）コンポジション『檻』は「台座を廃止したい、そして一つの頭部と一つの像を実現するために限られた空間を持ちたいという願望」に対応する。*Sit, IV* 351／三〇〇。

（5）「聖マルコとその分身」においてサルトルによって詳細に論じられている。«Saint Marc et son double», in *Sartre et les arts*, revue Obliques n°24-25, pp.171-202. 雑誌「オブリック　サルトルと芸術」所収。

［訳注］

＊1　フジュロン André Fougeron　一九一三―一九九八年。画家。パリの労働者の家庭に生まれ、独学で画家になり、一九三九年に共産党に入党。当初はピカソの影響があったが一九四七年ごろは、社会主義レアリスムのフランスでの中心的存在として活動。

＊2　コブラ Cobra　一九四八年、アムステルダムで、ベルギー出身の詩人クリスチャン・ドルトモン、オランダの画家カレル・アペル、デンマークの画家アスガー・ヨルンを中心に結成。一九五一年グループ解散。名称はコペンハーゲン、ブリュッセル、アムステルダムの頭文字から。

＊3　カーンワイラー Daneiel-Henry Kahnweiler　一八八四―一九七九年。ドイツ、マンハイム出身の画商、美術評論家。一九〇七年にパリに画廊を開き、ピカソ、ブラックなどキュビスムの画家たちと交流し、プロモートする。マッソンは一九二三年からそのシモン画廊で作品を発表していく。

＊本文中の引用は、既訳を参考にさせていただきながら、文脈にあわせて新たに訳すことを原則としましたが、原注内の引用は、そのままお借りしました。訳者の方々にお礼申し上げます。

ティントレットの空間
――サルトルにおける「奥行き」の問題

黒川 学

画家ティントレット（Jacopo Robusti、通称 Tintoretto、一五一九―一五九四年）の名が最初に出てくるサルトルのテキストは他ならぬ『嘔吐』（一九三八年）である。ロカンタンは、これまでの行き方を振り返って、自分がファブリス・デル・ドンゴやジュリアン・ソレルとともに別の世界に生きていると思い込んでいたと理解するのだが、彼らと同等の存在として、「ティントレットの統領《ドージェ》」が言及される。ついで『文学とは何か』（一九四七年）の中の有名な一節がくる。「ゴルゴタの上の黄色い裂け目」についての言及である。これは、スクオーラ・ディ・サンロッコの接客の間にある『磔刑』を指示しており、サルトルは一九三三年のボーヴォワールとの短いヴェネツィア滞在において、このスクオーラで、ティントレットを発見したとされる。その後、サルトルは画家について「ヴェネツィアの幽閉者」の総題のもとに纏められるべき一書を用意していたことが知られている。サルトルにおいて生涯の画家とでもいうべきものがあるとすれば、それはまさしくこのティントレットである。

しかし生前には二つの断章のみが発表されただけだった。一九五七年に「レ・タン・モデルヌ」誌に発表された、画家の生涯と都市の関係を扱う「ヴェネツィアの幽閉者」。一九六六年「アルク」誌に発表された、ロンドンのナショナルギャラリー所蔵の油彩画を論じる「聖ゲオルギウスとドラゴン」がそれである。いずれも『シチュアシオン』に収められ、その際、前者には来るべき書物の断章との注記があったが、その主要部分の発表は死後、一九八一年にミシェル・シカールによって、「オブリック」誌に掲載された長大な「聖マルコとその分身」を待たねばならなかった。その後も雑誌、展覧会カタログなどに短い断片が公表され、二〇〇五年にパリの国立図書館で開かれたサルトル展のカタログにもティントレットの自画像をめぐる未発表原稿が掲載された。しかしこれらの文章は未だ一冊の書物としては纏められることなく、その全貌は今なおとらえ難い[1]。

そのためもあって、従来、サルトルのティントレット論は、そのジュネ論、フローベール論、マラルメ論、ボードレール論などと並んで評伝として扱われているのが常だった[2]。連綿と続くフランス文化の土壌のなかで、幼少から親しみ、育まれてきた十九世紀の作家たちならまだしも、十六世紀のヴェネツィアの画家に関してもサルトルは、彼の生きた社会と階層、さらにはそのアトリエまで、まるで見てきたように語るのである。それは確かにフローベール論の筆致を思わせる。『家の馬鹿息子』において、サルトルがフローベールを語りつつ、自身を語っているのではないかという印象を持つ読者は多いが、ティントレットについても、同じことを指摘する声がある[3]。

しかしこうした評伝の系列への吸収は、それだけでは不十分であると私は思う。それは何よりも、こうした言及が、絵画表現の考察というティントレット論の特異性を捨象することによって可能になっているからだ。多くの論者は、最初に発表された「ヴェネツィアの幽閉者」に大きく依拠しているのである。実は、断章「聖ゲオルギウスとドラゴン」においても基本的には、すでにそうだったのではあるが、とりわけ「聖マルコとその分身」の草稿において、サルトルの分析は、画家の生涯から離れ、個々の作品へと向かう。絵画の一点一点に則して、構図を分析し、細部に注目する。印象批評でもない。伝記的要素は付随的なものにとどまる。

ところで「サルトル展」のカタログには、ティントレット論の全体プランの自筆草稿が掲載されており、そこに附されたミシェル・シカールの解説によると、サルトルは『聖マルコの奇跡』、『聖ゲオルギウス』、『磔刑』を扱う構想を持ち、そこで「奇跡、重力、所作、時間、空間（外在性）、光」（*Sartre*, Bibliothèque nationale de France／Gallimard, p.192.）というテーマが順次論じられていくとある。サルトルのティントレット論に関心を抱くものはすべて、シカール教授に多くを負っているのではあるが、本論ではまず、「聖マルコとのその分身」には「奥行き」のテーマがあることを指摘したいと思う。おそらくこのテーマは重力の議論と結びついているために直接的に挙げられてはいないのであろうが、この遺稿の主要論点である。さらにそれはサルトルの現象学者としての一面を示すものであり、ここに、もうひとりの現象学者、メルロ＝ポンティとの対話を聞き取ることが出来るように思う。サルトルのティントレット論は、不当にもそれに値するだけの研究がなされていない現在、彼が絵画作品そのものをどう論じているかを合せて紹介することにも留意したい。

重力と奥行き

「聖マルコとその分身」においてサルトルが、ティントレットの作品分析から引き出してくるのは、画家が作品において重力 pesanteur を描いたということである。この主要テーマである重力の議論は、それを介して画家が奥行き profondeur を扱ったと、議論がすすむ点を看過してはならないと思う。その議論の運びを見ていこう。

　まず表題になっている『奴隷を解放する聖マルコ（聖マルコの奇跡、または奴隷の奇跡）』（一五四八年、ヴェネツィア、アカデミア美術館）だが、これはキリスト教徒の奴隷が信仰のために仕事をないがしろにしたことで、異教徒の主人に咎を負わされそうになるが、拷問の瞬間に聖人が現われ、奇跡をおこす場面である。聖人は絵の中央上方の空中に描かれている。奴隷は地に身を横たえている。処刑人は、砕けた槌に驚き、体をひねってそれを指し示す。周りを囲む人々はおののき、奴隷の顔を覗き込む。巨大な油彩画で、ティントレット初期の代表作である。

ティントレット『聖マルコの奇跡』（1548年、416×544 cm、アカデミア美術館）

　サルトルの分析は、この絵で聖マルコが自由落下していると指摘するところから始まる。これは天使、聖人は空に浮かんで、何の不思議もないとの信憑の括弧入れである。画題を一旦、括弧に入れて絵を見ているといってもよい。しかしそれにしても落下などありえるだろうか。美術史家たちは、この造形を聖マルコの介入の素早さ、その効果の迅速さを示すものとして指摘するが、墜落を語る者はいない。サルトルの聖人が頭から落ちているという指摘は笑いを誘うだけであろう。その思い込みに対して、サルトルは絵の内側から答える。

「証拠は空中にはためいているマントである。もしマルコが漂っているなら、布地は彼の周りにまとわりついているだろう」

(Sartre, «Saint Marc et son double», p.176.)

これは説得力のある指摘だと思われる。実は、サルトルは言及していないが、この珍しい、奴隷を救う聖マルコの主題についても先蹤がある。それはヤコポ・サンソヴィーノのブロンズレリーフ、『奴隷の奇跡』である。人物の配置は基本的に同じである（Tom Nichols, *Tintoretto, Tradition and Identity*, Reaktion books, 1999, p.60.）。だが、そこでは聖マルコは人々の頭の上、水平に体を横たえている。頭は上にもたげている。この先行作品を指摘する美術史家は、この聖マルコの体勢を問題にしない。二作品の明確な差異は、サルトルが触れていないだけに、いっそう、彼の眼力の証明になっていると思う。しかしそれにしても、サルトルの言う重力の提示が実際ティントレットの意図としてあるのか、それともサルトルの自由な解釈によるのかという疑念が残る。だが、サルトルの答えは明快だ。同種のものをティントレットの他の作品から探しだし、ダイビングを数え上げていく。頭を下にした聖マルコのような明白な例ではなくとも、『牢獄で天使の訪問をうける聖ロクス』（一五六七年、サンロッコ教会）や『聖女ウルスラと百人の乙女』（一五五〇／五年、サンラザロ・デイ・メンディカンティ教会）などにおいても天使をダイビングしていると見なしたり、プロペラ飛行機のようだと表現する。「その大きな腕は螺旋プロペラをつくり、回転によって推進しているようだ。わたしたちは二十五年後、この人物を聖ロクスが訪れる牢獄の中に低く飛んでいるのを再び見出す（サンロッコ教会）。年月は彼を変えなかった。彼はたくましくなった。それだけだ」（*Ibid.* 178）。

またティツィアーノの代表作『聖母被昇天』（一五一六／一八年、フラーリ聖堂）のゆっくりと上昇していくような聖母像との対比も行う。ティツィアーノとの対比はサルトルのティントレット論の一貫した方法である。さらにこの重力というキーワードを補強するため、サルトルは見たところダイビングなど描かれていない他の作品でも、画家は重力を描いていると指摘していく。例えば、『訪問』（一五四九年頃、ボローニャ国立絵画館）。これはマリアがエリサベツを訪ねる場面だが、エリサベツはなぜか巨岩の上に立っている。マリアは息を切らしているように、また敬意を示すように腕を胸に当てている。従姉はマリアを迎えようと前かがみになっている（奇妙なことだが、サルトルはマリアの従姉エリサベツを母アンナと取り違えているようだ）。

「老聖女を見よ。彼女はすぐに平伏しようと、平衡をうしなっている。支えなければ倒れる。誰が彼女を支えるのか。後ろの侍女ではありえない。尊敬から彼女も一緒に倒れる」（*Loc. cit.*）。

この油彩画では、二つの人物像が天秤の分銅のようにバランスを取っており、絵を半分隠してみれば、アンバランスな体勢が明らかになるとサルトルは指摘する。このような一見しただけでは認識できない仕方で、ティントレットは重力を画面のなかに導入したとするのである。

（上）ティントレット『訪問』（1549 年頃、240×146 cm、ボローニャ国立絵画館）、（下）『神殿奉献』（1550／55 年、239×298 cm、アカデミア美術館）

さらにサルト

ティントレット『マリアの神殿奉献』（1553 年、429×480 cm、マドンナ・デル・オルト教会）

ルは鑑賞者にとってのしかかってくる印象をもつ絵をとりあげ、それらもわれわれに物体の重量として感じられる重力を描いたものだと議論を広げる。例えば『神殿奉献』（一五五〇／五五年、ヴェネツィア、アカデミア美術館）である。ここでは絵の中央のマリアと幼児イエスよりも、右側にひときわ巨大に描かれた子を抱きかかえた母親がポイントになる。まるで超広角レンズで撮ったような歪みが周辺部にある。で、これが重力の表現とされる。奉献を終え、階段を下りる姿の不安定さに鑑賞者は、のしかかられる気になるとする。

　この身体的感覚の強調は、『マリアの神殿奉献』（一五五三年、マドンナ・デル・オルト教会）へと続く。まだ幼い横顔を見せる少女マリアがひとりで階段を登り、頂上に腕を広げて驚きを示す司祭長に近づいていく。これと同名の絵がティツィアーノによって一五三八年にスクオーラ・グランデ・ディ・サンタ・マリア・デッラ・カリタ（現在はアカデミア美術館）のために描かれており、サルトルは両者の比較によってティントレットの意図を浮き彫りにしようとする。ティントレットの絵の右上の部分を斜めに三分の一ほど切りとるなら、ティツィアーノの絵が現われると指摘する。この指摘もサルトルの眼力を見事に示している。確かに、ティツィアーノの絵では階段は横から、堅実な遠近法で描かれており、安定感がある。一方ティントレットの絵では、絵の中央を正面から見た巨大な階段が占める。しかもそれぞれの段が同心円からなる扇形のスタンド席を思わせる特異なものだ。さらに垂

ティツィアーノ『マリアの神殿奉献』(1534－1538年、335×775 cm、アカデミア美術館)

直面には金の文様が施され、圧倒的存在感を示している。サルトルはこの階段が、『神殿奉献』の女と同じ機能、つまり鑑賞者に物体の重量としての重力を感じさせる機能を果たしていると考える。こうした指摘は、それまでサルトルの鑑識眼、とりわけ構図の分析力に賛嘆していた者さえ戸惑わせる。しかしこれこそ議論のかなめなのだ。

「彼は、現実に知覚されるファンタスム〔遠近法〕の只中に、想像上の感覚を私たちに与えた最初の人物である。彼はそのために重力をつかう。(……)引力はもちろん知らない。彼が知っているのは、頭の上の岩が揺れている時に感じる首筋や肩へのぞっとする惧れだ。(……)身を守るために危険を予知する必要がある。予知は触覚を通して現われる。筋肉を緊張させ、体を組織し、操作の物理的展開によって緊張した意識はそこに遠い物体の直接的近さと、来るべき時間を読む」(*Ibid.* 193)。

つまり、ティントレットの絵を前にした鑑賞者は、視覚だけでなく、筋肉感覚、運動感覚を呼び覚まされるということである。これはなかなか実感しづらいものと思われるが、テーマパークなどによく見られるアトラクションを考えると分かりやすい。例えば、大阪のユニバーサルスタジオ・ジャパンにある、デロリアン。客はその名をもつ車に乗るのだが、視界全体に広がる大画面の映像に向かい合うことになり、その座席は映像に応じて揺れる。まさにひとは映像に飲み込まれるような臨場感を得て、絶叫する。映像のみならず音響、機械仕掛をもちいて、人間の感覚を総動員させるこのようなアトラクションと絵画では、そのリソースも刺激の強度も違うが、サルトルの記述はこうした視覚にとどまらない身体的感覚について述べているのである。おそらく、サルトルのティントレット体験の最初にある、スクオーラ・ディ・サンロッコの狭い部屋で向き合った、シネマスコープを思わせる横長の「前に落ちてくる」ような『磔刑』(4)の衝撃を、他のティントレット作品に広げて論じているものと思われる。

ではこの重力を描いたという指摘がどのような重要性をもつのか。ニュートンの重力の発見と結び付けていくような科学史的アプローチをサルトルはとらない。サルトルによれば、ティントレットの意図は一貫している。これは「私たちを楽しませるためではないし、冒瀆などとんでもない。彼が物体の慣性を描いたのはそれが物体の力を作っているからだ」(*Ibid.* 186)。サルトルはこのようにして、ティントレットのマテリアリスムと呼ぶものを取り出す。

「端的に言えば、この暗い信心者は、ひとつの絶対しか認めていない。それは物質である。かれは常に触れていなければならない。視覚から解放されるためには物質に体を接していなければならない。(……)周到な秩序の背後に――ティツィアーノから借りた、更には彼を通して中世から借りたものの背後に――ひとりの画家が初めて人間と事物の物理的関係の物質的現実を復元しようと試みる」(*Ibid.* 187)。

十六世紀の画家へのマテリアリスムの主張は奇妙なものに見えるかもしれない。だがサルトルにおいてこの主張は、視覚と触覚の対立を前提にしており、さらに画家の周知のエピソードが援用される。つまりティントレットはアトリエの戸棚にいくつもの小像を隠しもち、それに人工光線をあててデッサンをえ、それをもとにのけぞったり、体をねじったりしているアクロバット的体勢の群像からなる絵を構成したという話である。これは彼が、彫刻家として絵を描いたと、非難される原因となったエピソードとされる。これがサルトルにとって決定的な重要性を持つのは、ティントレットが現実の空間を絵画の平面に描こうとしたという例証になると考えたからである。画家でありながら、彫刻家として空間を扱った、または「絵画による空間の組織的な探求」(*Ibid.* 188)をしたとも言われる。この空間とは要するにわれわれが生きている空間である。

「ロブスティはこのうその帝国の只中に固まりの壊れない濃密さを日常体験するままに据えたいと考える。端的に言えば、彼は最初に触ったものでないと描かないのだ。彼は〈ここで〉、距離もなく、接触のうちに現われる厚ぼったい暑苦しさを、〈そこに〉、画布の上に、置き、遠近法のヒエラルキーに従える方法を模索する」(*Ibid.* 174)。

ここから遠近法、または三次元の問題、奥行きの問題がでてくる。この奥行きの問題とは何か。ルネサンスの画家にとって、三次元としての奥行きは遠近法によって探求されたのではないか、という疑問がわく。このまさにルネサンスの発明として、建築家フィリッポ・ブルネッレスキによる消失点の発見、さらに『絵画論』の著者レオン・バッティスタ・アルベルティによる理論化を経て、マサッチオやウッチェロによる実作、さらにはレオナルドの『最後の晩餐』などの達成へとつながっていくのは美術史の常識である。サルトルはこの遠近法をフィレンツェ人による単眼的遠近法と呼ぶ。普通は線遠近法と呼ばれることが多いが、この理論が静止した一眼を前提にしていることを強調した表現であろう。そしてこの技法をフィレンツェに特有な探求として、ヴェネツィアの専売物である色と対比させる。

サルトルは、ティントレットがこの遠近法を全面的に受け入れたと考える。これは彼が画家として出発する時点で、拒否することができないものであり、しかもティントレットはそれをやすやすと自家薬籠中の物にしたと考える。この指摘は美術史家の首肯しうるものである(5)。

だが、サルトルの議論はそれを前提にして、さらに彼らが驚くような点に論を進める。まず、ティントレットは、フィレンツェの線遠近法が記号を増やしていくだけの死んだ企てだ、つまりは絵空事に過ぎないと考えたとサルトルは言う。フィレンツェの画家たちは、「奥行きを喚起するため、手がかりをたくさん作る。しかし奥行きはその不在によって輝く。ヤコポはそれを知っている」(*Ibid.* 191)。そして、ティントレットは単眼的遠近法の乗り越えを図ったとされるのである。

「絵は平面であり、おうとつはない。だから直接的知、記憶、習慣、思い込みに訴えなければならない。ヤコポは客の体全体を動員する。二つの眼だけに切り詰めることはできない。単眼対全身。(……)三次元は視覚の誤りではなく、心のイリュージョンである。視覚は誤らないが、視覚によって他の感覚が誤る」(*Ibid.* 195)。

つまりティントレットの絵を見るとき、ひとは奥行きを視覚的な錯覚として知覚するのではなく、運動感覚、筋肉感覚も含む触覚や知が働いていており、それによって奥行きを体験することが可能だというのである。そしてそれは画家が無意識に作り出していることでもなければ、鑑賞する側が恣意的に行なうわけでもない。ティントレットはすべてを意識的に狙っているというのがサルトルの論点である。

ではなぜサルトルはティントレット論において奥行きという問題を扱うことになったのか。一般的に論じられていない仕方で、この問題を執拗に扱うのはどういう意図によるものか。どのような拡がりを持つのか。だが、それは直接的には語られていない。むしろ「奥行き」という問題系がすでにあることを前提にしている。しかしこれはサルトルの著作においてはほとんど初出である。ここで参照すべきはメルロ゠ポンティの議論であろう。なぜなら彼の生前最後の著作『眼と精神』において奥行きの問題は議論の焦点であったのだから。さらにこの著作の発表は一九六一年一月、つまり「聖マルコとその分身」の草稿の執筆年でもあるのだ。

「奥行き」の起源

メルロ＝ポンティが、常にサルトルの著作に対して敏感に反応しながら、思索を進めていったことは周知の事実だが、最晩年の未刊に終わった『見えるものと見えないもの』の研究ノートにも次のような記述が残っている。

「否定性の問題。これは奥行きの問題である。サルトルが語るのは垂直的ではなく、即自的であり、つまりは平板である世界、絶対的な深淵である無にとって存在する世界である。彼にあっては結局のところ奥行きというものはない。それは奥行きが底知れぬものだからである」(Maurice Merleau-Ponty, *Le Visible et l'Invisible*, suivi de notes de travail, Gallimard, 1964, rééd. «Tel», 1983, p.290.／『見えるものと見えないもの』滝浦静雄・木田元訳、みすず書房)。

メルロ＝ポンティにおいてはすでに『知覚の現象学』において、奥行きの問題は主要なテーマであった(Maurice Merleau-Ponty, *Phénoménologie de la perception*, Gallimard, 1945, rééd. «Tel», 1985, pp.294-309.／『知覚の現象学』竹内芳郎監訳、みすず書房)。世界の中に投錨されたわれわれにとって、存在する諸々の事物は折り重なって続くのであり、奥行きは決して「横から見た幅」に還元されえない。世界は上空飛行的主観に対してではなく、世界へと身を投げ出している主体に連動しているのであり、最初に抽象的な客観的空間を立ててしまうことをメルロ＝ポンティは手厳しく批判する。そして生前最後の発表となった『眼と精神』の中で、この奥行きの問題は焦点となり、彼にとっての特権的な画家であるセザンヌを中心に、画家が自然を描くことが、何故可能になるかが、問われる。

「「私の思うに、セザンヌは生涯奥行きを追及し続けたのだ」とジャコメッティが言っているし、ロベール・ドゥローネは「奥行きは新しい霊感だ」と言う。ルネサンスのさまざまな「解決」の後、四世紀、デカルト以後三世紀になるが、奥行きはいつも新しい。そしてそれは、ひとびとが「一生に一度」ではなく、一生涯求めつづけることを要求する」(Maurice Merleau-Ponty, *L'Œil et l'Esprit*, Gallimard, 1983, p.64.／『眼と精神』滝浦静雄・木田元訳、みすず書房)。

ここで、メルロ＝ポンティは、ルネサンス期の線遠近法が時代の刻印を受けたものであり、当時の精神のあり方の反映であることを強調したうえで、奥行きの問題は解決されていないと考える。奥行きは、ものを平らにするだけで、その具体的現実を遠ざける線遠近法に還元することはできないとする。そして、自然を前にした一人の画家の、「木が私を見つめ、私に語りかけているような気がした」という感慨から、自分が見ているときに、自分が見られている印象をもつという、見るものであると同時に見られるものであるという身体と世界の関係を、その用語によればキアスムの関係を導き出す。このように絵画論でのメルロ＝ポンティの議論は、『知覚の現象学』以来の身体の働き、さらには『見えるものと見えないもの』の存在論へと向かう議論の中に位置付けられる。そして研究ノートが示すように「奥行き」には象徴的な意義も付加されていくようだ。

ところで、『知覚の現象学』の議論にサルトルが満腔の賛意を表したのは疑いえないし、『眼と精神』にサルトルのイマージュ論を揶揄する一節があるにしても(*Ibid.* 23)、すでに見たように両者に共通する「奥行き」への問題意識を見ることができる。いやむしろ、一九六一年五月四日に急逝したかつての友の遺稿に深い敬意を表して、自らの絵画論に新たに着手したとは考えるのはどうだろうか。「一九六〇年七―八月、ル・トロネにて」と署名されたこの論文は、翌年一月刊行の「アール・ドゥ・フランス」誌に掲載された後、「レ・タン・モデルヌ」誌の十月号、メルロ＝ポンティ追悼号に再掲載された。サルトルのティントレット論においてメルロ＝ポンティの名前は一度も現われない。しかし奥行きをめぐる問題に正面から取り組んだサルトルにメルロ＝ポンティのこの論考のことが浮かばなかったと考えるのは難しい。さらにサルトルは幾度かセザンヌの名を出している。「自分自身と自身の芸術の批評家であるセザンヌのような人物をおいて……」(Sartre, «Saint Marc et son double», p.200)、「セザンヌはティントレットを画家そのものと呼ぶ」(*Ibid.* 196) と書くとき、サルトルは画家の名が読者にかつての友人を、「セザンヌの疑惑」の著者を想起させることを十分わきまえているはずである。

ただしこの奥行きをめぐる思索が『眼と精神』からのみ由来したと言うならそれは誤りである。一九五一年十月のヴェネツィア滞在の際に書かれた草稿である「アルベマルラ女王もしくは最後のツーリスト La regina Albemarla o il ultimo turisto (sic)」とイタリア語で題されたノートに以下の記載がある。「ティントレットの努力は絵に三つの次元を与えるため、つまり空間にその不条理をもどすことにある」(Sartre, *La reine Albemarle ou le dernier touriste*, texte établi et annoté par Arlette Elkaïm-Sartre, Gallimard, 1991, p.169.)。「彼は踏み越えることのできない距離、危険、疲労をもった、私たちが体験するがままの空間を再発見しようとした。それが空間の絶対的現実性だと考えて。(……) 彼が絵を作り上げるのは常に私たちとの関係においてだ。彼が演出家のような印象を与えるのは、画布を劇場にしたからだ。つまり観客に対しての効果に腐心しているということだ。奥行き」(*Ibid.* 170–171)。

まさにこの時点で、サルトルのティントレットは三次元に取り組む実存的な画家として現われている。

世界内存在としての人間を描くと言っている。一九五三年の時点で、奥行き、重力、時間性、物質などティントレット論の主要な論点はほとんど出揃っていたと言ってよいほどである。そして重力の問題は、奥行きの問題に結びついていることがよく分かる。さらに、サルトルの体験は決して画集から始まったのではなく、アカデミア美術館で、さらにはスクオーラ・ディ・サンロッコ、マドンナ・デッロルト教会において、実際に繰り返し、ティントレットの絵を見たこと、むしろ「体験」したことから始まっている。実際、議論で繰り返される、重力の体験は、巨大な画布と対面している時に初めて可能になるものであることはすでに指摘した通りだ。

では、サルトルとメルロ＝ポンティの議論の分岐点は、どこにあるのだろうか。たしかに生きられた世界が奥行きをもったものというのは同じであり、そして、画家の奥行きの探求に対する関心も共通である。メルロ＝ポンティのセザンヌが奥行きと平面の関係を突き詰めようとしていた一方で、サルトルのティントレットは彫刻的空間（生きられた空間と言ってもいい）を画布の上に置こうとしていた。だが、まず論述のスタイルが根本的に異なる。メルロ＝ポンティが、絵画作品そのものではなく、画家の言葉により多く依拠して議論を進めるという点。個々の作品について具体的に語ることはほとんどない。そして絵画制作の「神秘」へと論述を進めて、画家が風景を描く事を可能にするのは、世界と画家の身体の反射性に他ならないことを指摘する。さらには身体と世界が同じ一つの「肉」からなっているとする。ここで、絵画は存在論的考察の場となり、画家の具体的な営みが消えてしまっている感は否めない。端的に言って、画家の営為は現象学者、ありていに言えばメルロ＝ポンティそのひとの営為と変わらない。とりわけ奥行きを、見えるものを見えるようにしている、「見えないもの」と考える（研究ノートの「否定性の問題」）となると、画家の絵を描くところからは遠く隔たっている感がある。メルロ＝ポンティと言えば身体であるが、絵画論では実質的に画家の「手」と「眼差し」が主として想定され、自然と画家の二項で議論が進んでいる感がある。いずれにせよ鑑賞者の契機が欠如していることは明らかである。一方、サルトルにおいては、身体を持つ鑑賞者なしでは議論が成り立たない。ではこの差異はどこから来たのだろうか。

『想像力の問題』の続編としてのティントレット論

サルトルは初期の著作『想像力の問題』で、心的イマージュにも、写真やデッサンなどの物的イマージュにも共通するイマージュの公式を導き出している。それは想像意識、アナロゴン、志向対象の三項からなるもので、意識が不在ないし非在の対象をアナロゴンを介して志向することである。心的と物的との差異はアナロゴンとして機能するものの物質性による。心的イマージュの場合は眼球運動や知や感情がアナロゴンの働きをし、物的イマージュの場合は、化学変化を起こした印画紙や炭素の粉が付着したケント紙など物質がアナロゴンとして機能する。そしてこのイマージュの公式は芸術作品にも適応される。

では、ティントレット論にこの初期の想像力論の議論は生きているのだろうか。なるほどアナロゴンという術語は出てこない。サルトルがこの語を避けているのは確かだ。しかしこの鑑賞者の意識、アナロゴン、志向対象の公式は基本的に生きていると思う。まず『想像力の問題』のイマージュ論の骨法を画家に焦点を当てて言うと次のようになるからである。

「画家は自分の心的イマージュを現実化するのではない。ただひとがそれを見た場合に、各人がそのイマージュを捉えることのできる物質的アナロゴンを構成するに過ぎないのだ（*IM* 364, «Idées», 1978.）。

これは、ティントレットが作るのは、そこに鑑賞者の意識を巻き込むことで、三次元をもつ想像的空間を現出させるための絵画という所論に対応している。ティントレットは奥行きや重力そのものを絵のうちに描いたのではなく、その等価物をもつ世界を作りあげたというサルトルの主張はこの想像力論の土台にのって初めて成り立つ。芸術作品がイマジネールなものであると同様、奥行きとはイマジネールなものなのである。

しかし全てがそのままだとは言えない。ひとつには『想像力の問題』の芸術作品論が非常に簡略なものだったことによる。モデルとなったのは、シャルル八世の肖像画であり、極論すれば、肖像画はそれが何を描いているのかが伝われば十分であった。それは眼による読解に大きく依存していた。ところが「聖マルコとその分身」においては絵を前にしたときの衝撃、眼球の動きだけではなく、触覚を含む身体的感覚が問題になった。これが大きく異なる。

ひとつは鑑賞者への誘いかけである。実は、これは『文学とは何か』によって主題的に取り上げられた議論である。そこでは文学作品が読者の自由への呼びかけとして、高らかに顕彰されていた。絵画ならば、鑑賞者に自由に呼びかけること。これはイマージュ論で、芸術家が作るのが「物質的アナロゴン」にすぎないという理論から導き出すこともできよう。鑑賞者の参加がなければ、作品は完成しない。だが、『想像力の問題』の時点ではこれほど明確に自由への呼びかけは語られていなかった。確かにこれは『文学とは何か』によって、重要性を与えられた議論である。ところで、この読者の自由への呼びかけを、書き上げたものを一切の強制なく読者の自由な読解に委ね、その自由に期待しながらも、それ以上の期待をもたない高邁さと解するのは正しいのだが、同時に、作者は悪魔のような繊細さで、腕によりをかけて、読者を蠱惑するためにあらゆる技法を使うことが前提となっていることを忘れてはいけないだろう。それなしでは『シチュアシオンI』に収められた文学評論に見られるサルトルの小説技法への関心を理解することはできないだろう。読者を罠にかけ、幻惑し、読者の意識を遠隔操作するような技法が考究される。実際の創作においてそれが試される。それこそサルトルの初期小説に見られる作品ごとのさまざまな技法の採用であり、また文芸批評での中心的テーマであった。

そしてティントレットに対してサルトルは言う。「ティントレットは鑑賞者を発明した」(Sartre, *La reine Albemarle ou le dernier touriste*, p.170.) と。この言明はむしろ自らのイマージュ理論の適用としての絵画作品理解の正当性を言っているようなものである。

これは「聖ゲオルギウスとドラゴン」の所論においても確認できる。この論文の要点は、悪竜折伏をテーマとする絵を描きながら、ティントレットは聖人が槍を突き刺す行為そのものを実は描いていないということにある。戦いは絵の後方に置いて、前方の逃げる王女よりも目立たないようにした。さらに槍を持つ手は体と馬によって隠れるように裏側におき、槍の先は竜と被り、判然としないように描いた。行為が隠されているのである。これは鑑賞者に想像させる、委ねるということでもあった。「ティントレットは一揃いの暗示と証拠を組織して、われわれに何一つ示すことなしに、行為が行われたかどうかの決定を委ねるのである」(*Sit, IX* 222)。

ティントレット『竜を倒す聖ゲオルギウス』(1560年頃、158×100 cm、ロンドン・ナショナルギャラリー)

サルトルの絵画論は芸術作品をイマジネールなものとし、鑑賞者を重視する特異なものではあるが、そのうえで、あらゆる技巧を駆使して、鑑賞者を罠にかける画家というのが、サルトルのティントレットである。幾何学的空間ではなく、生きられた空間、奥行きをもつ空間を喚起させるために「単眼的遠近法の記号を保持ししつも、筋肉的、触覚的図像を詰め込む」(Sartre, «Saint Marc et son double», p.199.) 術を駆使したのである。きわめて図式的に言うなら、メルロ＝ポンティが、画家を哲学者である自分に重ね合わせて論じているとするなら、サルトルは、画家を、技法を駆使した作家である自分に重ね合わせて論じていると言えるであろう。

（1）サルトルのティントレット論の既発表テクストは以下の通り。
«Le Séqustré de Venise», in *Les Temps modernes*, novembre 1957, repris dans *Sit, IV.* 画家の評伝。
«Saint Georges et le dragon», in *L'Arc* n° 30, 1966, repris dans *Sit, IX.*『ドラゴンを倒す聖ゲオルギウス』を扱う。
«Saint Marc et son double», inédit posthume, in *Obliques* n° 24-25, dirigé par Michel Sicard, 1981. 長大な論考。一九六一年のヴァージョンとも言われる。
«Les produits finis du Tintcret», in *Magazine littéraire*, n° 176, septembre 1981. 著作の結論部との紹介がある。
Sarte e l'arte, catalogo a cura di Michel Sicard, Carte Segrete, 1987. ローマのヴィラ・メディチで開かれた「サルトルと芸術展」のカタログ。「聖マルコとその分身」の抜粋だが、初出の『車輪の聖カテリナ』に関する記述が含まれている。
«Un vieillard mystifié», in *Sartre*, Bibliothèque nationale de France/Gallimard, 2005.「サルトル展」カタログ。ティントレットの『自画像』（ルーブル美術館）を扱い、その「眼」について語っている。一九五七年の執筆。（その後、イタリアで上述のテクストをまとめた本が出版された。ただし全てイタリア語訳である。Sartre,

Tintoretto o il sequestrato di Venezia, progetto e introduzione di Michel Sicard, Marinotti edizioni, 2005.）

（2）Cf. Josette Pacaly, *Sartre au miroir*, Klincksieck, 1980, p.292.

（3）さらにはティントレット論が未完に終わった理由を、サルトルが自伝を書き始めたことによって、すべてはより直接的に自己を語る場へと移行し、画家への関心が薄れたことにもとめる論者さえいる。Alain Buisine, *Laideurs de Sartre*, Presses Universitaires de Lille, 1986, pp.124-128.

（4）Jean-Paul Sartre et Michel Sicard, «Penser l'art», in *Obliques* n° 24-25, dirigé par Michel Sicard, 1981, p.15, repris dans Michel Sicard, *Essais sur Sartre, entretiens avec Sartre*（*1975-1979*）, Galilée, 1989.／「芸術を考える」石崎晴己、東松秀雄訳、『いま、サルトル』（思潮社）所収。

（5）若桑みどりによると「まったく遠近法的分析の不可能なバロック期の大部分の絵に反して、ティントレットのじつにほとんどの作品が、見かけの非合理性にもかかわらず、すべて伝統的な遠近法に基づいていることがわかった」（若桑みどり『マニエリスム芸術論』、ちくま学芸文庫、一九九四年、三三一頁）。なお遠近法については以下の書を参照。小山清男『遠近法』（朝日選書、一九九八年）、佐藤忠良、中村雄二郎、小山清男、若桑みどり、中原祐介、神吉敬三『遠近法の精神史』（平凡社、一九九二年）、エルウィン・パノフスキー『象徴形式としての遠近法』（木田元監訳、哲学書房、一九九三年）。

サルトルの美術批評とアメリカ滞在

永井敦子

はじめに

一九四六年四月、二度目のアメリカ滞在から戻ったサルトルは、以後の四年間で四十を超える著作を執筆した。コーエン＝ソラルはこの量産の背景に、手仕事から職業へという、サルトルの執筆に対する意識と態勢の変化を指摘している。[1] しかし同時にこの時期には、彼が戦前・戦中から扱ってきたテーマに加え、ユダヤ人問題、アメリカの人種問題、ニューヨークの都市文化などを扱う著作も多く、アメリカ滞在を通じて得た知識や見聞が、彼に多大な執筆動機を与えたこともうかがえる。

そこで以下において、四〇年代のサルトルの美術批評を中心に、その執筆の背景にある彼のアメリカ滞在の意味について考えたい。美術批評はサルトルの著作全体から見れば余白的な分量しかないが、[2] それを取り上げるのは、四〇年代の美術批評は——同時代の美術作品の批評は、芸術家やその支持者との出会いによって生まれるだけに——彼のアメリカ滞在を色濃く反映しており、また政治・経済的にも文化的にも世界の主導権を揺るぎないものにしたアメリカ社会に、サルトルがどのように自己規定しつつ入りこんで（アンガジェして）ゆこうとしたか、そして戦後期のアメリカの知識人層がそれにどのように応えたかの一端を見せてくれるからだ。サルトルのテキスト自体に踏み込む余裕はあまりなくなるが、[3]ここではあえて、それらのテキストを検証するための諸前提について考察したいと思う。

美術批評とアメリカ

はじめに四〇年代の三つの美術批評——これらはいずれも広義の彫刻論である——が発表された日付と場所を確認しておきたい。第一のカルダーのモビール論は、一九四六年にパリで開かれた個展のカタログに掲載された。[4]第二のデイヴィッド・ヘア論も、四七年から四八年にかけてパリで開かれた個展のカタログに掲載されている。[5]最後のジャコメッティ論はその英訳が、四八年にニューヨークで開かれた個展のカタログに掲載された。[6]サルトルはカルダーとヘアにはニューヨーク滞在中に知り合った。[7]またジャコメッティとの初対面はそれより早く、四一年春のパリであったと言う（*ES* 190）。つまりサルトルが美術批評を始めた直接の契機はニューヨークでの芸術家たちとの出会いにあり、彼はその出会いを帰国後の執筆につなげ、それを通してパリとニューヨーク双方向の美術交流に多少とも関わったと言えよう。

さて、総じてサルトルの美術批評にはティントレット論を例外として、作者や制作期の社会についての知識、あるいは美術史や美学上の知識よりも、直接的で至近距離からの、ほとんど身体的接触のような視覚的受容を特権的に重んじ、自らを素朴な受容装置として、造形作品が引き起こす感動や美的考察を述べるところに特徴があるが、[8]最初の美術批評であるカルダーのモビール論は、サルトルにおいては

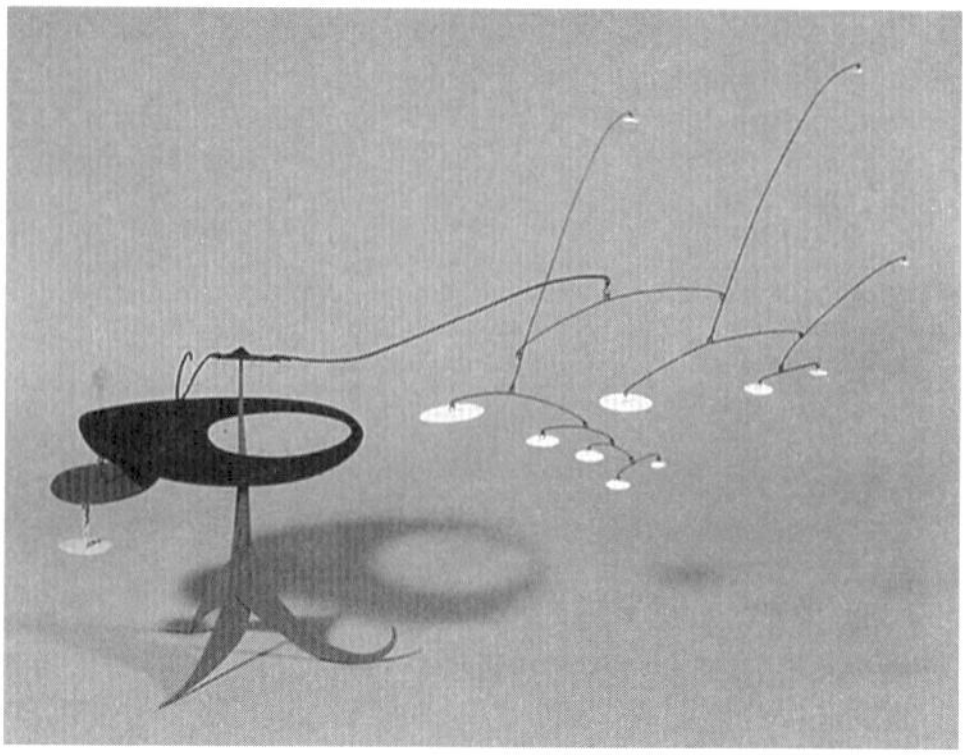

カルダー『Dancing stars』（1945 年、60×90 cm）

まれなおおらかな叙情性に満ちている点で異彩を放っている。その楽観的な情緒の表現には、カルダーのモビールがもたらす自由でのびやかな印象に、サルトルがカルダーに出会った一九四五年頃のニューヨークの社会・文化状況が重なってもいよう。まだ戦時期の状態から抜け出せていなかったバルセロナ、パリ、マルセイユ、カサブランカなどの都市とは異なり、この時期のニューヨークには戦争の影は薄かった。各所から集まっていた人々には国家主義的な色彩が薄く、イデオロギーとは距離をとり、新しさを求める雰囲気があった[9]。カルダーのモビールについてサルトルは、「通りすがりに一瞥するだけでは、それは話にならない。それに首を突っ込んで（vivre dans son commerce）みて、魅惑されてみなければならない。すると自由であり、秩序もある純粋な形態を、想像力はすっかり楽しむことができる」（*Sit, III* 309／二二四）と言う。そしてこの批評、というよりエッセーは、以下のように終わる。

「カルダーのモビールは、叙情的な発明品であると同時に、ほとんど数学的なまでに技術的な組み合わせであり、また「自然」の触知可能な象徴でもある。たとえば花粉を惜しみなく浪費したり、突然に千の蝶々を飛翔させたりして、それが原因と結果の盲目的な連鎖であるのか、それともひとつの「イデア」があって、それがたえず遅らされたり、かき乱されたり、遮られたりしている臆病な発展なのかわからないような、漠とした大いなる「自然」の触知可能な象徴でもあるのだ」（*Sit, III*, 311／二二五—二二

六、訳は変更した)。

サルトルはカルダーのモビールに詩と科学、自然と技術、象徴関係と因果関係の不思議で豊穣な共存を見た。モビールはオブジェを揺らす周りの空気があってはじめて作品化するだけに、こうした楽観性や叙情性には、サルトルがパリからニューヨークに来て感じたであろう解放感や、この都市の自由で豊かな印象も反映していよう。

しかしなぜ、現代美術に関心を持ち(*FA* 370)、ジャコメッティやピカソを友人に持ちながらそれまで美術批評は執筆したことのなかったサルトルが、アメリカ滞在後にそれを始めたのか。その理由には、占領下のパリの時代状況もあっただろう。しかし同時に、アメリカでは言葉の壁があっても美術作品には出会いやすかったという事情に加え、のちにジュリア・クリステヴァが自身のアメリカ滞在後に、芸術活動がその国で占める重要かつ多様な役割に驚かされたと言っているように[10]、サルトルもアメリカ滞在を通して、言語芸術以外の芸術が社会に占めうる重要性と、美術批評というジャンルの文化・社会的意義を認識した可能性を指摘できよう。アメリカに関するサルトルの著作からは、彼が実際の滞在によって、青年期に抱いたこの国の文化に対する憧れを追認したというよりは、今後自分が広く世界の人々と問題を共有し、人々に自分の思索を提示するには、アメリカで起きている社会や文化の事象に応える言葉を持つ必要があることを実感したことがわかる。だからこそ、サルトルはこの国の理想化されたイメージを捨てる代わりに、ユダヤ人問題や黒人差別という『嘔吐』の最後で示唆されていた問題(*LN* 207-209/二八六―二九〇)なども実相に照らした形で持ち帰り、以後それらの問題を著作や活動を通して扱い続けたのだろう。同様に美術批評というジャンルも、彼がアメリカで「発見」し、持ち帰った仕事のひとつだったのではないか。

レジスタンスから実存主義へ

さらに四五年の一月から五月と、十二月から翌年の四月という二回のアメリカ滞在を比べると、サルトルがその間にアメリカ人に向けた彼自身のイメージを巧みにずらしたことに気づく。彼にとって重要なのは肩書きではなく、その国を見に行くこと自体にあったにせよ、サルトルははじめ、レジスタンスを経験したフランスの新聞記者の訪問団メンバーとして、アメリカに招待された[11]。しかしコーエン＝ソラルが指摘するように、レジスタンスはそのマルクス主義との関わりゆえに、アメリカでは満場一致で賞賛されてはいなかった[12]。そうした状況のなか、サルトルはパリや地中海周辺にいた左翼知識人たちに先んじて、終戦時のヨーロッパの状況を起点にして同時代の社会と人間について思索することの限界に気づいたはずだ。たとえ最初の滞在で知り合ったドロレスとの恋愛関係をはっきりさせることが二度目のアメリカ旅行の主たる動機であったとしても、彼はこの滞在と、その間に行った講演・執筆活動を利用して、「レジスタンス記者」から、より広く戦後の世界状況に対峙する「実存主義作家・哲学者」へと自分の看板をかけかえた。当時のアメリカにおける彼に関する報道は、それをよく示している[13]。また例えばサルトルは四八年に出版された『文学とは何か』の「誰のために書くか」の章において、フランスの「レジスタンス作家」ヴェルコールとアメリカの黒人作家リチャード・ライトを対比的に取り上げているが、この対比は、彼のアメリカ滞在を考慮に入れればとらえやすい。

「『海の沈黙』は敵が協力をすすめたときにフランス人を拒絶に傾かせることを目的としていた。その効果は、したがってその現実態の読者層は、占領の時代を超えてひろがることはできなかった。リチャード・ライトの諸作はアメリカに黒人問題のあるかぎり、生きつづけるであろう」（*QL* 181／一四七―一四八）。

この対比的考察は、サルトルがアメリカ滞在中に同時代社会に対する視野と問題意識を広げたことを示すと同時に、アメリカに向けた彼自身のイメージの書きかえを反映してもいる。サルトルによるライトへの言及は、フランスの一般的な読者よりむしろアメリカの読者に訴えるところ大であっただろう。その他にも『文学とは何か』には、第四章「一九四七年における作家の状況」冒頭のアメリカ社会における作家の位置への言及など（*QL* 190-192／一六一―一六三）、アメリカに関する記述が目立つ。実際『文学とは何か』の英訳は一九四九年にアメリカで出版されたが、それに先立って、四八年一月から「パーチザン・レヴュー」にその部分的な連載が行われた[14]。したがってサルトルは、この本の執筆当初からアメリカの読者を視野に入れていたと考えられる。そしてこのようなイメージの書きかえには、美術批評も無視できない役割を果たしたと思われる。ジャコメッティが四八年にニューヨークで開いた個展のカタログ序文「絶対の探求」において、サルトルは古典的な彫像にある傲慢な永遠性を拒否するジャコメッティが、対象との間に自分が見たままの距離を相対的に残して彫刻することによって、素材に人間の行為の統一性を与えることで逆説的に絶対を発見したと論じているが（*Sit, III* 298-301／二一七―二一九）、これは、「無気力と同義語の石の永遠性」（*Sit, III* 294／二一四）を拒んだ上で、は

ジャコメッティ『The City Square』（1948-49 年、24.1×64.8×43.5 cm）

かない有限性をさだめられた人間の意味を問う哲学者としての彼自身のイメージを、ニューヨークの知識人たちに提示する意味でも有効だったはずだ。

ところでなぜサルトルは初期の美術批評の対象として、カルダー、ヘア、ジャコメッティを選んだのか。この選択には、何らかの理由やサルトルの志向を指摘することができるだろうか。

なぜカルダー、ヘア、ジャコメッティか

サルトルはニューヨークで、多くのヨーロッパからの亡命芸術家やアメリカの芸術家に会った。その出会いはドロレスに負うところも多く、彼女が働いていた戦争情報局にはアンドレ・ブルトンも働いており、ふたりはよい関係にあった[15]。またサルトルがロバート・マザウェルとともに、ペギー・グッゲンハイムの「今世紀の美術館」を訪れたという証言もあるが[16]、マザウェルはアシール・ゴーキーとともに、亡命芸術家たちとアメリカの若い画家たちとのあいだの仲介的役割を果たしていたことが知られている。サルトルはニューヨーク滞在中に、当時の最も中心的な芸術家やその支援者たちと交流したのだ。ではサルトルはそこで出会った芸術家たちのなかでも、なぜカルダーとヘアについて書いたのか。そこには偶然もあっただろうが、この二人の芸術家及び三人目に取り上げたジャコメッティとのあいだには、興味深い共通点が指摘できる。

この三人のうちヘア（一九一七—一九九二）については、若干説明が必要だろう。彼はタンギーの妻ケイ・セイジの従兄弟の写真家・彫刻家でフランス語が話せ、亡命シュルレアリストたちと交流があり、一九四二年にニューヨークで創刊された雑誌「VVV」（トリプル・ヴェー）の編集長になった。この雑誌は当時のニューヨークにおける重要なシュルレアリスム雑誌で、その編集協力者にはブルトンとエルンストが名を連ね、のちにデュシャンも加わった。ブルトンの二人目の妻ジャクリーヌはブルトンと離婚し、この若い美青年と短期間結婚していた。戦後ヘアは、パリで開かれ、サルトルが『文学とは何か』で現実性の欠如を酷評した一九四七年の国際シュルレアリスム展にオブジェを出品するかたわら、「レ・タン・モデルヌ」のアメリカ特集号などにも記事を掲載していた。[17] サルトルがカタログにテキストを寄せたパリでの個展は、このシュルレアリスム展の直後に開かれている。つまりヘアはサルトルと、サルトルに批判された当時のシュルレアリスム・グループの両方と、同時に交流を持っていたことになる。

ヘアは当時、若手彫刻家として将来を期待されていた。四〇年代、五〇年代のアメリカ芸術に関する書物や展覧会評には、代表的な彫刻家として彼の名がデイヴィッド・スミスらとともに挙げられている。[18] ペギー・グッゲンハイムは自伝のなかで、一九四三年にヘアと初めて会ったときのことを回想している。彼女はヘアのことをジャコメッティ、カルダー、ムーア以来の偉大な彫刻家とみなし、すぐに彼女のところで個展を開くことを約束し、実際個展は四四年から四六年にかけて数度にわたり実現している。[19] グッゲンハイムの証言からは、サルトルが序文を寄せた三人の彫刻家が、いずれも当時ニューヨークで高く評価されていた芸術家だったことがわかる。つまり彼らの作品の批評によって、サルトルは現代美術の主たる動向に彼なりのやり方で関わったのだ。その意味では、サルトルは自分の美術批評を余技的な執筆とは思っていなかっただろう。さらに戦後のアメリカで甚大な影響力を持つことに

ヘア『Sans titre』(1945 年頃)

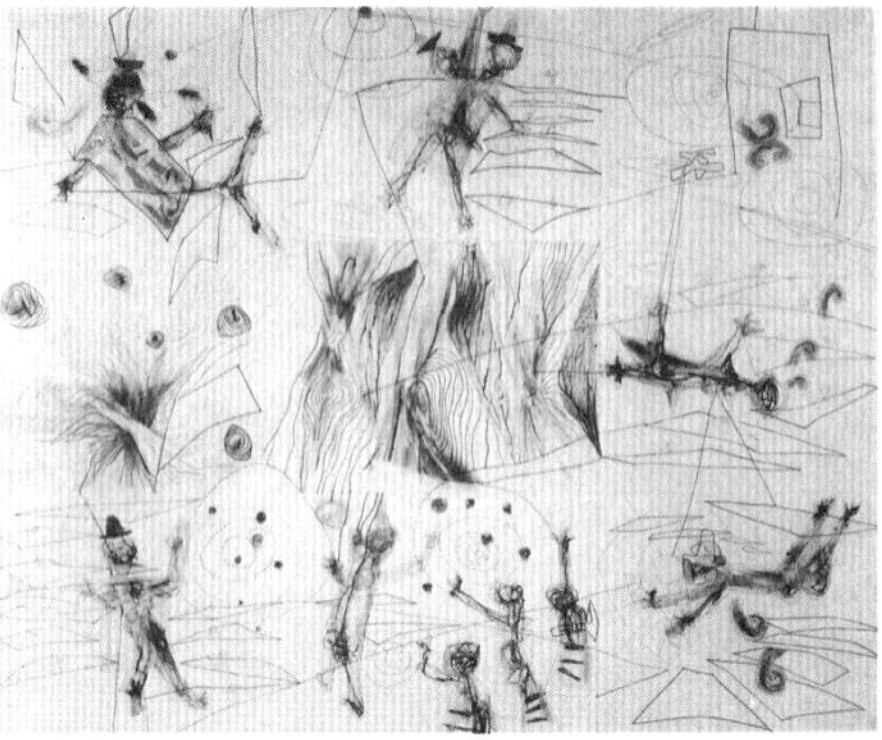

マッタ『After life』（1942 年、57.2×72.4 cm）

なる美術批評家のひとり、クレメント・グリンバーグが当時ヘアの彫刻を評価するにあたり、ジャコメッティを何度も引き合いに出している点も注目に価する。彼は四六年のヘアの個展作品を留保しつつも評価し、この彫刻家が「自分が見たなかでもっとも強度にシュルレアリスム的」であり、シュルレアリスムの教義をそれ自体以上に強く広く押し進めていて、「直接に、またマッタの絵画を経由してジャコメッティの影響を受けている」と指摘している[20]。この批評では、グリンバーグがヘアの作品のどの点にジャコメッティの影響やシュルレアリスム的な要素を見たのか具体的には述べられていないが、マッタの絵画に言及していることから考えると、ヘアの作品のオートマティスム的な線の即興性や動き、原初的な生物と人間の両方を同時に思わせるような、造形の有機的性格や定義不可能性を念頭に置いていると思われる。またグリンバーグは、ヘアは常に成功しているわけではないとしても「ジャコメッティの造形的野心を継ぎ、個々の芸術作品のなかに審美的ではない個性と「絶対的な」経験という新しい要素を創り出した」と言う[21]。この文からは、二年後にサルトルが書いたジャコメッティの彫刻論が、「絶対の探求」という題であったことも思い出される。一方サルトルも、ヘア論のなかでカルダーとジャコメッティの名を挙げている。「ヘアはカルダーと同様に、自分の彫刻のなかに現実の運動を導入した」とサルトルは指摘する（*ES* 666）。つまり彼がヘアの彫刻を評価するのは、それが無時間的で固定的なイメージを形成する表象ではなく、それ自体が動作や運動を喚起し、破壊と創造をともに内包する形態だからであった。彼は次のようにも書いている。

「プラクシテレスやドナテルロによる像は人間世界の「内側」に立ち上がるが、反対にヘアの彫刻は――ジャコメッティの彫刻と同様――我々に対し、人間を外側から見せる。その彫刻は、裏返しの超越性を見せるカフカの要領で、我々の視線を非人間化しようとしている」（*ES* 667）。

このようにサルトル自身ヘアの彫刻と、カルダーやジャコメッティのそれとに共通点を見ている。実際この三人の彫刻家は、量感や不動性といった彫刻の古典的な概念に代わって、軽さ、はかなさ、運動、即興性などを作品にもたらした点に共通性がある。さらに四〇年代半ばのニューヨークの現代美術を大別する二傾向、すなわちキュビスムの後継である抽象芸術とシュルレアリスムというふたつの傾向から考えるなら[22]、三人はそれぞれシュルレアリスム・グループの近くにいた時期があっただけでなく、サルトルが論じた三人の四〇年代半ばの作品は、この二つの流れのほぼ中間に位置づけられよう。すなわちそれらの作品は抽象的でありながら、構成主義的な幾何学性や形式性は持たず、同時にシュルレアリスムの芸術作品のうちでもダリやマグリットの作品のような、平面的な処理をした一見現実主義的な表象に、非現実的で不可思議な印象を与える視覚的なしかけをこめるタイプの作品からは遠いが、マッソンやマッタの作品のような、オートマティスム的な即興性をもつシュルレアリスム絵画とは共通点も多い。サルトルはカルダーのモビールを「流れに巻かれる水草やおじぎ草の葉や脳髄を抜かれたカエルの脚」（*Sit. III* 311／二二五、訳は変更した）に喩えてそれを肯定的にとらえているが、主体としての制作者の意識や意志の及ばぬところで芸術作品が生む効果への信頼は、「こんにちの理性はまさしく非理性的なものをたえず同化してゆくことをめざしており、その同化の過程で、理性的なものはたえずみずからを編成しなおしながら、みずからを強化・拡大してゆく必要がある」[23]というブルトンの非理性的なものへの期待とも共通性がある。現代美術のうちでも抽象性と有機性をともに備える作品に向けられたサルトルのこのような関心は、シュルレアリスムの美学に真っ向から対立しているようには思えない。

シュルレアリスム、ニューヨークからパリへ

ところで『文学とは何か』でサルトルが展開したシュルレアリスム批判は、彼のアメリカ滞在がなければ同じものにはならなかっただろう。モーリス・ナドーを典型とする当時のフランスのシュルレアリスム批判者はしばしば、シュルレアリスムの主要メンバーが第二次大戦開始以降政治性を弱めたことや、続いてアメリカ大陸に亡命したことをもって活動の終焉とみなした[24]。つまり彼らの意識には、レジスタンス参加者対亡命シュルレアリストという政治的、倫理的対立項があった。それに対し先に指摘したように、『文学とは何か』のサルトルにとってはレジスタンスも時代遅れであったから、この対立項は問題にならない。さらにサルトルは『文学とは何か』の「一九四七年における作家の状況」の章において四七年のシュルレアリスム展のカタログに掲載されているいくつもの論考に言及した上で、初期の「真のシュルレアリスム」に対し四七年の展覧会に見るシュルレアリスムは、「クロード・モーリヤック氏の穏やかな折衷主義の方にいっそう近い」（*QL* 298／二八三）、「きわめてすみやかにしゃぶられるきれいなボンボンのようなもの」（*QL* 299／二八四）で、今日的な問題に応えていないことを強調している。サルトルが展覧会の開催と同時並行的にそれに敏感に反応し、正面切ってそれを批判したのは、裏を返せばニューヨークでシュルレアリスムの影響力の大きさを目の当たりにし、パリでもその活動が再活性化する気配を感じたからであろう。

ブルトンは五年間のアメリカでの亡命生活を終えて四六年五月、すなわちサルトルが帰国して二か月後にパリに戻り、約一年の準備期間を経て、デュシャンの全面的な協力により四七年夏にシュルレアリスム展を開催した。この展覧会は彼の帰国後初の大きな活動であった。参加者としてカタログに掲載されている芸術家が八十七名、カタログへの寄稿者が三十七名に及ぶこの展覧会[25]は、シュルレアリスム・グループの健在ぶりをアピールして、ブルトンの亡命からの帰国に一種「凱旋」的な肯定的イメージが与えられるかがかかった重要な催しであった。この展覧会の参加者やカタログ執筆者の顔ぶれには大きく二つの特徴がある。ひとつはフランスに残っていた芸術家とアメリカ大陸に亡命した、あるいはアメリカ在住の芸術家の両方を総合的に集めている点である。二つめはバタイユ、グラックなどのフランス側と、アメリカ側の参加者やカタログ寄稿者のどちらに関しても、グループの中核的なメンバーを超えて幅広く集められ、結果としてブルトンの求心力の強さを示している点である。彼はカタログの表紙にデュシャンの盛り上がる乳房のオブジェを用い、会場の設営を、当時アメリカの前衛芸術の展覧会設営に実績があり、その才能を高く評価されていた芸術家キースラー[26]に依頼し、渡仏した彼がそれに全面的に関わった。またブルトンがこの展覧会で中心的に打ち出したテーマは、「新しい神話」へのイニシエーションであった。[27]ブルトンは亡命以前から神話を関心や考察の対象としていたが、特にそれをアメリカ滞在中に展開した。[28]また神話の問題は、当時のアメリカ美

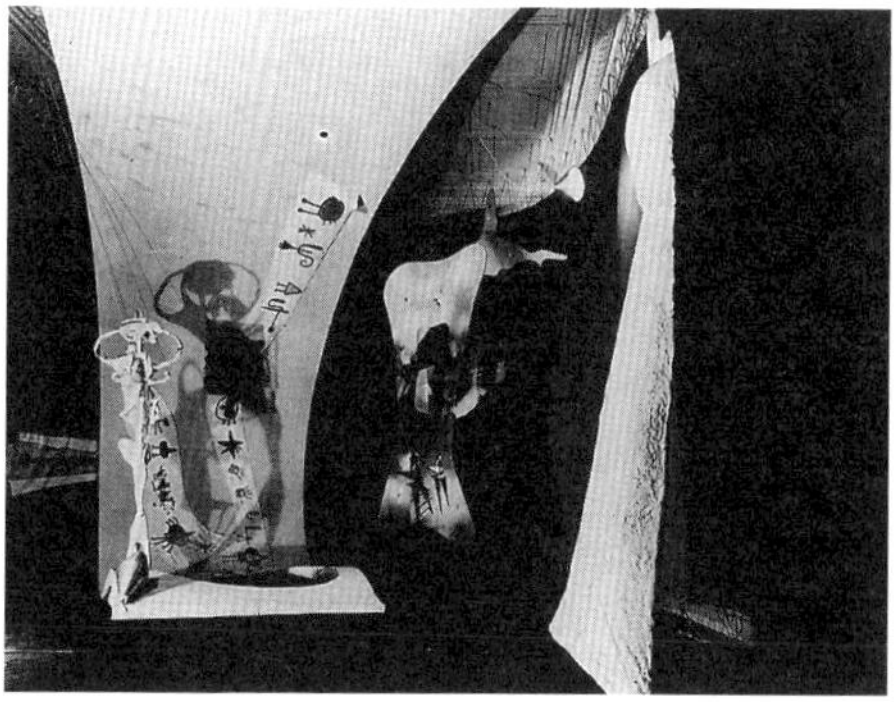

国際シュルレアリスム展（Galerie Maeght、パリ、1947 年）

術の主要テーマでもあった。こうした点からは、この展覧会にアメリカの前衛芸術運動との連続性を持たせようとするブルトンの意図が感じられる。ニューヨークで多くの芸術家たちと接したサルトルは、ブルトンのそうした意図をよく理解したはずだ。先に言及したように、サルトルがこの展覧会の直後にヘアの個展のカタログ序文を書いていること、ヘアだけでなくカルダー、ジャコメッティも共にこの展覧会の参加者として名を連ねていることなどを考えると、サルトルのこの展覧会に対する批判には、シュルレアリスムそのものへの批判や、出品作品に対する嫌悪感以上に、ブルトンが自分の周りにフランスのみならずアメリカ在住の芸術家をも集結させ、シュルレアリスムの存在感の大きさと広がりを強調しようとしたことへの嫌悪感が反映していたのではないかと思われる。

しかしサルトルは、ニューヨークで亡命シュルレアリストたちの存在感の強さばかりを感じたわけではないだろう。一九四五年頃というのはアメリカの前衛芸術のなかで、シュルレアリスムの甚大な影響力が弱まり始めた時期でもあった。グリンバーグがシュルレアリスムを酷評した有名な論文「シュルレアリスム絵画」は四四年八月に発表されており、彼はこのなかでシュルレアリスム絵画はゴシック的で文学的であり、そのスタイルはアカデミックで旧態依然としていると批判した[29]。サルトルはグリンバーグにすでにパリで三九年に会っていたし[30]、アメリカでは「パーチザン・レヴュー」の人々と交流を持ったので[31]、彼が同誌の常連執筆者であったグリンバーグのシュルレアリスム批判をニューヨークで見聞きした可能性も、じゅうぶん考えられる。しかしその可能性を問わずとも、サルトルがニューヨークで現代美術の作品やその担い手たちと出会ったのが、まさに抽象表現主義と言われたポロックらのアメリカ現代美術がヨーロッパ起源のシュルレアリスムの影響を退け、自分たちの独自性を言論面でも制作面でも打ち出そうとしはじめていた時期であったことは確かだ。そしてこうしたアメリカ現代芸術の傾向は、シュルレアリスムを時代遅れで「後退の時期に入りつつある」と結論づけ（*QL* 305／二九三）、戦後世界に実存主義を根づかせようとしたサルトル自身の意図とも重なっていた。

実存主義と抽象表現主義

こうしたなか、アメリカにおけるサルトルの思想紹介とその受容結果のひとつとして、現代美術の世界にもある現象が見られるようになった。ドリー・アシュトンが指摘するように、四〇年代後半から五〇年前半に、「実存主義者の言語が美術批評を飾り始めた」のである[32]。この傾向は制作者についても言うことができる。例えばポロックは、マザウェル、ローゼンバーグ、ケージらを編集者として四七年に刊行された「ポシビリティーズ」一号で、自分がイーゼルに立てたキャンバスを使わずに、床に板を寝かせてその四方を回って描くことについて、「私が自分の絵のなかに入るとき、私は自分がやろうとしていることがわからない。自分が従事したものが何だったのかがわかるのは、言うならばそれらとの「つきあいを求められた」あとのことでしかない[33]」と言っているが、この説明は状況のなかに投げ込まれた者の投企という実存主義的な人間観を容易に想起させる。実存主義もアメリカの抽象芸術もともにシュルレアリスムの有効性を退け、戦後の解放感の直後に顕在化した不安と難題にみちた社会における、自分たちの営みの重要性を強調した。この思想と芸術の結びつきには、サルトルのアメリカでの講演や翻訳出版、さらに「パーチザン・レヴュー」での連載なども影響していただろう。この結びつきの根拠を具体的な造形作品や、芸術家、批評家の言葉の分析から検討するのは他の機会に回すが、双方が一致するシュルレアリスム批判に関して検討すべき点を、各々ひとつずつ指摘したい。

まずサルトルは『文学とは何か』以降も、シュルレアリスムを必ずしも全面的に否定はしていない点が注目される。特に『文学とは何か』の翌年、四八年に発表された「黒いオルフェ」はこの点を証明する重要なテキストである。ここでマルチニックの詩人エメ・セゼールを評価するサルトルは、ヨーロッパにおいてシュルレアリスムが「憔悴し、衰退」（*Sit, III* 260／一八二）する一方で、「デュシャンやシュルレアリストたちの手になる、自己破壊的な対象《オブジェ》にも似た驚異的な詩」（*Sit, III* 250／一七五）をもって、西インド諸島のセゼールが「シュルレアリスムの伝統を貫いている」（*Sit, III* 260／一八二）と指摘する。サルトルはここで、シュルレアリスムの自己破壊的ポエジーは白人シュルレアリストたちよりセゼールのほうが徹底していると言ってはいても、シュルレアリスム的なポエジーの意義自体を否定するわけではなく、ブルトンやバタイユについても肯定的に言及している（*Sit, III* 284-285／二〇〇）。そしてこうしたシュルレアリスム観は、後のヴォルス論やジュネ論にも継続的に見ることができる。したがってサルトルは戦前の高等師範学校入学当時にのみシュルレアリスムに関心を持ち、[34]戦後は実存主義的思想をもってこれを全面的に否定したという理解では、図式的に過ぎよう。この点からも『文学とは何か』におけるシュルレアリスム批判は、帰国後のブルトンの活動再開への動きに対する批判や警戒に、その主たる動機があったと考えられる。

　一方当時のアメリカ現代美術に関しては、神話のテーマやオートマティスム的な偶然性の強い即興的な画法の採用などシュルレアリスムと親近性の強い要素が、個人の行為を決定する瞬間ごとの選択の重みを強調する実存主義的な生き方の問題に接ぎ木されているさまを見ることができる。例えば先に挙げた「ポシビリティーズ」一号にも、マザウェルやロスコやスミスらの不定形の原初的生物などを思わせる有機的かつ即興的なモチーフが繰り返し現れる造形作品と、神話をめぐる考察、さらに『ハムレット』における不安と決断をめぐる実存主義的色調の濃いローゼンバーグの論考などが混在している。[35]それまでのロマン主義、レアリスム、シュルレアリスムなどとは異なり、実存主義が独自の造形表現を持たなかったこともあって、当時のアメリカの現代美術の担い手たちが四〇年代後半に、自分たちの独自性と時代性を主張するためにシュルレアリスムとの切断を強調しようとしたとき、実存主義が格好の知的後ろ楯になったと言うことができるのではないか。

おわりに

四〇年代のサルトルのアメリカ滞在は、現地アメリカを含めて、今まで特に研究者の関心を引いて来なかったようだ。しかしこの旅行はサルトルにとって、戦後の社会や文化の状況に自分の哲学を対決させてゆく姿勢をいち早く取り、その姿勢を広く示してゆく上での重要な契機のひとつであったろうし、四〇年代後半の彼の大量の著作は、多かれ少なかれこの滞在の痕跡をとどめている。なかでも四〇年代の美術批評には、対象の選択の面でも論じかたの面でもアメリカ滞在の強い影響が見てとれる。また美術批評は文学批評と異なり、彼自身は制作者でないため素人的な鑑賞者の立場からしか語れない批評ジャンルであり、『文学とは何か』の文学論とのあいだには、作品に対する受け手の自由で能動的な態度を重視する点に共通性がある。美術批評が文学論に着想を与えたとまでは言わないまでも、素朴な受け手に徹して対象を論じる美術批評は、量的には少なくとも、彼にとって貴重な執筆体験であったはずだ。

直接的な影響関係の程度はともかく、サルトルは『文学とは何か』において、ニューヨークの芸術界におこりつつあったシュルレアリスム批判のディスクールと声をそろえるように、シュルレアリスムが戦後世界の状況にはもはや応えられないと批判した。その『文学とは何か』の成功によって、サルトルのシュルレアリスム批判は一九四七年の時代状況を離れても大きな影響力を保つにいたったが、その一方でより目立たないかたちではあるが、戦後のサルトル自身は、シュルレアリスムのある側面には肯定的な評価を示し続けている。六〇年代以降には実存主義もシュルレアリスムも共に批判の対象になるわけだが、その際の批判の論拠を再検討する意味でも、サルトルがシュルレアリスムに示した反発と共感の両面の根拠は、解きほぐして考察すべき課題のひとつであろう。

（1）Annie Cohen-Solal, *Sartre 1905-1980*, Gallimard, 1985, p.368.

（2）サルトルは一九四六年から七〇年までのあいだに、十人の芸術家について十二の評論を書いている。それらの大半は同時代の芸術家の個展カタログや、それに類する出版物のために書かれた。

（3）ボーヴォワールとの対談において、サルトルはコルマールでグリュネヴァルトの絵と出会ったときの感動について述べている。その証言からは、絵画作品について書くために大切なのは作品に出会ってそれを見る経験であり、絵画についての教養は必ずしも必要でないとサルトルが考えていることがわかる（CA 321／二八六）。また以下の論文において不十分ながら、サルトルの芸術論の内容について、彼の他のテキストとの関連を考察しながら論じた。永井敦子「サルトルの芸術論」、別冊「環」11「サルトル」、藤原書店、二〇〇五年、八一―九六頁。

（4）«Les mobiles de Calder» *Alexandre Calder: Mobiles Stabiles Constellations*, Galerie Louis-Carré（10, avenue de Messine, Paris-Ⅷe）, 1946. *Sit. III* に所収。

（5）«Sculptures à *n* dimensions» *Exposition David Hare: Catalogue*, Galerie Maeght, "Editions Pierre à feu",（13, rue de Téhéran, Paris-Ⅷe）, 1947. 本テキストは *ES* に所収。

（6）Texte écrit à l'occasion d'une exposition des sculptures de Giacometti à la galerie Pierre Matisse de New York en 1948. Traduit sous le titre "The Search for the Absolute", il constitue l'introduction au catalogue de l'exposition (10 janvier au 14 février)（*ES* 190）本テキストは *Sit, III* に所収。

（7）Annie-Cohen Solal, *op.cit.*, p.302.

（8）註3参照。

（9）Carol Brightman, *Mary McCarthy and Her World*, Clarkson Potter Publishers, 1992, p.302.

（10）Julia Kristeva, Marcelin Pleynet, Philippe Sollers, «Pourquoi les Etats-Unis?», *Tel Quel*, n°s 71/73, Automne 1977, pp.4-5.

（11）Annie-Cohen Solal, *op.cit.*, pp.96-97.

（12）*Id.*, pp.304-306.

（13）たとえば、John L. Brown, "Chief Prophet of the Existentialists", *The New York Times Magazine*, February 2. 1947, pp.20-21, 50, 52.

（14）*Partisan Review*, January, 1948, pp.9-31; Mars, 1938, pp.313-322; May, 1948, pp.536-544; June, 1948, pp.634-653.

（15）Annie-Cohen Solal, *op.cit.*, p.313.

（16）"Marius Bewly", Edited by Virginia M. Dortch, *Peggy Guggenheim and her friends*, Berenice, 1994, p.114.

（17）David Hare, «Comics», *Les Temps Modernes*, n°s 11 et 12, août-septembre 1946, pp.353-361; «Le Vieux cacique d'Acoma», *id.*, pp.569-574; «Huit jours et une danse», *Les Temps Modernes*, n° 25, Octobre 1947, pp.735-745. ヘアの記事はすべて英語からの翻訳。

（18）例えば Alfred H. Barr, Jr, "The New American Painting as Shown in Eight European Countries 1958-1959: Introduction", *Defining Modern Art*, Harry N. Abrams, Inc., 1986, p.234.

（19）Peggy Guggenheim, *Out of this century Confessions of an Art Addict*, 1979, Andre Deutsch, p.285. ／ペギー・グッゲンハイム自伝『20世紀の芸術と生きる』岩元巌訳、一九九四年、三三〇頁。四〇年代のヘアの展覧会歴

については、David *Hare May 8-June 8, 1976*, Alessandra Gallery（NYC）. を参照。

（20）Clement Greenberg, “Review of an Exhibition of David Hare”, Edited by John O’Brian, *Clement Greenberg The collected essays and criticism*, Volume 2, The University of Chicago Press, 1986, p.55.

（21）*Id.*, p.56.

（22）例えば、Isabelle Dervaux, “A Tale of Two Earrings: Surrealism and Abstraction, 1930-1947”, *Surrealism USA*, National Academy Museum and Hatje Cantz Publishers, 2004, pp.48-55. 参照。

（23）André Breton,«Crise de l’objet», 1936, *Le surréalisme et la peinture,* Nouvelle édition revue et corrigée 1928-1965, Gallimard, 1965, folio, pp.354-355, 2002.／アンドレ・ブルトン「オブジェの危機」（一九三六年）、『シュルレアリスムと絵画』瀧口修造・巖谷國士監修、人文書院、一九九七年、三〇九頁。

（24）Maurice Nadeau, *Histoire du surréalisme*, Seuil, 1945, 1964, p.171-178.／モーリス・ナドー『シュールレアリスムの歴史』改装版、稲田三吉・大沢寛三訳、思潮社、一九九五年、二五一―二六四頁。

（25）この展覧会のカタログは、*Le Surréalisme en 1947*, Maeght Editeur, Pierre à feu, 1947. 展覧会については、Henri Béhar, *André Breton*, Calmann-Lévy, 1990, pp.377-389.／アンリ・ベアール『アンドレ・ブルトン伝』塚原史・谷昌親訳、思潮社、一九九七年、四一六―四二八頁、Atsuko Nagaï, «L’Exposition internationale du surréalisme de 1947 et des totems anthropomorphiques», *Equinoxe*, 20/21, automne 2002, pp.63-76.

（26）キースラーについては、*Frederick Kiesler, collection Monographie*, Centre Georges Pompidou, 1996; Peggy Guggenheim, *Out of this century Confessions of an Art Addict, op.cit.*, p.270-276.／ペギー・グッゲンハイム自伝『20世紀の芸術と生きる』、三一三―三一九頁などを参照。

（27）ブルトンにおける神話というテーマの三〇年代から四〇年代への継続性については、以下で論じた。永井敦子「シュルレアリスムと「新しい神話」」、『神話的世界と文学』小泉進・小倉博孝編、上智大学出版、二〇〇六年、二三七―二五六頁。

(28) アンドレ・ブルトン「「透明な巨人の神話」をめぐって」鈴木雅雄訳・解説、「現代詩手帖」一九九四年十月号、九—十七頁。

(29) Clement Greenberg, "Surrealist Painting", *Clement Greenberg The collected essays and criticism*, Volume 1, The University of Chicago Press, 1986, pp.225–231.

(30) Florence Rubenfeld, *Clement Greenberg A Life*, University of Minnesota Press, 2004, p.52.

(31) *Album Jean-Paul Sartre*, Iconographie choisie et commentée par Annie Cohen-Solal, Gallimard, 1991, p.112.

(32) Dore Ashton, *The New York School*, University of California Press, 1992, p.178.／ドリー・アシュトン『ニューヨーク・スクール』南條彰宏訳、朝日出版社、一九九七年、二四三頁。

(33) Jackson Pollock, "My painting", *possibilities 1*, Winter 1947/8, p.79.

(34) Michel Sicard, *Essais sur Sartre*, Galilée, 1989, p.237; *FA* 370.

(35) Harold Rosenberg, "The Stages: A geography of Human Action", *possibilities 1*, *op.cit.*, pp.47–65; Andrea Caffi, "On Mythology", *Id.*, pp.87–95.

*本研究は文部科学省の科学研究費補助金（17652033）の助成を得た。

サルトルと映画の詩学

——ロマン／vs／レシ[1]

森田秀二

小説と映画のホモロジー

ロマン roman とレシ récit は、サルトルが『シチュアシオンⅠ』で展開した小説分類の二つの極をなしている。サルトルの唱えるロマンとは人生そのものをその時間性にいたるまで模倣する小説言説であり、現在時に進行する不可逆的で持続的な時間 durée に依拠する[2]。

それに対してサルトルの考えるレシとは、観念論に支配された物語言説であり、そこで描かれる人生は予め論理的な精神の介在を受けており、認知可能な形に咀嚼されている。出来事の因果関係を説明するため、レシは出来事の過去と未来を知っていなければならないが、それが裏目に出て、レシは結局時間のリアリズムに応えられず、サスペンスを殺いでしまう。レシでは「賭けはすでになされている」のだ。したがって、運命、本質、過去（より正確には完了相）がレシのキーワードになる。

ロマン、レシの二項対立はまた『シチュアシオンⅠ』で分析された多様な小説の評価基準、分類基準ともなっている。

小説『夜の終わり』（F・モーリヤック）に対してなされた有名な神の視点批判にしても、運命論的なレシのくせに自由のロマンを標榜しているといういわば詐称罪でモーリヤックの小説を断罪したものだ。一方、ドス・パソスの小説やカミュの小説はロマンの範疇にもレシの範疇にも入らないとされる。ドス・パソスの小説は集団的視点（「歴史の時間」「コロスの視点」[3]）を導入しているからであり、カミュの小説では点描的な複合過去の使用により因果性ばかりでなく時間の不可逆性も排除されているからである。かくして、カミュの『異邦人』はヴォルテール風のコントに分類される。

ところでロマン、レシの二項対立は実はサルトルの発明ではなく、ジィドからきたものであり、一九一〇年代、二〇年代の小説論で盛んに用いられた批評の道具である（Michel Raimond, *La crise du roman*, J. Corti, 1965.）。ロマンは自己のアイデンティティを見いだすためには余計なものをそぎ落とし自らを乗り越えなければならなかったが、そのためには分身ともいうべきレシを相手に自己規定する必要があったのだ。すでにシャルル・デュ・ボスはレシは人生の調書であり、ロマンは人生そのものだと書いていた。この時代、ロマンについて様々な定義付けが試みられたが、そのなかでジャック・リヴィエールは「冒険小説 roman d'aventure」という概念を提起し、中心的な役割を果たすことになる。冒険小説はサルトル的な意味におけるロマンの正に先駆的概念である。伝統的なフランス小説に対して、明日を担う冒険小説はそれ自体が行為の渦中になければならないとリヴィエールは書く。登場人物は読者ばかりか作者にとっても不可知の存在（異邦人）であり、作者と読者は情報が不十分なため無知と期待の状態におかれる。伝統小説と冒険小説の違いをリヴィエールはサルトルを思わせる口調で次のようにまとめている。

「伝統小説では登場人物は常に認知可能な性格を体現しているが、冒険小説はそれとは反対で、登場人物に関してはじめに見えてくるものは個別的特質であり、それが本質に先立ち、本質を隠蔽している」(*Le roman d'aventure*, Editions des Syrtes, 2000, pp.64-65. 拙訳。傍点は引用者)。

このようにリヴィエールがサルトル的なロマンの地平を準備したといえるが、ミッシェル・レモンは『小説の危機』のなかで、リヴィエールの考えを引き継ぎ実存主義小説に橋渡ししたのはラモン・フェルナンデスであると断じている(Michel Raimond, *Ibid.*, pp.152-153.)。実際、『シチュアシオンI』にリヴィエールの名はなく、言及されるのはラモン・フェルナンデスである[4]。

ロマン、レシの二項対立は一九四五年のアメリカ訪問後に発表されたサルトルの小論でも大胆に使われている。しかも、今度は小説論ではなく、オーソン・ウェルズの『市民ケーン』を論じた映画論である[5]。

サルトルのウェルズに対する評価は極めて厳しいが、その理由はといえば、『市民ケーン』がロマンではなくレシだからというのである[6]。元々小説ジャンルからでた二項対立がいきなり映画に使われていることにまず驚くが、ウェルズ批判の調子がその数年前にモーリヤックの小説を批判した調子を思わせる点でも頗るおもしろい。図式化を恐れずに言えば、サルトルが断罪するのは過去形、あるいは三人称そのものではなく、それを知性的、分析的に使用したその使い方であり、純粋な継起関係に因果関係をもって代え、読者や観客の期待よりも出来事の論理を重んじたためにサスペンスを殺いでしまった点にある。問題なのはウェルズのフラッシュバックであり、モーリヤックの神の視点ということになる。

サルトルが思いがけずも小説の分類法を映画論で用いたのはどうしてか。意外さを当て込んだその場限りのレトリックだったのか、それともサルトル世界に潜む深層の真理を垣間見させる何かの徴なのか。

サルトルの世界では、以下のように映画と小説がしばしばパラレルに関係づけられる点はおさえておく必要があるだろう。

まず、両者にはドイツ占領中および終戦直後に歴史性 historicité という新しい次元が加わり、その分だけ一層似たものとなったという経緯がある。『シチュアシオンⅠ』ではどちらかというと共時的であった小説理論が『文学とは何か』では通時性を帯び、弁証法的になる。ロマンは「歴史性の文学」あるいは「状況の小説」と呼ばれ、読書行為によって作者と読者がジェネロジテを交換する場となる。一方、レシの方は「文学的観念論」あるいは「回想的文学」と名付けられ、神の視点の擬人化ともいうべき「五十歳代」の語り手が登場する第三共和制の小説一般を指すことになる。

サルトルの当時の映画論をこれに重ねてみよう。ドイツ占領末期に書かれたテキスト[7]のなかで、サルトルは戦後映画に対して、社会状況を全体的に描くこと、占領されたフランスの偉大さと悲惨を社会のフレスコ画として描くことを求めている。要するに「状況の小説」ならぬ「状況の映画」論が素描されているのだ。表現はまだ使われないにしても、すでにアンガージュマンが提起されているのである。終戦直前の混乱期に極めて論争的なトーンで書かれた映画論であるから議論としての雑ぱくさは否めないにしても、アンガージュマンが初めて取り上げられたのが映画論であった点は注目に値する。

ところで、サルトルの考える戦後映画とはラブ・ストーリーや個人対個人の対立を排除するものではない点も興味深い。恋愛や個人的利害を扱ったテーマであっても社会的環境とともに描けばよいとされている。前景に恋愛をもってゆくというのはサルトルが映画にのみ与えた特権だが、彼が当時書いたシナリオ『賭けはなされた』『チフス』などはまさにその適用であった[8]。この特権の意味については後で考察することになろう。

以上から言えることは、具体的な歴史状況を受けて、サルトルのなかでリアリズムの意味が変わったということである。モーリヤック論などの視点分析にみられた知覚器官としての単数の目に依拠したリアリティは集団による複数の真実（真実の複数性）に席を譲る。真実を語るためにはある程度リアリズムに悖る嘘を付く必要がでてくる。言葉、映像にはすでに存在するものを映すだけではなく、まだ存在しない対象を言及することにより出現せしめる喚起力（虚構構成力）があるが、これを使って知覚のリアリズムに還元されない真実を出現させようというのである。ここにきてサルトルはロマンとレシの二律背反を超え、小説技術と形而上学の厳格な対応原則を緩めたアンガージュマン理論を小説と映画に対し、ほぼ同時的に提起したのである。[9]

両メディアの類縁性は技術面でも確認できる。モンタージュは物語を場所から場所へトランスポートさせる映画技法だが、サルトルはこれを映画論（およびシナリオ実作）では物語を全体的状況に位置づけるための技法として提案する一方で、小説『猶予』のなかでは同様の技法を今度は小説に移植し、出来事の多面性を表すために用いている。逆にシナリオ『歯車』では、英米小説の技法である複数の視点を映画で用いようとした。[10] サルトルにとって、映画と小説は相互に翻訳可能なメディアであるかのようなのだ。

映画と小説の類縁性は、サルトルが両者を演劇に対比して論じる毎に一層強調される。まず、サルトル美学においては小説と映画はともに同化の芸術である。読者も観客も媒介となる視点に案内されて、登場人物の一人に同一化してしまう。これに対して、演劇は異化の芸術であり、観客は舞台と想像的な（それゆえ絶対的な）距離によって隔てられているため、登場人物は観客にとってあくまで他者にとどまる（«Le style dramatique», *Combat*, nov. 1944. Repris dans *Un théâtre de situations*, Idées, p.25.）。

第二に、サルトルによれば、映画と小説は個別化 individuation の規則に従っている。映画では風景も事物も個別化され、オリジナルに厳密に一致したコピーとなっている。サルトルが十九歳のときに書いた映画論では、映画で素晴らしいのは恋人同士を隔てるのが本物の海であることだと述べつつ、悪漢のひげにも興味をよせる（«Apologie pour le cinéma: Défense et illustration d'un Art international»: *Ecrits de jeunesse*, édités par M. Contat, M. Rybalka, Gallimard, pp.388-404.）。後年のある講演では、現象のみならず現象を可能にする作用にも注意を向け、例えば、映画には技術的な媒介（カメラワークやモンタージュ）があり、これがストーリー展開の都合でこれぞというときに観客の目を発見すべき対象物の方にガイドすると述べている。サルトルによれば、小説もこれより劣るとはいえ個別化の規則に適っていることになる。というのも、読者は例えば木を登場人物の目を借りて眺めるからであり、登場人物の個別性がまるで伝染するかのように木の個別性を保証するからである。ここにはカメラや視点といった主体化機能が客体までも個別化するという考え方が見られる。

これに対して、演劇では役者の仕草が指し示す意味がイメージとして喚起されるだけである。演劇のスタイル（文体）についての講演でサルトルは「登場人物の泳ぐ仕草が川を出現させる」と述べている（«Le style dramatique», p.27.）。演劇では指示物 référent は記号に喚起される限りで存在するにすぎない。このようにして喚起された風景は抽象的で一般的なもの、つまり記号にとどまる。若き日のサルトルは諧謔を交えて「（演劇での）姦通は北極でも熱帯地方でも同じだ」（«Apologie pour le cinéma...», p.393.）とも書いていた。

ホモロジーの破綻

映画と小説の間の相同的関係（ホモロジー）は以上のように確認しうるのだが、それが崩れるのはサルトルが偶然性 contingence を映画ではなく、小説『嘔吐』によって表現しようとしたときである。偶然性の発見は、サルトル自身の度重なる証言に依って映画体験に密接に結びつけられている以上、ある意味でこれは逆説的な事態である。

サルトルの一連の証言は次のようにまとめることができるだろう。偶然性という観念は映画と現実の比較から生まれた。映画における風景には統一性 unité があり、また今日の物語理論で言うところの行為素 actant としての役割があり、そこから必然性を得ている。ここでの統一性は「事物の多様性をまとめる精神の統一性」（*QL* 50）と考えればよいだろう。一方、現実の風景は偶然にそこにあるだけで統一性がない。要するに、サルトルが偶然性を思いついたのは映画館を出てからなのであり、映画との比較からあくまでもその否定として、抽象的、一般的な観念として抱いたということなのである。そもそも映画館に入るとは日常性から出ることであり、再び日常性に戻るときにはすでにナイーブさは失われ、眼差しは変質している。ふつうそのことに人は気づかないが、このポスト映画的眼差しに映る世界をサルトルは偶然性と呼んだのである。

それではサルトルがスクリーン上にみた必然性とはそもそも何だったのであろうか。一九二四年頃、つまり偶然性の発見と近い時期に書かれた映画論をここで再び取り上げてみよう。そこでは、映画がベルグソン主義にふさわしい運動の芸術であることを若きサルトルがベルグソンに反して証明しようとする姿をみてとることができる。

『創造的進化』において、ベルグソンは映画が（ゼノンのパラドックスと同様に）静止画像をつなげて運動を幻想させる一種の詐術であるとみなしていた。これに対して、ドゥルーズは『物質と記憶』のベルグソンに依拠しつつ、映画は静止画に抽象的な運動を加えただけのものではなく、映画のイマージュそれ自体が運動であるとした（G. Deleuze, Cinéma 1: *l'image-mouvement*, Minuit, 1983.）。一言で言うなら、スクリーン上の運動（映画の一秒）はフィルム上のその軌跡（18あるいは24コマ）には還元できないということである。一方、若きサルトルもすでにスクリーンに映し出される持続、運動に注目して次のように書いていた。

「映画の本質は動性、持続にある。静止画を並べたロールとみなすのは勝手だが、タンクの水が流れる水ではないように、それは映画ではない」（«Apologie pour le cinéma...», p.390.）。

しかも、シネフィルでもある哲学者の卵は映画技術についての考察も怠らない。例えば、『千夜一夜物語』（一九二二年）という映画のフレーミングに言及し、前景にヒロインが位置し後景に大自然が広がるのは、跪いて祈るヒロインを引き立たせるためだと指摘している。サルトルにとっての映画的風景（必然性）とは物語と一体になった空間配置のことであることがわかる。この圧倒的な意味が込められた映画空間に対し、偶然性とは物語の支えを失い、それゆえ無益な事物からなる不条理な空間（弱められた風景）を指すことになるだろう。暗闇で味わったイマジネールの強度への正確な反動（アンチテーゼ）として偶然性という観念が生まれたと考えることができるのである。

映画と偶然性との関係でもう一つ注目しなければならないのは、若きサルトルがストーリーを支える映画技術に関心を示すのと同時に、技術の彼方にそれを使う技術者の姿をみていることだ。サルトルは監督という造物主の手にもきちんと目をとめているのである[11]。この点を考えれば、サルトルが映画館をでて路上で見たものが何であったのかをあらためて問うてみることができそうだ。果たして統一性の欠如だけだったのか、あるいは神という究極のシネアストの不在も含まれるのか。[12]

五年後の一九二九年、舞台はル・アーブルのリセでの賞状授与式に換わる。かつてフランスのリセで行われていたこの学校儀礼では、新入りの教師が生徒、父兄、同僚の前で講演するのが慣例だったようだ。この慣例に従い、新米の哲学教師サルトルが選んだ講演のテーマが「映画芸術」であった（«L'art cinématographique»: repris dans *ES*）。サルトルの映画美学論としては二番目になるこの講演では映画を民衆芸術ととらえる社会的視点も展開されているが[13]、それを別にして映画美学論としても十分刺激的であり、映画の時間性について論じている部分が特に興味深い。

論考からは以下の三つの時間様式が抽出できるだろう。

①日常的、偶然的時間。この時間カテゴリーでは過去を現在に結びつけるのはごく緩いつながりである。[14]

②不可逆的、決定論的な時間。科学の時間であり、生きられることのない抽象的な時間。[15]

③不可逆的で目的論的な時間。音楽、悲劇、映画などの運動の芸術 arts de mouvement の時間。

③のカテゴリーにおいて、同じ運動の芸術であっても、サルトルは映画の時間を音楽や悲劇のそれと区別する。映画では空間的にも時間的にも厳格なリアリズムが支配するからである。本物の風景の中に生きる本物の人間を映し出し、日常の持続的な時間 durée を喚起するのが映画であるとされる。

これら三つの時間様式は明らかに『嘔吐』における四つの時間様式の前段階に当たるのだが、後者についてては次のようにまとめることができるだろう。

①レシや回想の可逆的な時間。逆流する時間。

②反復的で非連続な日常的時間。日常生活では日々はでたらめに付け加えられる、とロカンタンは書い

ている。(16)

③不可逆的、目的論的な連続した時間。冒険 aventure やジャズの時間。「ジャズの必然性は強烈で、なにものもそれを止めることはできない。」

④忘我の時間、嘔吐の時間。偶然性を啓示する時間。広がった柔らかい瞬間からなる。ドラッグのようなこの危機的時間から抜け出すためには、ジャズの時間が治療効果を発揮する必要がある。

映画論にある第一のリストと小説から抽出した第二のリストの間の異同をみると、空間化された時間としての決定論的時間が削除された一方で、別の空間化された時間であるレシの時間が追加されたことがわかる。目的論的時間については、運動の芸術は冒険、ジャズにとって代わられている。そもそもロカンタンのいう冒険とは音楽伴奏がともなう一種の映画のような趣がある。冒険と相同関係にあるアニーの「完璧な瞬間」moments parfaits の舞台が一度は映画であったこともこのことと無関係ではない。ちょうど『言葉』で描かれている映画体験に続く映画ごっこのように、現実という素材をフレーミングして審美化されたシークエンス（時空間の断片）を主人公（たち）は生きようとするのである。

かくして、両リストの対応関係を破り、映画と小説の時間的類似をぶちこわすのは最後に登場する嘔吐の時間ということになる。この時間だけは先の映画の時間システムでは対応するものがないのである。

こうした事態はどこからくるのだろうか。まず考えられるのは当時ロマンというジャンルに託された使命である。ロマンとレシの二項対立を思い出して頂きたい。ロマンはレシとの対立において自己規定しようとした。ロマンはレシと差異化するためにも自らを乗り越えなければならなかった。言うならば、ロマンは自由であらざるを得なかったのだ。ロマンがレシを乗り越えようとする運動は『嘔吐』のなかでも〈生きる／語る〉の二者択一にそのまま反映されているが、この運動がロマンという自由であらざるをえないディスクールの究極的飛翔をなぞるためには、実存的な危機がもたらす忘我的時間（嘔吐）を必要としたのではなかろうか。

一方、サルトル世界における小説と映画の物語メディアとしての位置を比較するならば、変化しやすく気まぐれな小説に対し、映画は安定した形象と言うことができる。この点で映画は、時間的性質は正反対だが、ややレシに似ている。実際、サルトルにおいて、映画は不動の極、つまり子供時代、ノスタルジー、観念、イマジネール、遊びの極に位置している。サルトルが自分に逆らって考えることがあったとしたら、それは映画ではなく小説においてであったろう。

先に引用した『市民ケーン論』でサルトルが小説の分類学を映画に適用したことはみたが、映画『市民ケーン』がレシに分類された一方で、それではロマンに対応する映画としてサルトルが何を考えていたかというと、これが驚いたことに「普通の映画」films ordinaires なのである。『シチュアシオンI』ではロマンは理想の小説、小説の前衛を指していたはずだ。これに対し、映画はそれ自体ですでに十分前衛的なメディアであり、したがってリラックスして遊ぶことも許されているとでもいうのであろうか。

実際、映画『賭はなされた』封切り時のインタビューでサルトルは、この映画には決定論的な雰囲気がただよっており、あまり実存主義的ではないとことわったうえで、（映画では）遊んでも悪くないと考えたと付け加えている。[17]『歯車』についてもベルナール・パンゴーに次のように答えている。

「出発点でおもしろいと思ったのは、英米小説の技術を映画に移植するという考えだった」（«Propos sur *L'Engrenage*», publié dans *Le Journal du Théâtre de la Ville*, nov. 1968. Repris dans *Un théâtre de situations*, pp.367–374. 拙訳）。

つまり、サルトルにとって映画とは想像的で楽しい遊戯の場なのだ。映画の遊戯的側面が自伝『言葉』では幼きサルトルに強い影響を与え、イマジネールの世界に引きずり込む。この嗜好はその後のサルトルのイマジネールにおいても、映画のアンガージュマン理論を超えて生き続けることになり、サルトルはウェルズやゴダールよりもサスペンス映画を好みつづけることだろう。[18]

ホモロジーの復権

それでは小説と映画の構造的類似（ホモロジー）は、小説に刻まれるべき偶然性と映画の本質的遊戯性のために完全に失われてしまうのだろうか。実をいえば、偶然性はスクリーン上にもある。一九四七年、サルトルは国際映画学学会の講演で映画の個別化原理に再度触れている。当時の「フィガロ」紙の記事によれば、映画ではわずかなオブジェでも、ちょっとした仕草でも、顔の微妙な表情も正確に描くことができるので、サルトルはシナリオ作家たちにイグナチウス・ロヨラのような精神鍛錬により、現実そのものを再現することを求めたらしい。[19]そのうえでサルトルは映画の約束の地をアフラジーAphrasie、つまり「文のない王国」と名付けた。この表現は無声映画を思わせるノスタルジックな響きをもつ一方で、一九二四年に最初の映画美学論を書いた頃のサルトルにタイムスリップさせる。若きサルトルはスクリーンに映る悪漢の髭にまで魅せられるその理由を映画特有の「新しい個別化の原理」nouveau principe d'individuation で説明していた。悪漢の髭とはロラン・バルトが「第三の意味」（あるいは「鈍い意味」sens obtus）と名付けたストーリーからはみ出る不連続な意味のシニフィアンであり、偶然的なディテールに他ならない。[20]だから、サルトルのなかではアフラジーの種は一九二四年には蒔かれていたと考えることができる。スクリーン上では不可避的に美的次元に高められるにしても、「文のない王国」とは偶然的なディテールに満ちた王国のことであろう。[21]

一方、同じ講演でサルトルは「小説家に求められるのは、ホメロスやセルバンテスのように「剣を抜いて相手を殺した」」といったメリハリのあるストーリー展開であるとも述べ、映画と小説に共通する娯楽的側面を強調している。考えてみれば、『シチュアシオンI』で展開された文学理論も読者の興味を引く機能を忘れていたわけではない。ただ、この部分は小説家の技術と形而上学の一致という判断基準の影に隠されていたきらいがある。講演でのサルトルは快楽原則を手前に出し、技術の役割を相対化して、かっての判断基準を問い直しているようにも見える。

「フィガロ」紙の内容は一九六〇年に若者たちの質問に答えたインタビュー(*Cahiers libres de jeunesse*, extraits dans *L'Express* du 3 mars 1960, repris dans *ES*)で補足・補強することができる。このなかでサルトルは小説の娯楽的機能を強調したうえで[22]、「作者があまりにも顔をだすのがよい小説の書き方とはやはり思えない」と述べつつも、モーリヤックの小説技法だけを殊更に不誠実な方法として断罪することはもうしないと語っている。技法と形而上学の一致という批評原則に基づいてかつて持ち上げたアメリカ小説にしてもやはりトリックを含んでいることに変わりないからである[23]。ちなみに、この快楽原則への回心告白で、サルトルは『自由への道』で用いた自らの方法までも問題にしている[24]。快楽原則の前景化という点で、映画と小説のパラレルな関係がここでも確認できる。

ホモロジーの密かな影響

最後に結論に代えて、「市民ケーン論」に戻り、小説と映画のパラレルな関係を今度はサルトル世界の彼方にまで辿ることにしたい。

サルトルの「市民ケーン論」では、反復的なモード fréquentatif による物語時間について独創的な分析が施されている。サルトルはあるシークエンスが「ケーンは妻をアメリカ中のステージで歌わせた」という文法の半過去の文に対応することを指摘し、繰り返される似たような出来事をいくつかの限られたショットに凝縮させる映画技法に注目した。[25] 元来は半過去などに使われる文法概念であるfréquentatif を物語に適用したのは恐らくサルトルが最初であろう。映画における fréquentatif の技法は後にアンドレ・バザンにより montage fréquentatif と名付けられるが、クリスチャン・メッツはこれをさらに理論化し、物語る表現 récit と物語られる内容 diégèse との間の時間的ねじれの例として再定義した。[26] fréquentatif はその後ジュネットにより映画から小説（あるいは物語一般）に移植されることになる。ジュネットはn回起きたことを一度だけで語る物語を反復的物語 récit itératif と呼んだ。[27] そもそもサルトルが映画のシークエンスと半過去の文の間に等価値性を認めたということ自体、映画と小説に共通の技法として、言い換えれば超メディア的文法として物語的 fréquentatif を提案していたことになるだろう。これがポスト・サルトル的批評風土のなかにあっても密かに胚胎し続け、ジュネットの物語文法において開花したと推論することができる。

一方、ロマンとレシの二項対立の方もやはり『市民ケーン』がらみで、アンドレ・バザンにおいて逆説的に復権したように思われる。バザンはサルトルの『市民ケーン』論から出発し、サルトルの批評方法論の影響を広く受けながら、『市民ケーン』の評価に関しては正反対の結論に達しているからだ。サルトルの『市民ケーン』論の圧倒的な影響下にあったフランスで、当時の大部分の映画批評家は『市民ケーン』を徹底的に貶したが、一人バザンは果敢にこれを擁護したのである（Dudley Andrew, *André Bazin*, Editions de l'Etoile, 1983.）。

バザンはパン・フォーカスか古典的モンタージュかという技術的選択として問題を立て直し、前者を選ぶ。バザンにすれば、ウェルズが『市民ケーン』で使ったパン・フォーカスこそリアリズムの優れた手段であり、事物のリアルな時間、出来事の持続 durée を空間ともども取り込むばかりか、映画に対して観客をより積極的に参加させることができる技法なのである。反対に、古典的モンタージュは知的で抽象的な時間を持ち込んでしまい、物語が咀嚼しやすいように予めかみ砕かれている限りでは観客を受け身的な状態におくことになる。時空間のリアリズムに加え、物語消費者（読者、観客）の立場を持ち込む点も含め、ここでバザンは明らかにサルトルの物語美学、批評言語の延長上にいる。一言で言えば、パン・フォーカスはサルトルのいうロマンの技法であり、古典的モンタージュはレシの技法に当たると言えるだろう。

二人の見解の違いの裏には映画に対する趣味の違いが見て取れる。やがてヌーベルバーグの精神的父となるバザンに対し、サルトルはいまだに無声映画や三〇年代のトーキー映画のドラマツルギーの影響下にあり、古典的モンタージュの物語作法を信奉していた彼の映画趣味がモダンであるはずはなかった。しかし、新しい世代のモダンな趣味を支える批評言語として、サルトルのロマン／レシの二項対立は生き続けていたのだ。この批評言語をヌーベルバーグの監督たちが今度は実作を通して、実存あるいは持続 durée のリアリズムとして、どのように引き継いだか。サルトルと映画の関係の軌跡を追ううえで、いわばその後日談として我々の興味を引いてやまない問いである。

（1）本稿は仏語で口頭発表した論考 «Deux genres cinématographiques selon Sartre: roman et récit» の日本語訳を加筆修正したものである。

（2）ここでいう現在とは必ずしも文法的な現在ではない。サルトルによれば、一人称に審美的距離を施した三人称があるように、現在形に審美的距離を施しただけの過去形があるという。これがロマンの時制だが、進行相 progressif と考えた方がよい。要はテンスよりもアスペクトが問題なのだ。同様に、レシの時制は完了相 perfectif と考えることができる。サルトルにおいては、想起、（実存に対する）本質はレシ、つまり完了相の側にある。

（3）ナラトロジーの用語を使えば、形式的には内的焦点化 focalisation interne の一種ということになろうが、登場人物は世間的観点の化身にすぎず、読者は真のシンパシーをもって登場人物に同一化するわけではない。単数形による集合表現に対し、居心地の悪さを感じるからであろう。クロード・エドモンド・マニーは、戦後直後に出版された著作でこの奇妙な視点の異化効果についてふれ、サルトルの『猶予』よりも中編「ある指導者の幼年時代」への影響が強いことを喝破していた（Claude-Edmonde Magny, *L'Age du roman américain*, Seuil, 1948, p.123.）。

（4）サルトルはジョン・ドス・パソス論（*Sit I* 16／一四）でロマンとレシを定義する箇所でラモン・フェルナンデスに言及している。

（5）«Quand Hollywood veut nous faire penser»（sur *Citizen Kane*）, *L'Ecran français*, août 1945. Repris par Olivier Barrot dans *L'Ecran français 1943–1953: histoire d'un journal et d'une époque*, Les éditeurs français réunis, 1974, pp.16–18.

（6）「『市民ケーン』では賭けはすでになされている。これはロマンではなく、過去形で書かれたレシなのだ。」（同右、拙訳）

（7）«Un film pour l'après-guerre»: *L'Ecran français*, incorporé aux *Lettres françaises*（clandestines）, n°15, avril 1944, Texte non signé. Repris par Olivier Barrot, *Ibid.*, pp.16–18.

（8）『賭けはなされた』『チフス』はこの映画論執筆時に近い時期にパテ映画社のために書かれたシナリオ。ともに一種のラブストーリーで、それぞれ困難な状況におかれた男女がカットバックで別々に登場し、出会い、愛し合うようになる。古典的映画話法（モンタージュ）によるシナリオと言える。

（9）この原則が次の有名な表現とともに『シチュアシオンI』のトーンを規定している。「小説手法はつねに小説家のいだく形而上学に関連する」（«Une technique romanesque renvoie toujours à la métaphysique du romancier.», *Sit. I* 66／六一）

（10）裁判劇における複数の視点の使用という意味では、黒澤明の『羅生門』に先んじている。ただし、映画化はされていない。

（11）「監督が我々の手を引き、思うがままのところに連れて行く」（«Apologie pour le cinéma...», p.391. 拙訳）

（12）少年サルトルがバス停でバスを待ちながら突然悟ったという神の不在。それは後年のサルトルが語る原風景である。これに映画館をでて偶然性を発見するというもう一つの悟りの原風景を重ねてみるならば、一つの寓話を空想することができるだろう。
　シネアストにより意味付与されたフィクション世界を出た少年は、外で待ち受ける現実世界で自分を余計だと感じる。現実世界は（今まであると信じていた）意味、世界と同時に彼を支えるはずの意味を欠いているからだ。この意味の欠如に、少年は意味付与者（神）の不在を読み取る。

（13）大人が強いる通過儀礼の場で、女子供の娯楽であり、まともな成人男子が語るには足らないと当時考えられていた映画について、いわば反大人路線の目配せをしながら高校生に直接話しかけることのスキャンダル性についてはここでは触れない。拙論（«Sartre dans la salle obscure», 日本フランス語フランス文学会誌、*Etudes de langue et littérature françaises*、第四十八号、一〇二―一一八頁）を参照。

（14）日常性における弱い因果関連についてはすでに十九歳のサルトルが言及していた。«...la mobilité pure de la rue déconcerte, car le passé ne semble pas agir assez sur le présent», «Apologie pour le cinéma...».

（15）«un état quelconque de l'univers s'explique absolument par ses états antérieurs», «L'art cinématographique».

（16）サルトルがドス・パソスやカミュの作品中に読み取ったのもこの時間カテゴリーになる。

（17）«il lui（à Sartre）était permis de *jouer*»（«Les Jeux sont faits?: tout le contraire d'un film existentialiste, nous dit J.-P. Sartre», *Le Figaro*, 29 avril 1947.）

（18）ミッシェル・コンタによれば、晩年のサルトルのお気に入りの一本はジョン・ブアマン監督の『脱出』であった。

（19）サルトルの講演（Communication au Congrès des filmologues à la Sorbonne, sept. 1947.）については次の新聞記事に報告が載っている。«J.-P. Sartre se justifie devant les filmologues», *Le Figaro*, 20 sept. 1947; «J.-P. Sartre donne aux filmologues une leçon de cinéma appliqué», *Samedi-Soir*, 27 sept. 1947.

（20）Roland Barthes, «Le troisième sens», repris dans *L'obvie et l'obtus: Essais critiques III*, Seuil, 1982, p.55.

（21）『賭はなされた』冒頭の寝室の光線や痙攣するエヴの手の描写など、サルトルのシナリオは映像的ディテールに満ちている。

（22）«…la qualité essentielle du roman doit être de passionner, d'intéresser, et je serais beaucoup moins vétilleux sur les méthodes.» Fragments de l'interview repris dans *ES*, p.72.

（23）«Toutes les méthodes sont des truquages, y compris les méthodes américaines.», *Ibid*.

（24）«Si je devais récrire *Les Chemins de la liberté*, j'essaierais de présenter chaque personnage sans commentaire, sans montrer mes sentiments.», *Ibid*.

（25）サルトルは『想像力の問題』で、回想が心的イマージュに退行した場合に生じる一般化の現象を分析しているが、物語の反復的モードの着想は心的イマージュの分析と密接な関係があると思われる。「ピエールを想像的意識の対象としようとすることは、想像的意識において過去の多くの瞬間をまとめる志向的総合を行うことである。」（*IM* 32）

（26）Ch.Metz, *Essais sur la signification au cinéma, I*, Klincksieck, 1968；メッツは montage fréquentatif を«syntagme en accolade à modalité fréquentative»と命名している。

（27）G. Genette, *Figures III*, Seuil, 1972；反復的物語 récit itératif を提起する際にジュネットはメッツには直接言及していないが、論文「物語のディスクール」*Discours du récit* がメッツからの引用で始まり、しかもこの引用が物語表現 récit と物語内容 diégèse の区別を提唱したものであることからして、ジュネットの récit itératif はメッツからインスパイアされた概念だと考えられる。ただ、ここで示そうとしたようにその起源はサルトルまで遡ることができる。

Ⅳ

サルトルとロボット

永野潤

ボーイを真似るボーイ

『存在と無』第一部の「自己欺瞞」における、有名なカフェのボーイの箇所で、サルトルは、ボーイは「ボーイであること」を演じている、と言う。

「彼は演じ jouer、彼は戯れている。しかし、では何を演じているのか？　それを理解するために彼を長く観察する observer 必要はない。彼はキャフェのボーイであることを演じているのである。それは何も意外なことではない」（*EN* 98／I・一七六）。

だが、彼はボーイ〈である〉のではないか。なぜボーイであることを「演じ」なくてはならないのか。それは、カフェのボーイが、「あるところのものである」という仕方、すなわちモノのあり方で存在していないからである。インク瓶のようなモノの存在の仕方、すなわち「即自存在」に対して、カフェのボーイは、「あるところのものであらぬ」という仕方で存在している。すなわち「対自存在」である。対自存在としての人間のあり方は、常に自己を否定し自己を乗り越える「超越」としてのあり方を含む。ボーイは、自己との間に隔たりを持っている。したがって、ボーイは、端的に「あるところのもの〈である〉être」ことはできず、自分を「あるところのもの〈であらしめる〉faire être」必要がある（*EN* 98／Ⅰ・一七六）。

ボーイに似せられる身体

ところで、右記の引用に見られる「観察する」という言葉に注目したい。この特殊な「観察者」（サルトル）にとっては、目の前のカフェのボーイは、「ボーイに似たモノ」として現れているのである。「観察者」が確実なものとしてとらえるのは、目の前の男の、モノとしての身体（肉体）でしかないのであって、それがボーイである、ということは「蓋然的」なことでしかない。一九三九年に執筆した「偉人の肖像」というエッセイでサルトルが言うように、例えば皇帝ナポレオンを前にしたものが見るのは「ナポレオン」ではなく「人間の身体」（黄ばんだ肥満体）でしかない。

「私が皇帝を目にしたという事実は、どこまでも蓋然的な probable ままに留まるだろう。しかし人間、あの黄色く陰気くさい肉体、あれを見たのは確か certain なのだ」（*PO* 557／一一九頁）。

だが、「ナポレオンである」ということが蓋然的でしかないというのはナポレオン本人にとっても同じである。

「彼はいささかもナポレオンそのものではなく、単に想像力の限りを尽くして自分がナポレオンだと信じていた、一介の男に過ぎないのである」（*Ibid.*）。

彼が鏡を見るとき、そこには「あまりにも人間的な味気なさを帯びた自分の姿」「陰気で混濁した体液」しか見えない。人々に、そうした「人間そのもの」を見せずに、「ナポレオン」を見せるために描かれるのが、「正式の肖像」である、とサルトルは論じる。画家は「しかるべき類似 ressemblance に気を配る」(*PO* 558)。サルトルがその想像力論において言うように、モノとしての肖像とは、本人に類似したモノ「アナロゴン analogon」なのである。

「結局、像 image とは、めざされた対象の《類同的代理者 représentant analogique》としての資格であらわれてそのもの自体としてはあらわれない物的或いは心的な内容を通して、不在或いは非在の対象をめざす作用である、といい得るであろう」(*IM* 46/三〇)。

ところでサルトルは、この「肖像」(アナロゴン)と「本人」との関係を「魔術的」な関係である、と言う。

「意識が、想像的態度の裡に、肖像と本人との間に措定する関係はまさしく魔術的なものである。(……)これこそ、己れの絵像を前にした未開人の態度やある種の魔法(針で突いて呪う蠟人形、狩猟の獲物が多いようにと壁に描かれた傷ついた野牛の像)を説明するものである。その上、それは、今日ではもはや姿を消した思考方式の問題ではない。像 image の構造は、私たちの内部において、非合理的なものとしてとどまっており、そして殆どあらゆることがそうであるように、この場合もまた私たちは前論理的基礎の上に合理的構造物を築くにとどまっている」(*IM* 53-54/三五-三六)。

この「魔術的」という概念は、サルトル初期哲学において非常に重要な概念である。「偉人の肖像」においても、「肖像」が持つ魔術的、儀式的性格が強調されている。

「こうして、人間を人間自身から護るものである正式の肖像なるものは、一種の宗教的品目だということが分かった」(*PO* 558/一二二)。

本人に似せて作られる身体

このように、「肖像」は、「本人」に「似せて」作られるモノ（類同物《アナロゴン》）である。だが、『存在と無』で、「ボーイがボーイを演じている」と言う時、サルトルは、ボーイ自身の「身体」も、「本人」に「似せて」作られるモノ（類同物《アナロゴン》）だと主張するのである。ボーイであることを演じる、とは「私が、私の身分の典型的な身ぶりを機械的におこなうことによってであり、私が、《類同物《アナロゴン》》としてのこの身ぶりをとおして、想像的なキャフェのボーイとしての私をめざすことによってである」（*EN* 100／I・一一七）。

ボーイの身体とは、ボーイ本人に「似たもの」（アナロゴン）である。そうだとすると、「身体」と「本人」との関係も、「肖像」の場合と同じく、「魔術的」なものであることになる。そのことを、サルトルは「偉人の肖像」と同時期に書かれたエッセイ「顔」において主張している。

「顔は、単に一つの事物であるに過ぎぬものでも、まず最初に一つの事物であるわけでもない。骨や頭蓋骨、小立像に兎の肢、こうした惰性的物体、その沈黙のしきたりの中で錆び付いているが、それでも精神の特性たる力を帯びている物体、これを人は魔術的と名付けるが、顔とはそういうものだ。自然の物神なのである」（*V* 561／一二七）。

つまり、「魔術」とはモノに精神の性格を帯びさせることなのであるが、サルトルは、身体というモノも、人間による魔術の道具である、と言うのである。

ハムレットを「演じる」俳優は、自己の身体をハムレットに〈似せる〉。だが、それは、ボーイを演じるボーイも同じことである。ボーイは、身体をボーイに〈似せる〉ことによって、ボーイ〈になる〉。つまり、ボーイは自分自身との関係を魔術的にうち立てようとする。それは、ボーイがボーイ「ではない」からである。私はボーイであることから「分離されている」（*EN* 99／I・一七九）。したがって、この魔術は、主体の中にうがたれた分裂を〈繕う〉ために行われる儀式である。

「食料品屋、仕立屋、競売人には、それぞれのダンスがある。それによって彼らは、その客に対して、彼らが食料品屋、仕立屋、競売人より以外の何ものでもないことを納得させようとつとめる」（*EN* 99／I・一七七）。

サルトルは、『自我の超越』、『情動論素描』においても、「人間」たちの社会を、魔術によって支配されたものとして描く。

「このようにして私たちは、世界のなかの対象でありながらも意識の自発性の記憶のようなものをとどめている魔術的な諸対象によって、まわりをとりまかれていることになる。それゆえ、人間は人間にたいして、いつでも一個の魔法使いなのだ」（*TE* 64／六四）。

「《魔術的》というカテゴリーは、社会における人間の相互＝心的な関係を、もっと正確には、私たちの他者知覚を支配するものである。魔術的とは、アランの言うように、「ものの間をうろついている精神」であって、つまり、自発性と受動性との非合理な総合である。それは無活動になった活動、受動化された意識なのだ」（*EE* 58／一六〇）。

ロボットに似た人間

もっとも、透徹した「観察者」には、こうした魔術は通用しない。この観察者は、目の前の人間の身体が、「ボーイである」ことは蓋然的でしかないことを見抜く。

しかし、さらにいえば、「観察者」にとってはそれが「人間の身体」であることも、確実なこととはいえない。サルトルは、『存在と無』の第三部「まなざし」の章で、目の前の人間が「人間である」ということは無限に蓋然的なことである、と言う。

「私の知覚している通行人が、一人の人間であって、人間そっくりのロボットではないということは、無限に蓋然的 probable である」（*EN* 310／I・一七九）。

人間の身体を「人間ではない」ものとして見るまなざしは、サルトルの初期作品に多く登場する。『エロストラート』の主人公はビルの七階の窓から「人間ども」を見下ろし、蟻として見る。『嘔吐』では、鏡をのぞき込んだロカンタンは、自分の顔、鼻や眼や口が、「なんの意味も持っていない」こと、「人間的な表情さえもない」と感じる。長時間見ていると、自分の顔は「猿以下のもの、植物界とすれすれのもの、ヒドロ虫類の水準にあるもの」として見えてくる。そこにあるのは、いわば「魔術が解かれた」観察者のまなざしである。そうした観察者の目には、「人間」が解体された世界、硬質の非人間的世界が広がることになる。

こうした「観察者」のまなざしは、「病理的態度（たとえば離人症）」に通じるものでもあって（*CRD* 182／I・一一三）そうした態度にあっては、「人間がまるで異種族の代表者のようにあらわれてくる」（*Ibid.*）わけである。

ロボットをまねる人間

ところで、「ボーイがボーイを演じている」というサルトルは、同時に、ボーイがロボットを「真似て」いる、といっている。

「彼はその歩き方の中で、何かしらロボット automate のようなぎこちない几帳面さをまねようと

imiterしながら、軽業師のような身軽さでお盆を運んでくる。（……）彼は自分の運動を、たがいに働きあって回転するメカニズムのように、つぎからつぎへと結びあわせようとして、一身になっている。彼の表情や声までがメカニズムのように思われる」（*EN* 98-99／Ⅰ・一七七）。

すなわち、ボーイは単にボーイであろうとするのではなく、「機械的に」ボーイであろうとする。それは彼が、ボーイであるということに「モノ」としての性格を与えようとしていることである。自己欺瞞とは、超越である人間が、そのことから逃避するために、自己をモノに〈似せる〉ことである。絶えず自己を逃れていくあり方、不安定な、裂け目を含んだ「超越」としてのあり方が、彼を不安に陥れるからである。ボーイはロボット〈になろう〉とし、自己をロボットとして〈作ろう〉としている。が、そのことによって、彼は、自己の存在の内奥に潜む裂け目を〈繕おう〉としているのである。その意味では、ボーイは、ボーイ〈である〉ことを演じていたと同時に、モノ〈である〉ことを演じていたのである。

したがって、「魔術」とは、先にみたようにモノに精神の性格を帯びさせることであるだけでなく、逆に精神にモノの性格を帯びさせることでもあるのである。人間にモノとしての性格を与えようとする人間の自己欺瞞的態度を、サルトルは『ユダヤ人』において、人間の「不浸透性に対する郷愁」（*RQJ* 63／一六）と呼び、こう言っている。

「石のような不変性にひかれる人々がある。重厚で、踏み込む隙を与えず、変化を嫌う。変化などしたら、どうなることかわからないと考える。それは、自己に対する生まれつきの恐怖であり、真理に対する恐れである」（*Ibid.*）。

だが、ここでわれわれは、ボーイが真似ようとしていたのが、「石」ではなく「ロボット」である、ということに注意しなければならない。というのも、ロボットとはそもそも、単なるモノではなく、「人間を真似たモノ」だからである。例えば「アンドロイド」という言葉は、「人間（アンドロス）に似たもの（オイド）」という意味である。つまり、人間を演じるモノがロボットだとすると、ロボットを演じる人間とは、人間を演じるモノを演じる人間である、ということになる。ここには、人間とモノとの魔術的結合が持つ、循環的構造がある。

魔術から実践的惰性態へ

初期サルトルが繰り返し考察する精神とモノの「魔術的」結合は、『弁証法的理性批判』における「実践的惰性態」という概念につながっていく。実践的惰性態とは、人間の実践が惰性（モノの性格）を帯びることであり、同時に、物質が実践の性格を帯びることである。

ところで、『弁証法的理性批判』には、サルトルがロボットに言及した重要な箇所がある。

「人間の客観化とは刻印された惰性態である。したがって、のりこえられた客観化——実践的人間がそこに自分の本質を見るかぎり——とは、けっきょくはロボットである。われわれの記述するこの奇妙な世界においては、ロボットこそ人間の本質である。というのは、人間はなるほど未来にむかっては自由に自分をのりこえるけれども、一たん自分の過去の方にふりむくや否や、自分をロボットと考える、ということだ。人間は惰性態にもとづいて自己を習得するのであり、したがって、人間はまだまったく疎外のはじまらぬうちにもう自分の物化された像の犠牲となっているわけである」（*CRD* 158-159／I・七八、傍点引用者）。

刻印された惰性態、すなわち精神の性質を与えられたモノとはロボットである。ロボットとは、「人間を真似て」作られたモノ（アンドロイド）だからである。ところが、人間はそのモノにもとづいて自己を習得する。つまり「ロボットを真似て」自らを作る。

オリジナル（本もの）とコピー（似せもの）の関係については、常識的には「オリジナルはコピーに先立つ」と言える。したがって、「人間はロボットに先立つ」はずなのである。ところが、人間がロボットを真似る場合には「ロボットは人間に先立つ」ということになってしまう。これが、「奇妙な世界」における転倒である。さらにいえば、ロボットは人間の本質なのであるから、これは「本質が実存に先立つ」という事態であるとも言える。サルトルは、「実存主義とはヒューマニズムである」において「実存は本質に先立つ」と主張し、「人間は自ら作る se faire（になる）ところのもの以外のなにものでもない」（*EH* 30／四二）と言ったが、この場合、人間は、すでにあらかじめ「作られて」いる、ということになる。

「実存主義は本質の先天的存在を否定する。今になって、本質が先天的に存在すること、それはわれわれの受動的存在の先天的性格であることを承認しなくてはならないのであろうか。（……）ところで、人はブルジョアになるのだ、ということは疑いない。この場合、活動性の各契機はブルジョア化である。しかし、ブルジョアになるためにはブルジョアであらねばならぬ」（*CRD* 289／I・二七六）。

これは例えば、カフェのボーイは、ボーイであることを演じるわけだが、彼が演じる役はあらかじめ決まっているのであり、彼は「ボーイを」演じるしかない、ということである。そのことを、サルトルはすでに『存在と無』の「事実性」に関する箇所で論じている。

「もし私が、キャフェのボーイであらんがために、それであることを演じるべきであるならば、少なくとも私は、外交官や船員を演じたところでむだであろう。（……）対自は、自己の状況の意味を選び、状況のうちにみずから自己を自己自身の根拠として構成しはするものの、自己の境遇を選ぶことをしないわけである。（……）事実性をもたないならば、意識は、人々が《共和国》において自分たちの身分を選ぶようなしかたで、その世界との結びつきを選ぶこともできるであろう。私は《労働者に生まれる》ように、あるいは《ブルジョアに生まれる》ように私を決定することもできるであろう」（*EN* 126／I・二二八）。

「魔術」という言葉を用いてこのことを言い直してみよう。サルトルによると、ボーイは、自己の身体という「モノ」とボーイ「本人」との魔術的な結びつきをうち立てる。彼は「魔法使い」であると言われていた。だが同時に、彼はすでに魔術的な関係がうち立てられた世界の中に生まれる。いわば彼はすでに魔法をかけられた魔法使いなのである。『存在と無』において、サルトルは「自己欺瞞」に関してこう言っている。

「われわれは眠りにおちいるようなぐあいに自己欺瞞におちいるのであり、夢見るようなぐあいに自己欺瞞であるのである。ひとたびかかるありかたが実現されると、そこから抜け出すことは目をさますのが困難であると同様に、困難である」（*EN* 109／I・一九七）。

つまり、この魔法は、自ら「かける」ものであると同時に「かけられる」ものでもある。この両義的な性格をもった魔術を「解く」ことこそが、『弁証法的理性批判』の課題であったと言えるのであり、しかも、ロボットというテーマに従ってわれわれが見てきたように、そのことはサルトルがごく初期から追求していた課題であったともいえるのである。

＊サルトルの著作からの引用は、以下の略号で示し、原書／邦訳の順でページ数を付記した。
TE：*La Transcendance de l'ego*, Vrin, 1985（1936）、「自我の超越」竹内芳郎訳、『自我の超越　情動論素描』人文書院、二〇〇〇年
EE：*Esquisse d'une théorie des émotions*, Hermann, 1965（1939）、「情動論素描」竹内芳郎訳、『自我の超越　情動論素描』、人文書院、二〇〇〇年
PO：«Portraits officiels», in M. Contat et M. Rybalka, *Les Écrits de Sartre*, Gallimard, 1970（1939）、「偉人の肖像」石崎晴己訳、『実存主義とは何か』、人文書院、一九九六年
V：«Visages», in M. Contat et M. Rybalka, *Les Écrits de Sartre*, Gallimard, 1970（1939）、「顔」石崎晴己訳、『実存主義とは何か』、人文書院、一九九六年
RQJ：*Réflexions sur la question juive*, Gallimard, 1985（1946）、『ユダヤ人』安堂信也訳、岩波新書、一九五六年
EH：*L'Existentialisme est un humanisme*, Gallimard, 1996（1946）、「実存主義とはヒューマニズムである」伊吹武彦訳、『実存主義とは何か』、人文書院、一九九六年

他者との関係としての言語

——サルトルとレヴィナス

小松学

近年のサルトル研究において「贈与」や「ジェネロジテ」と並ぶキーワードとされているのは「相互性 réciprocité」である。未完に終わったサルトルの倫理学の有効性が実証され、いまだ批判の的となる「人間中心主義」や「コギトの哲学」というレッテルが返上され、その思想的営為が不当な冷遇を脱して正当に評価されるようになるためには「相互性の回復」が不可欠の条件となる、という認識は、現在の研究の場においては大勢を占めているように思われる。この事情は、その議論そのものの脆弱さ、あるいは同時代の（すなわちソシュール以降の）哲学者のそれに比しての古さ・素朴さを主な理由に、いまだまとまったかたちで研究がなされていない彼の言語論——「対他存在」としての言語論——と、それを介しての他者関係論に関しても同様であろうと思われる。その一方で、ベルナール＝アンリ・レヴィが『サルトルの世紀』において、ポスト構造主義の「反‐ヒューマニズム」的な思想潮流の原点として前期の「正しい」サルトルを称揚して物議を醸したこともあって、少々大げさに言うなら、今や「新たなサルトル像」を模索する研究者にとって、ややもすれば前期か後期かという立場表明は避けて通れない関門である、という観さえある。

しかし、事態はもっと複雑なのではないだろうか。安易に「前期の」サルトルと「後期の」サルトルの間に切断線を引き、単純に一方の優位を強調し他方を切り捨てるような態度をとることについては出来うる限り慎重になって然るべきではないだろうか。はたして相互性というキーワードの重要性が示しているのは、サルトルは『存在と無』におけるような相克としての他者関係をのちに誤りとして放棄した、ということなのだろうか。例えば、言語論に関しては、立川健二が『誘惑論』(新曜社ノマド叢書、一九九一年)において『存在と無』に見られるサルトルの言語観を、言語行為を非対称的な位置関係にある他者とのコミュニケーション行為であるところの「誘惑」として捉えた嚆矢であるとして評価しているが、このような評価はサルトル自身の望まざるところだったのであろうか。初期の作品において強調されているような、他者との関係における自他相互のある種の通約不可能性は彼にとって、相互性の回復のために乗り越えるべき障碍に過ぎなかったのであろうか。むしろ彼はこの根源的疎外を不可避の条件として引き受けた上での他者たちとの可能な相互的関係のあり方を模索していったのではなかろうか。

サルトルと同様、他者との関係をその等質性・共同性においてではなく両者のあいだの埋めがたい距離から捉え、しばしサルトルとも関連付けて語られるレヴィナスの他者論においては、自他の関係は同じく非対称であるとはいえその位置関係は全く異なるものである。両者の他者論はしばしば「まなざしの相克による他者の拒否」対「〈顔 Visage〉としての他者の尊重」という対立の構図においても語られるものの、自他相互の等質性に基づくものとして他者関係を論じる、いわば融和的なタイプの他者論に対して批判的であるという点では一致するこの両者の議論は、実のところ、同じ事態についての表現の裏表なのではないだろうか？　両者の関係についての考察は、前述のとおり他者との対立か友好かの何れか一方を強調するためではないしかたで、その遠さ、あるいは近さにおいてだけ論ずるのではなく同時にその双方について目配せしつつ立体的になされるべきではないのだろうか?

本稿はこのような観点から出発して、同様にそれがまず他者との関係であるとする点において相通ずるサルトルの言語論と『全体性と無限』におけるレヴィナスの言語論とを対比することで（あえて言うなら、主に「前期」に比重を置きつつ）サルトルが構想した、もしくは構想しえたコミュニケーションの特色および問題点について概論することを目的とするものである。

「誘惑」としてのサルトルの言語論

前述した通り、立川健二の『誘惑論』はサルトルの言語論に対して肯定的評価を与える数少ない例の一つであるが、同書において彼は、ソシュール以降の言語学における言語行為の主体が、完成したラングの共時態に従って「聴く立場」に基づいていることに対し、「恋愛」の体験をモデルとした新たな立場を表明する。恋する人は常に、恋する相手の発する言葉や身振りが何を意味しているのかという不安のうちにある。しかし彼／彼女が相手の「真意」を確実に読み取れる保証はどこにもないのである。

こうしたメッセージの誤読・誤配や常なる断絶の可能性が織りなす、不安定な関係である他者との対話において可能なものとされるのが「誘惑」としての言語行為である。「誘惑」とは自己の所属する小さな共同体におけるコミュニケーション（すなわち既定の言語ゲームへの参加であり役割への自己欺瞞的な同化）を脱して、自らリスクを負いつつ個別の他者との新たな関係を創出しようとする試みである。「恋愛をしていない人間は、すなわち死んだ人間である。（……）恋愛の能力をそなえた主体は（……）かぎりない挫折と滑稽さを承知のうえで、《他なるもの》に生き生きとかかわっていく。だから、われわれが恋愛という体験を特権化するのは、このような「オープン・システム」としての主体のあり方を照らしだそうとするためなのである。意味と言語の受難《パッシオン》の体験としての恋愛のさなかで、主体は「オープン・システム」としての自己を露呈する。生きているということは、まさに恋しているということであり、はざまで動いているということなのだ。そして、恋しているというのは、受動的に相手の発する記号の意味を読みとることではなく、積極的に相手を誘惑することにほかならない。だから、ひとは、恋愛しているかぎりにおいてしか、他者を誘惑しているかぎりにおいてしか、生きているとはいえないのだ。オナニスム、あるいは自己差異化的な運動のなかには、生はないのだ」（『誘惑論』五八—五九、傍点引用者）。

「誘惑」する人は、相手の言葉を従属的に「聴く立場」を脱して自らリスクを負いつつ他者に語りかけ、その言葉や身振りによって能動的に他者とのあらたな関係を創出しようとする。そして、立川がこうした誘惑としての言語行為の可能性を開いた最初の例として挙げるのがサルトルの言語論なのである。周知のとおりサルトルは『存在と無』の「他者との具体的な諸関係」の章において「他者に対する第一の態度」のひとつとして恋愛及び言語を挙げ、「誘惑としての表現上の試みは言語の根本的様相の一つである」と言う。

「言語は、根源的に、「対他‐存在」である。いいかえれば、言語は、一つの主観性が他人にとって対象として体験されるという事実である。（……）言語は、根源的に、他の一つの主観との何らかの関係を前提とするからである。（……）それゆえ、言語は他者の存在の承認と別のことではない」（*EN* 441‐442／七二四—五）。

ここでいう言語とは狭義の言語表現に限らず、表現・表出一般を指すが、こうした言語を通しての

「誘惑」とは、まなざしによって顕示される他者の自由に対して自らの自由を一旦留保し、一つの逃亡を演じてみせることで自由な限りの他者のうちに自らを取り戻さんとする試みである。この試みが日常的なコミュニケーション、すなわち既存の言語体系を自明のものとしてある役割を自己欺瞞的に演じることと一線を画すのは、私が自らの言葉について、それが他者に対してどんな意味をもって伝わっているのか、そもそも伝わっているのかどうかをすら知ることがないという点にある。それは確定したコードの中に自己を定位することではなく、自らの対他存在（すなわち他者の前での「私」という主体）を他者の自由＝欲求（まなざし）に対して「溢るる寛大さにおいて」「惜しみなく」与えること（*Ibid*.439-440／七二二）であり、自ら「私」という主体そのものを無意味さと関係の不成立の可能性に晒すリスクを負うことで積極的に他者との関係を創出しようとする行為である。

サルトル自身は（少なくとも『存在と無』のうちでは）このような関係は「他有化された自由」の矛盾ゆえに挫折する運命にあるものとしたが、ともあれ立川は、サルトルの言語観がまず「言語としての主体」による「語る立場」の言語論であるということを明確に指摘している。こうした立川のいうところの「誘惑」とは、それがいかに普段親しい者であれ、あらゆる他者のうちに潜んでいる根源的な他者性、すなわち他者との関係につねに付き纏う断絶及び誤解とその不安の表現であり、そうした条件に対して唯一可能な能動的言語行為であるといえる。そしてそれはサルトルの言語論の独自性、すなわち私と同じく自由であるところの、他者のまなざしによる関与なしには成立しない「対他存在としての」他者関係論に多くを負っているといえるのではなかろうか。

いる。そもそもレヴィナスは、「他者」を論ずるにあたり、旧来のあらゆる学問的方法を批判するところから出発している。『全体性と無限』によれば、〈自我〉としての人間の核心にあるのは〈他〉Autroを対象化して〈同〉le mêmeのうちに回収しようと欲する自己保存の作用であり、そこにおいては存在論的な関係に対し価値的な関係が先行している。そしてレヴィナスは学問的にも日常的にも、「私」が他なるものを対象化しそこに能動的に働きかけること一般がすでにして〈同〉の自己同定[1]による侵犯であることを厳しく批判して、〈他〉との正当な関係を回復すべく、第一哲学として形而上学に先行する倫理学、すなわち学問＝真理の前提としての倫理＝正義を構築しようと試みたのであった。

レヴィナスの他者論——他性への可能な通路としての言語

一方それに対して、同じく他者関係として論じられるレヴィナスの言語論はまったく事情が異なって〈同〉に対する絶対的な〈他〉として、倫理の源泉となるのは〈顔〉Visageとして私の前に現れる個別の他者である。それはすべての対象化・我有化に抗う「貧者、異邦人、寡婦、孤児」としての他者のまなざしでありすなわち「汝殺す勿れ」という「呼びかけ」である。サルトルのまなざし論同様、〈顔〉のまなざしによる審問は一個の対象としての私を顕わにする。しかしながら、逆に他者にまなざしを向け返することはすでにして自己同定の契機であり、すなわち（レヴィナス自身はしていない言い回しだが）独我論の端緒であるがゆえに、それは他者との関係としては不適切でかつ不可能なものとされる。〈他〉は常に〈同〉から分離されている。このような〈同〉の働きに還元されることのない、他者との可能な関係としてレヴィナスが取り上げるのが、言語的な関係、言説discoursである。

「〈他人〉を知り〈他人〉に到達したいという大いなる希求は、言語の関係のうちに宿った他者との関係において成就される。言語の関係は召喚、呼格をその本質的要素としている。（……）召喚された途端、他人は異質なものとして維持され是認される。把持され、傷つけられ、凌辱されると同時に、他人は「尊重」される。召喚された者は私によって了解されるのではない。つまり、彼は範疇には組み込まれないのである。彼は自己にしか準拠しておらず、それゆえ、これこれのものとして同定されることはない」(*TI* 41／九一―九二)。

「言説は自我と〈他者〉との隔たり、根底的分離を維持する。（……）このような根底的分離を維持するがゆえにこそ、言説は自我の実存の自我中心性を放棄することができない。とはいえ、会話を交わすという事態そのものはというと、それは自我中心性に対して他者が有する権利を認め、それによって自己を正当化することである。弁明とは自我が超越者を前にして自己肯定すると同時に屈服することであり、言説の本質のうちにはこのような弁明が存している。あとでみるように、言説は善良さに逢着し、この善良さが言説に意味をもたらすのだが、弁明という契機は、言説の到達点たる善良さにおいても失われることがない」(*Ibid.* 10／四一―四二)。

対面の場において他者は、私に世界について、時に他者自身について、それらを主題として語る。それを聞くとき私が対象化するのは他者自身ではなくその人に語られたこと、その言説であって、私がそれに応答し、時に問い返すのもまた主題化されたその言説についてである。言語が他者への通路となりうるのは、主題化されたものとしての言説を介することで他者そのものを直接対象化することなくコミュニケーションが可能となるためである、とレヴィナスは言う。

この関係のモデルとなるのは師による「教え enseignement」である。弟子たる「私」は師である他者の言葉（師の言説）を疑うことができないが、師が語ることによって師に語られた主題およびその背後に立ち現れる語る師へと方向付けられ、晴れて彼に対して疑問や意見をもって応答することが可能となるのである。

「発語は師の教えたることを本質としている。発語は何よりもまずこの教えそのものを教えるのであり、この最初の教えがあってはじめて、発語は諸事物や諸観念を教える。……つまり、師は私に対して諸観念を提起する。つまり、師は諸観念を問題たらしめるのだが、私はこのような師から諸観念を学ぶ。対象の認識の到達点である客観的対象化と主題にしてからがすでに教えに立脚している」(*Ibid.* 41／九二―九三)。

他者に対して(それが可能であろうとなかろうと)何らかの操作をしようと試みることは他者の対象化であり侵害であって、誠実な対応とはいえない。顔を感じさせる他者に対して語るとき、私は常に他者からの審問を受け、他者に対する無限の責任を負わされている。このような他者に対して語ることは、嘘偽りや虚飾を廃した誠実な「弁明 aplogie」としてのみ可能になる。ここでもし、他者の反応について何らかの予見を持ち、また他者の反応について何らかの期待をすることがあれば、それは即座に他者を対象化することにつながる。レヴィナスはこうした言説を、「レトリック」であり他者に対して取るべき態度ではないものとして厳しく批判する。

「レトリックは手を尽くして〈他者〉へと赴き、〈他者〉が諾《ウィ》の言葉を口にするよう懇願する(……)レトリック(プロパガンダ、追従、外交辞令)特有の本性は〈他者〉が有する返答の自由を買収することである。それがために、レトリックは暴力の最たるもの、言い換えるなら不正なのだ」(*Ibid.* 42／九四)。

先程見たサルトルの「誘惑」などは、いかにその成否を捨象しているにせよ、あつらえたようにこの「レトリック」の定義に当てはまる。そして当然のことながらレヴィナスからすればそのような言語観は承服しがたいものであろう。

ところでレヴィナスは、他者の〈顔〉が私に対して現れること、それはこの私が〈顔〉によって選ばれているという事実であり、それは「ひとつの特権」ですらあるという。しかしながらここまでの記述に見られるようなストイックなまでの他者への献身を見ている限りでは私が根底において「善そのもの」の価値を無条件に認めでもしない限り、私が身に負うのは特権どころかむしろ受難と表現すべきではないかという気すらしてくる。レヴィナスは、他者関係における相互性いっさいを拒否しているのであろうか？

「諸観念間の「コミュニケーション」、すなわち対話の相互性にしてからがすでに言語の奥深い本質を覆い隠している。言語の奥深い本質は〈自我〉と〈他人〉の関係の不可逆性のうちに、〈師〉による〈教誡〉のうちに存しており、〈師〉とは〈他人〉であること、外的なものであることにほかならない。事実、対話者が自らの言説の端緒である場合にのみ、したがって、対話者が体系の彼方にとどまり私とは同一平面にいない場合にのみ、言語は語られうる。対話者は〈きみ〉ではなく〈貴殿〉である。師としてのその権威のうちに、対話者は顕現する。こうして私の自由は〈師〉によって審問されるのだが、私の自由を私に授与しうるのもこの〈師〉である。〈師〉とのこのような連関によって、自由の至高の遂行としての真理が可能になるのだ」（*Ibid.* 75／一四七）。

もちろんレヴィナスにとっても対話による関係は双方向的なものである。しかしながら「顔」によって端的に表される他者の「高さ haut」は他者関係そのものの不可欠な前提であり、それは私の倫理的対応によってのみ維持される。この条件を外れた時点で、すなわち倫理的でない対応を取った時点で、（具体的にはレトリックに走ったり他者の教えを疑ったりした時点で）対話の関係項である超越としての他性は内在性に、即ち〈同〉の中へと崩れ去ってしまうであろう。ようするに、レヴィナスにおいて私と〈他人〉との非対称性はつねに一定方向に固定されており、その条件のもとにおいてのみ相互的な関係が可能になるとされている。なぜなら、この非対称性が自他相互において同じ条件であるとするならば、その時点で〈他人〉は交換可能な同等者として〈同〉のシステムに組み込まれ、原理的に「〈他〉を論じる」ことが不可能となってしまうからである（これは彼が他者の他性に対するあらゆる侵害を避け、あくまで「倫理的」に〈他〉を論ずるためにどれほど心を砕いていたかの証左であるといえる）。

こうしたレヴィナスの言語論は、あらゆる侵害の可能性をも避けて他者を尊重し、その距離を安易に埋めることなく、その分離を保ったままに実践的関係をもつための方法であり、更には学問的真理そのものの根拠でもあった[2]。しかし一方で、私との具体的関係における他者が、時として私に対するある種の脅威として、私の自由を脅かすものとして、あるいは私との関係を拒否するものとして現れることがあるのもまた厳然たる事実であり、私に対して「教え」を垂れることのないそのような他者の出現に対してなおわれわれには「倫理的に」振る舞う以外に道はないのだろうか。また、もし他者があたかも猫のように、時として私にいっさい関心を示すことがないとすれば、私から他者へと関わる道が開かれることは望むべくもないことなのだろうか。

サルトル言語論の展開——誘惑から相互性へ

『存在と無』における対他存在としての言語に関する記述以降、サルトルがまとまったかたちで言語そのものについて論じることがなかったのは周知の事実であるが、サルトルの言語観のいくぶんかを垣間見せる記述は『文学とは何か』や『作家とその言語』などに散見される。が、そうした記述はあくまで文学論の範疇で語られたものであって、いうなればサルトルの関心は、「言語とは何か」という問題よりも「何が言語によってなさうれるか」という点に集中していたと言える。とはいえそのように個別的実践のレベルにおける行為としての言語論、「語る主体としての言語」論は、理論として不完全であるとはいえ他者関係のある相を的確に示す興味深いものといえるのではないだろうか。

「他者」を論ずるにあたってサルトルが独我論を批判し、他者を（対象化されるものとしての）一段レベルの低い自由ではなく、私と同様に自由であるものとして立て、さらに言語が根源的に対他存在である、というとき、それらが矛盾なく全うされるためには他者に対するある倫理的な態度が要請される。なぜなら、他者の自由をただ私の外部に承認するだけの、または他有化される前にそれを我有化しようと企てる段階に留まっているかぎりでは、対自の自由はいつまた独我論と自己欺瞞、およびそれらの挫折という終わりのないサイクルに送り返されるとも知れないからである。より具体的な他者との関係を求めて、サルトルは自由の相克をひとつの契機として倫理的なコミュニケーション（＝交通《インターコース》）への道を模索していくこととなる。

そのための具体的方法としてサルトルが取り上げたのが文学論であった。『文学とは何か』においてサルトルは作家による文学的創造を読者なしには成立し得ないコミュニケーションの一形態として論じた。

「あらゆる文学作品は呼びかけである。書くとは、言語を手段として私が企てた発見（開示）を客観的な存在にしてくれるように、読者に呼びかけることである」（QL 96／五五）。

言語によって表現すること（文学においては作家が書くこと）は受け取り手としての他者を必要とする。文学的創作は対象としての作品を介した他者の自由への「呼びかけ appel」であり、作品は読者が読む自由を持ってこの呼びかけに応答すること、すなわち能動的行為としての「読書」によって完成するとされる。こうした「読者」の観点の導入は当時の文学理論における『文学とは何か』の画期的な点であるが、このことによって作家にとって書くという言語行為は作家自身のための自己目的的な創作、あるいは一方的な読者への「誘惑」から、他者の自由による応答を不可欠のものとする双方向的な関係となったのである。

この「呼びかけ」による自由の相互承認の成立は、自由そのものによる存在論的欲望の断念と倫理的＝相互的関係の回復であり戦後サルトルが構想した倫理学の根幹にあるものとみなされている。

しかしながら、この自由の相互承認によって、他者との相克は解除されそこに安定した関係が成立しうるのだろうか。少なくともサルトルは『文学とは何か』の時点では、非対称性の完全な解除としての相互性の回復を志向してはいなかったのではないか（その点レヴィナスにおいては、そもそも言語が他者の〈顔〉の呼びかけに起因するものなので倫理的要請に基づく他者への誠実な応答が対話においての相互性を保証する）。

ここで注目しておきたいのは他者論における「語る主体」のあり方の問題である。『自我の超越』以来サルトルは一貫して「私」の自明性に疑義を呈してきたが、言語に関する問題においても主体である「私」は自明のものとしてではなく、そのつどの言語行為において構成されるべきものだったのではないだろうか。

そもそも日常的な了解に基づく会話は対自が自らの自由から逃れるべく演じる役割の間で成立する、自己欺瞞的なものであった。そこに更に他者のまなざしが現れ、私があらぬところのものとして対象化され顕わにされる危機にさらされたとき、自ら他者に働きかけることでその脅威を回避しようとする試みが「誘惑」であった。誘惑は他者の自由を前にして、他有化および自己の自由を避けるため、他者へ向かって逃亡を演じることであり、それに魅惑された他者に自らの存在を取り戻させようとすること、すなわち他者の自由を認めつつその自由を（自由のままに、という不可能なあり方で）わたしの自由に差し向けようとすることであった。

ここまでの主体の振る舞いはあくまで存在論的な条件に基づくものであり、いわば前倫理的な様態であったといえよう。それに対して、言語による呼びかけは自由である限りの他者の自由を要求する。私は私の対他存在である表現を他者の前で引き受け、状況へと積極的に自己拘束《アンガジェ》することで他者へ私の対他存在（身体および言語）を贈与する。ここでは応答の可否は他者にゆだねられており、語る主体はこの関係の不確定を前提として他者に相互承認を求めるのである。このような「語る主体」においても、レヴィナスにとって表現を繕うことはすなわち他者を操作し対象化しようとする行為であり、非倫理的行為としての「レトリック」である。一方でサルトルにとっては、表現は自らの自由の承認・私の超越とともに超越してくれるようにとの「呼びかけ」であり、解釈（あるいは誤読または無視）の権利が他者にある以上、私の意図の如何に関わらずそれは必然的なものとなる（そもそも対他存在が不可避のものであるため）である。語る主体は「見られる／読まれる」もの、すなわち対他存在としての言語＝身体と、それに対する応答としての他者の解釈する自由を引き受ける。こうした「呼びかけ」の根底にあるとされるジェネロジテが最高次の自由の発現としての自由の放棄であるとするなら、呼びかけるとは他者の前で言語表現や身体表現を引き受け、それを誤解、あるいは無視する可能性でもある他者の自由へと贈与することで、常に能動性の限りにおいて受動的に(3)表現として存在することを、あるいは表現を演じることを、自ら選択し続けることではないだろうか。

当初、他者の自由の「武装解除」の試みであった「誘惑」としての言語行為は、他者の前での自己の自由の留保＝贈与としての「呼びかけ」と、自発的に対他存在を身に引き受けるアンガジュマンを備えた行為として行われることで、それは自由の相互容認としてのコミュニケーションと倫理性の成立根拠となりうる。ただしそれは自他が同質者として安定した関係を築くのではなく、根源において互いの外部性と不安定さを前提とする「誘惑」でありつつも、そのつど言語としての「私」として状況へと自己拘束《アンガジェ》することで他者と「倫理的に」向き合おうと行われる断続的な関係創出の試みなのである。

結論

サルトルが他者を存在論的な次元においてとらえ、その「まなざし」による対象化―被対象化の相克関係を逃れられない「根源的疎外」であると見るのに対し、レヴィナスは他者の他性を全体化できない超越として見る。コミュニケーションに関する両者の議論は各々まったく異なった点から出発しながらも、ここまで見てきた限りにおいても多くの共通点を持っている。代表的なものとしては「もっぱら間主観的な発話 la parole もしくは言説としての言語を問題としていること」「対面の関係……他者のまなざしを感じる場において関係が発生すること」「他者そのもの／他者の対自は関係の中で、関係の彼方にある不可侵なものとして顕示されること」「他者の優位（関係の成否および意味の創出・解釈の自由における）の尊重（侵害・束縛の禁止）」「対話において発話者（私）がメッセージの到達を直接確認できないこと」「呼びかけ／応答という根源的なモチーフ」などが挙げられるだろう。とはいえ、他者の他性に対する侵害を厳密に戒める態度から論じられるレヴィナスの言語論に比して、サルトルの言語論には問題点も多い。たとえばまず、従来から指摘されている、狭義の「言語論」としての曖昧さに対する批判は免れえないものである。言語を手段であり身体の延長である対他存在の側面からのみ捉え、体系として包括的に議論することがなかった彼の言語論は、それ単体で言語に関する諸問題に答えるためにはあまりに脆弱なものといわざるを得ない。ただ、言語を「語る主体」の対他存在そのものとして論じているといった独創的な点は、立川の注目したように「語る主体」の言語論において新たな展開を導く糸口となりうるのではないだろうか(4)。

また、サルトルは『文学とは何か』以降、文学的な言語行為を特権化する一方で、一般的なコミュニケーションを軽視し、というよりむしろ問題の俎上に上げることもなかったのも大きな問題だと考えられる。確かに、普遍的読者に対する呼びかけである文学的実践は世界の状況に変化をもたらそうとすることに直結するものであり、知識人を以って自認するサルトルの立場からすれば重大な課題であったことは理解に難くない。とはいえ、日常的な言語的コミュニケーションにおいてわれわれは常に常套句による、「不十分な」関係の中にしかありえないのであろうか。前述のとおり「言語とは何か」というラディカルな問いを立てなかったサルトルが、「呼びかけとしての文学」といったテーマと日常的言語の関係をどのように考えていたか、といった問題については改めて論じられるべきであろう。

両者の言語論は、他者との十全な（すなわち等質者間相互の）関係の不可能性、ある意味での接触不可能性を前提としつつ、他者の自由の尊重としての（サルトルにおいては広義の）言語的コミュニケーションによってのみ他者との関係が開始されるという点では一致しているものの、他者の他性の解消を暴力的なものとみなし、あらゆる他者の対象化を非倫理的として退けるレヴィナスにとっては、能動的な他者への「呼びかけ」を私が発することすら認められるものではなく、必然的に他者との言語的コミユニケーションはひたすら受動的なものとしてしか、いわば「語られる立場」においてしか成立し得ない。

それに対してサルトルにとって、コミュニケーションの不完全性ゆえの「相克」状態は存在論的な事実性であり、他者との相互的な関係の試みにおいてすら抜き取りがたい条件であるため、われわれにとって可能なのはそれをそれと知りつつ引き受けることしかない。やはりそれらは実践のレベルに至って相容れないものであり、依然としてレヴィナスにとってサルトル的なコミュニケーションは超越性としての「他者」に相応しいものたりえない。そしてそれはサルトルの実践的行為としての言語論にとって、他者へのある種の暴力性が常に抜き取りがたいものであることを暗に示しているともいえよう。

とはいえ、逆にいうならば、それゆえにサルトル的なコミュニケーションはレヴィナスの想定の外にある他者のあり方、即ち私に語りかけない者、私を欺く者たちとの間に何らかの相互的な回路を開きうる可能性をもつといえるのではないだろうか。たとえばジュネやボードレールなど、彼が実存的精神分析の対象として強い思い入れを抱いていた「欠如者」たち、「悪」の烙印を押され自らが「他者」として言語共同体からも排除される側にいる人間が「まともな」人々に語りかけること、それを唯一可能にしうるのが「誘惑」と呼ばれるような言語行為なのではないか。このように、コミュニケーション一般における困難（あるいは不可能性）と「私」という主体のあやうさを敢えて受け入れた上で、なお他者との関係を模索するサルトルの言語論は、相互理解がいまだ成立していない他者との交通の可能性を開く可能性という点で未だアクチュアリティをもつのではないか。そして「誘惑」という観点から明らかにされるようなサルトルの他者関係へのまなざしは一貫したものであり、それを巡るサルトル自身の変遷のプロセスにおいて論じられることで、読解の行為そのもののうちでその重要性が顕示されるのではないだろうか。

＊本文引用中の略号は以下のテキストを示す。

TI : Emmanuel Levinas, "*Totalité et Infini*", 1961, Kluwer Academic Publishers.／合田正人訳『全体性と無限』国文社、一九八九年。

（1）サルトルの用語に置き換えるならば、対自の存在欲望に基づく対象の我有化に相当すると思われる。*TI* 第一部A-2、三四―四二を参照のこと。

（2）*TI* 一一三―一四七を参照のこと。

（3）「自発性と受動性の不合理な綜合」とは、かつてサルトルが〈魔術的なもの〉を指していった表現（『自我の超越　情動論素描』竹内芳郎訳、人文書院、二〇〇〇年、一六〇頁参照）であるが、呼びかけと魔術性のこの相似は彼の言語論および他者論において少なからず意味深いことだと私には思われる。事実サルトルは同所で魔術的カテゴリーは「社会における人間の相互＝心的な関係を、もっと正確には、私たちの他者知覚を支配するもの」であると述べている。

（4）たとえば、語る主体の物語的同一性を論じたリクールの議論や、サルトル同様に言語と身体が平行関係にあるとしたメルロ＝ポンティの議論との比較・検討などは今後進められるべき研究課題であると考えられる。

「多様性における統一」
――サルトルのポスト・ポストモダン・ユマニスム

北見秀司

「多様性における統一[1]」、これは、ご存知のように、ＥＵ憲法草案中の最も重要な理念のひとつです。域内における言語・文化的多様性を尊重しつつ、しかしながら、かつてのような民族差別、国家間対立、戦争を乗り越え、共同の運命を構築しようというのが、この言葉の意味するところです。

ところで、この「多様性における統一」すなわち多様性を肯定・尊重する社会的統一性という理念は、サルトルにとっても極めて重要であり、彼の倫理の中心的テーマでありました。そして、後期サルトルにおいては、「同等者集団 groupe du Même」がそれを実現する社会形態として考えられていた。しかしながら、今までのサルトル研究においては、この点はあまり指摘されることがなかったように思えます。そこで、これを本稿のテーマとしたい。すなわち、どのようにして、「同等者集団」の形成において「多様性における統一」が実現されるのか？　また、なぜ実現されるのか、そして、そのような社会空間の形成と維持に倫理はどうかかわるのか？　このような問題をサルトルのテクストに即して考えたいと思います。

これらの検討は、ＥＵ憲法草案に多大な影響を与えている新自由主義・経済自由主義とは鋭く異なる思想へと導くでしょう。サルトルの抱く社会像はむしろ今日の「もうひとつのグローバリゼーション」運動が掲げる理想に近いものでしょう。言い換えれば、資本主義もマルクス・レーニン主義も実現しなかった真の民主主義的空間、「来るべき民主主義」の建設が問題なのです。そして、この社会空間を下から支える倫理の考察は、ある種の「ユマニスム」へと導いていく。それは、かつて構造主義やポスト構造主義が行った「ユマニスム＝人間中心主義」批判あるいは脱構築によって崩れることのないユマニスムです。そうではなく、それらの批判あるいは脱構築の後、「来るべき民主主義」の建設のために不可欠とされるユマニスム、しかしながらポストモダン的思想が十分考えるにいたらなかったユマニスムが問題なのです。したがって、このユマニスムをポスト・ポストモダンとでも形容したい。また、このユマニスムは、民主主義の根底にある人権概念、人民主権概念を今後再検討する際、重要な役割を果たすであろうと思えます。

サルトルが序文を寄せた、マオ派の論文集の中に、ジャンという、一九六八年にコントレスセヴィル Contrexéville の工場に「定着した établi」若者のインタヴューがあります。彼はそこで次のような証言をしています。すなわち、そこの工場の労働条件はきわめて劣悪だったが、一種の恐怖政治が敷かれており、建設されて十二年たつが一度もストライキが行われたことがなかった。このような状況下、労働者の間では、さまざまな差別意識が蔓延していた。ところが、労働者がついにストライキを行うべく結集していったとき、つまり、サルトルの用語で言う「溶融状態の集団」が形成されていったとき、これらの差別意識が同時に消えていった。この証言にサルトルは注目し、次のように述べています。

「[集団がまだ形成されていない時──引用者注]ジャンがきわめて適切に指摘しているように、フランス世論研究所(I.F.O.P.)やフランス世論調査会社(S.O.F.R.E.S.)が、この地の労働者にアンケートを取りでもしたら、きっと次のようなイデオロギーに影響された回答を多く受け取ったことだろう。すなわち、人種差別(移民労働者とは何にもできねえ)、周囲の人々への不信(ヴォージュの奴らは百姓だ、奴らには俺たちのことは分からない)、女性蔑視(女は馬鹿すぎる)などといったイデオロギーに影響された多くの回答を。(……)しかし、ある外的な変化が生産に起こり、ある点に関する現在の生産条件を露わにし、労働者の間に、ある特定の具体的で日付のある拒否を引き起こすとき、集列性は集団に変わる。そしてその行動は──多くの場合、言葉で明言されることはないとしても──搾取の徹底的拒否を表している。はじめのうちは、集列的思考が実践的な統一に対立している、分散と集列性が集団の形成に対立するように。集列的思考を議論で反駁しても無駄だろう、というのも、そのような思考は集列的組織から生まれ、それを完璧に表現しているからだ。しかし具体的な行動が統一を要求するや否や、──たとえそれがつかの間のものだろうと──集列的思考はもう現れない、なぜなら集団は集列的に考えることも行動することもできないからだ。ジャンははっきりと示している、人種差別、女性蔑視は行動が始まるや否や消えていくことを。それは、言葉で指摘され、名指され、告発されたからではない、そうした観念が、もはや必要のない分離主義的観念だからである」(Sartre, «Les Maos en France» dans *Sit*, *X* 43-44/三九─四〇)。

ここで注意したいのは、サルトルが、この地での集団形成とそこでの差別意識の消滅を、特殊なケースと考えず、「溶融状態の集団」もしくはより広く「同等者集団」の一般的特徴とみなしていることです。ではなぜこのような集団においては、差別はなくなるのか。すでに引用文中に若干の説明はありますが、この説明を理解するためにも、「集列性」「集団」といったサルトル独特の用語について、更には何よりもまず、サルトルの人間観・自由観について考える必要があります。

まず、サルトルの人間観を表した有名な言葉、「実存は本質に先立つ」という観念が、優れて反人種主義的観念であることを確認しておきましょう。

「実存は本質に先立つ」とは、人間存在は何ものによっても決定されていない、ということを意味しています。言い換えれば、人間は自由であるということです。人間には永遠不変な普遍的な本質はない、普遍的人間概念は存在しないというのが人間存在の特徴である。人間とは何よりもまず運動であり、実践であり、「投企 projet」である。そしてその実践の目的は自己によって選ばれる、というよりもむしろ創られる。人間とは、このように、絶えざる自己創造と同時に世界創造の過程に他ならない。この過程をそのまま受け取るならば、人間を固定した概念や本質で捉える余地はない。以上がサルトルの命題の意味するところです。

ところでベルナール＝アンリ・レヴィは、この命題を、一九六〇年代以降フランス思想界で隆盛を見る「反人間中心主義 anti-humanisme」の先駆けと見なしています。というのも、サルトルの考える人間存在は、「反人間中心主義」の主張に先立って、すでに人間の不変の普遍的本性、人間の本質・アイデンティティーというものを否定しているからです（Bernard-Henri Lévi, Le *Siècle de Sartre*, Grasset, 2000, pp. 250-252）。そして、このような一切の本質の不在は、この命題を必然的に反人種主義的観念ならしめる、とベルナール＝アンリ・レヴィは主張する。なぜなら、およそ人種主義には、人間が個人的ないし集団的アイデンティティー・本質に還元できるという前提があるからです。しかも、その本質は自然なもの・本性に根ざすもの naturel と考えられている（*Ibid.* 396）。たとえば「黒人っていうのはそもそも de par sa nature 怠け者なんだ」というようにです。ところで、サルトルの上記の命題は、この前提を根底から覆す。

「実存は本質に先立つ。本質は存在しない。ならば、どうして、主体はアラブ系移民の子孫だとか、黒人だとかアメリカ人といった本質に還元できるといえるのか？　もう一度言うが、主体の唯一の本質は本質がないことであり、人種などは存在しないのだ」(*Ibid.* 397)。

ベルナール＝アンリ・レヴィのこの解釈は正鵠を得たものと思われます。そして確かに、サルトルいうところの自由が実現されていれば、人は人種・国籍・性別等に還元されえない。しかし、ここに困難な問題が現れる。すなわち、このような自由が社会において常に実現されているか、という問題です。

これに対するサルトルの答えは否定的です。『存在と無』およびその後に書かれ、未完に終わり、その草稿が死後刊行された『道徳論手帳』の中では、このような人間の根源的自由は「自己欺瞞」によって隠蔽されている、と彼は主張している。そして、この「自己欺瞞」が生まれる原因は『手帳』では「疎外」に求められている。この疎外された状況の中では、実存は本質に先立つどころか、「本質が実存に先立つ」(*CM* 214) のです。では「疎外」の起こる原因は何か？　その答えは『手帳』ではまだ十分に明らかにされておらず、後期サルトルの著作『弁証法的理性批判』を待たなければならなかった。したがってわれわれの考察もまた『批判』の疎外論へと赴きます。

『批判』に展開される疎外論はおよそ次のように要約されましょう。まず、複数の人と物がある。人々が何かを生産した後、生産物が生産者の手を離れ、他の生産物との関係に入る、しかし生産者同士は相互に分離している場合、この生産物同士の関係は、生産者の意思から独立した動きをし、彼らにとって

よそよそしいもの étranger になる。自由競争市場はそのいい例です。そこでは商品という生産物同士が交換されるが、その価格は需給関係という、誰の意思からも独立した関係によって決定される。こうして万人のコントロールを逃れる、ある社会関係ができあがる。

ここにおいて、「転倒」が起こります。というのも、人間が生産物の生産物になるからです。市場が人々に要求を課し、それに人は従うしかない。そして従うことで社会的自我が形成されるのです。たとえば、不況下の労働市場では、職を手に入れるには逆ぜりを行わなければならない。一人の秘書を募集して三十人の応募者がいれば、競って自ら安い賃金を提案することもありうるでしょう。競争の中で万人が万人に対して「他者」になり、私は「他者」の「他者」になり、自分自身にとってさえ「他者」になる。しかし、この「他者」に同化することで「社会的自我」が形成される。

サルトルは、このような他者化した社会関係、個人としての他者でなく、万人がそれでありながら、誰一人それでない、社会的次元としての「他者」の領域を「実践的惰性態 pratico-inerte」と呼び、特にその人的側面を「集合態 collectif」あるいは「集列体 série」と呼んでいます。

さて、このような「集列体」においては、人は役割に同化することで社会的存在になります。たとえば、秘書であることで初めて、社会的に存在できる。このように、ここでは、実存と本質の関係が逆転し、「本質が実存に先立つ」のです。実践の創造的自由は果たすべき役割に従属し、「秘書」であろうとする自由、カフェのボーイであろうとする自由に変わる。このようにして、社会的個人としてのアイデンティティーが形成される。つまり、疎外された社会関係の中で、脱構築されたはずの同一性の論理が戻ってくる。

人種主義も、この集列性の次元に位置づけられます。人種差別は植民地体制と密接に結びついている。

この体制が集列的構造を持ち、個々人が分離しており、彼らにとって抵抗できない制度として現れるとき、人々は、この制度が作り上げているマニ教的二分法に従うしかない。人々は、自由な諸個人である前に、まず、原住民か植民者か、「アラブ人」か「フランス人」であるしかないのです（*CRD* 406 sq. note 1 et 795 sq.／Ⅰ・三五二以下、Ⅲ・一七八以下）。「アラブ人」や「フランス人」といった規定を超えた人間などいない。そして、このような植民地体制と結びついた差別意識は本国にも流入する。このような制度に激しく抵抗する、もうひとつの社会関係が築かれない限り、それは浸透しうるのです。とりわけ、公式には人種差別に反対していても、それが資本主義体制に抵抗する人々の団結を不可能にするのに役立つ限りにおいて、そのような思想を黙認している場合には、かつまた、労働者自身は相互に分離し、集列化、「他者」化しており、更に、競争市場の中で潜在的な対立関係になっている場合には、なおさらです。サルトルの先の引用は、このような文脈を踏まえているように思えます。それゆえサルトルは主張する、人種差別の思想は、労働者自身が自分の思考のように語ろうとも、実は外からやってきたのだと（*Sit, X* 42／三九）。

　そして同様のことは、他の、構造的に対立を孕んだ制度に起因する思考にも言える。制度と化したジェンダー体制にあっては、これとは異質の社会関係を作らない限り、人は自由に自己規定を行うことのできる個人である前に、まず「男」か「女」である他ないでしょう。

　このように、人種差別や女性蔑視の前提とするアイデンティティーは、万人にとって「他者」化した集列的制度に由来する。とすれば、どのようにすれば、このような疎外を乗り越えることができるのか。自由な諸個人の連合による自由な共同の実践によってです。このような実践によって制度をコントロールできるようにする、そのことによってです。これこそ「同等者集団」形成の問題です。

まず、「同等者集団」の「同等 Même」は概念的「同一 identique」性を意味しないことを確認しておきましょう（*CRD* 479／Ⅱ・四五）。「同等」は集列体の「他者」性に対立する言葉として使われている。すなわち、集列体においては、万人が自己以外のもの、「他者」になっているのに対し、この「集団」においては、疎外の力が人々の自己組織能力によって弱められ、他者に従うことなく自己決定でき、自律的になっている、すなわち、各人がそれぞれ自分自身になり、それまで抑えられていた創造的自由が解放される、そのような事態をさしているのです。しかも、自律する主体の複数性は還元不可能なものとして肯定されている。それゆえ「同等者集団」とは「複数の自律の集団」と言い換えてもいいでしょう。そして、このようにそれぞれの自由が肯定されるとは、それぞれの個性的な生き方が肯定されることに他ならず、したがって、人々はむしろ似なくなる、とまでサルトルは言っています（«Les Communistes et la Paix» dans *Sit. VI* 202–203.）。

では何が複数の人間をひとつにしているのか。共同の実践です。集列体においては、生産物という実践の結果によって人々が結びつくのに対し、集団においては、生産過程、実践過程において結びつく。ならば共同の実践における人々の絆は何か。各人の自由の相互承認と各人の自由な実践の相互了解である。

では了解とは何か。人間を了解するとは彼の実践を了解することに他ならない、とサルトルは主張します。どのような目的をたて、その目的に向けてどのように与えられた状況を組織するか、この連関が分かったとき、人は彼のことが分かったと思う（*CRD* 118／『方法の問題』一六一）。了解者は、このような了解の構造をはっきりと認識しているとは限らないが、それを生きていることは確かです。

そして、自由な実践同士のこのような了解に基づく同意が共同の実践の基盤にあります。ところで実践とは自由な創造過程に他ならない。それは動くことを止めない。このような動きの中でそれまで動かなかった役割が崩壊し、「性格」や「本性」もまた消えてしまいます。

「黙示状態[2]においては「性格」は存在しない。いつも驚きの連続だ。彼にあんなことができるとは思ってもみなかった、と。(……)性格は制度化した伝統的社会の産物だ。性格すなわち本性」(CM 13-14)。

ここでは、他人の、規制の枠を超えた創造性の発揮に驚くばかりではなく、それまで役割によって抑えられていた自分自身の創造力にも驚くことでしょう(自分にもこんなことができるんだ、と)。このように、自由な実践による創造過程の中に、了解を通じて相互に参入するとき、動くものがまた別の動くものによって、動くものとしてそのまま捉えられ、共感・共鳴しあうとき、不変の本性は消えてしまう。ここで人々が出会うのは、人種・民族・性別・職業に還元できない個々人のそれぞれに特殊な、かけがえのない自由です。裸の自由が裸の自由に出会う、実存が本質を脱ぎ捨て、裸形の実存に出会い、認め合う、そういう社会関係がこうして実現するのです。

さて、ここで次のような疑問が起こるかもしれません。とすれば、「同等者集団」において相互理解しあうのは、人種も民族も性別もない人間同士なのか。そのような諸特性を全く欠いた人間とは、実は全く抽象的な人間ではないか。これに対するサルトルの答えは、自由は常に状況の中にある、という命題に含まれています。サルトルが問題にする自由とは状況の中にある具体的な自由であり、性別や人種や特定の文化・言語・慣習に結びついた自由に他ならず、そのような具体的自由こそが「同等者集団」の中で肯定されるのです。諸個人の自由を具体的に実現するのに必要な限りにおいて、ナショナリズムも、時には人種主義さえ、サルトルは肯定する。たとえば「黒いオルフェ」という論文において、サルトルは、白人植民地主義に抵抗する運動として、黒人の黒人性を讃《たた》えたネグリチュード運動を、「反人種差別的人種主義 racisme antiraciste」（«Orphée noir» dans *Sit, III*, nouvelle éd. 1976, p. 237 et 279.／一六五、一九六）と呼んで応援する。また、スターリニズムに対抗するため、チェコ人が自国の民族文化に依拠することも擁護する（«Le Socialisme qui venait du froid» dans *Sit, IX* 264-266.／二一一―二一二）。さらに、「ブルゴス裁判」では、バスク民族の独立という民族主義的要求を支援する（«Le Procès de Burgos» dans *Sit, X* 9-37／七―三四）。それらが単に彼らの解放のみならず、万人の解放・複数の自律の追求に合致するならば、サルトルはこれらを大いに認めるのです。そのようなものであり続けるならば、人はある民族に帰属しつつ、それに還元できない存在であり続けるでしょう。そして、一方で特定の民族や性別に結びつつ、他方でそれを超えていくゆえにそれらに還元できないもの、すなわち自由によって人々が互いに結びついていているならば、そうした文化的差異の肯定は差別や排除に転化しないでしょう。こうして多様性をそのまま肯定する社会的統一が実現し、維持されることになる。

それは、より具体的には、底辺に直接民主主義的空間を持った社会であるといえましょう。「直接民主主義、システムに対して闘う民衆の民主主義、人を物に変えてしまう集列性に対抗する具体的人間の民主主義」（«Elections, piège à cons» dans *Sit, X* 87／八二―八三）。このような直接民主主義的空間が底辺に存在しないところでは、社会関係はすべて制度に媒介されることになり、これによって人は制度の奴隷と化してしまう。また、制度全体を根本から問い直すことのできる社会空間も存在しない。それゆえ、制度によって媒介されない、人と人とが直接に出会える公共空間が必要であり、それは直接民主主義的空間をおいて他にない。ここでこそ、人は初めて制度から、また競争市場の抑圧的力からも逃れられ、つまり偏在的「他者」の力から逃れて、各人がそれぞれ自分自身になることができる。そして自由が自由に出会うことができる。従って、これは非資本主義的な共生の空間、社会主義的空間であり、たとえば今日EUが進めようとしている新自由主義路線とは鋭く対立します。

しかしながら、この社会主義はソ連型共産主義とも対立します。ソ連型共産主義は「中央集権的社会主義」（«Le Procès de Burgos» dans *Sit, X* 14／一一）であるのに対し、ここで問題になるのは「もうひとつの社会主義、地方分権的で具体的な社会主義」（*Ibid.* 35／三二）である。このような、もうひとつの社会主義をサルトルはバスク独立運動左派の中に見出した。スペイン共産党は本部をマドリードに置き、バスクの地方的現実・民族的特殊性を考慮しない。このような傾向に対して、バスク独立運動左派は、民族主義的要求と反資本主義闘争を融合させる、「独自的普遍」（*Ibid.* 35／三二）の肯定に向けた分権的社会主義を実践した、とサルトルはみなしていました。

この分権的社会主義の思想は、今日では、もうひとつのグローバリゼーション運動に受け継がれているように思われます。

さて、このように、直接民主主義的空間を底辺に置く分権的社会主義が多様性における統一を実現する思想として考えられるが、これは単に制度の問題にはとどまらない。それは倫理の問題に至ります。ここで問題にしたいのは、『弁証法的理性批判』執筆の後、一九六〇年代中葉に企てられ、結局未刊に終わった倫理です[3]。この中で、サルトルは、社会主義が真の民主主義として機能するには「人々の自律した統一としての人類」つまり万人の複数の自律が倫理の究極の目的として、明確に追求され続ける必要があると、強調しています。

なぜなら、集団は持続的活動のために組織を生み出すが、その組織・分業に人々が埋没し疎外される可能性があるからです。「実践の純粋性を維持できるなどと信じてはならない。実践はシステムに結晶する傾向がある。」とりわけ、革命によって新たな秩序を作った場合、革命を続けることはこの秩序を維持することと同一視する傾向が強くある。そして、この秩序維持が自己目的化する危険がある。果してこの危険がソ連型社会主義に訪れた。この自己目的化は党に対する忠誠という道徳の形をとった。そして出来上がった体制は真の民主主義ではおよそなく、一党独裁体制だった。サルトルは、ソ連がこのようになってしまった理由のひとつとして、共産党による道徳問題の等閑視を挙げています。それゆえ、万人の複数の自律を究極の目的とする倫理が実践されなければならない。この倫理こそが自ら生み出した組織を反省的・批判的に検討し、それに隷属してしまう危険から身を引き離し、「システムに反抗する実践的統一」へ、「実践的‐惰性態が生産されるのに応じてそれを己の中に解消する実践」へと導く。逆に、この倫理の追求がなければ、人は容易に再びシステムの中へ埋没するだろう。

こうして、ある種のユマニスムが戻ってきます。

ここで、再び、ベルナール＝アンリ・レヴィのサルトル論に戻りましょう。彼は、後期のサルトルは、初期サルトルが峻拒していた人間の本質を旨とするユマニスムを再導入したといって非難します。彼のこの解釈は全くの誤りという他はない。というのも、ここで言う「人類」とは、万人の複数の自律であって、自律＝自由とは本質を超えるものだからです。

むしろ、ここでしっかりと見据えるべきは、レヴィが称揚するサルトルの反人間中心主義、反本質主義、同一性の論理を超える実存の論理は、それを社会的に実現するには、サルトルがいう意味でのユマニスムが必要不可欠である、という点です。そうでなければ、制度が人間を奴隷化し、「本質が実存に先立つ」社会と同一性の論理が戻ってくる。これを防ぐには、「人々の自律した統一としての人類」を意識的に追求しなければならない。それは自由である以上、一切の概念規定を超えるが、なおカント的な意味での「理念」のように、ただし一切の神的超越を排しつつ、概念を超える「統制的原理」として多様なものを統一する。そして共同の実践を可能にする理念として作用する。それは「認識はされないが方向として把握できる目的」として追求されるべきなのです。

ところで、レヴィがたびたび参照する「反ユマニスム＝反人間中心主義」の思潮は、反本質主義を実現するのに必要な、このような「ユマニスム」の問題に盲目であったといえないでしょうか。そして、そのような理論の欠如こそが、民主主義理論の構築を、ひいては民主主義社会の建設を著しく困難にさせてはいまいか。

それゆえ、ポストモダンの反人間中心主義としてのユマニスム批判の後、サルトル語る別種のユマニスムが、ポストモダン思想の後に来るべきものとして、すなわちポスト・ポストモダンとでも形容すべきものとして、考察され実践される必要があるように思われます。私が私であるために、他者が他者であるために、各々の自由が創造的自由であるために、そしてそれらがそこで実現されるはずの「来るべき民主主義」建設のために、さらに、「多様性における統一」が実現されるために、不可欠のものとして。

（1）*Projet de traité établissant une Constitution pour l'Europe*, Préambule.
（2）サルトルがマルローの小説『希望』から借用した言葉。サルトルにおいては「集列性の溶融状態の集団への溶解」（*CRD* 461／Ⅱ・二三）をさす。

（3）ここで問題にする倫理とは、一九六四年五月二十三日ローマでマルクス主義と道徳の問題を扱った講演を行った際に書かれた未刊の草稿において展開されているそれを指す。エリザベス・ボウマンとボブ・ストーンによれば、この草稿は題名のない手書原稿一六五頁とタイプ原稿一三九頁より成るそうである（«Ethique dialectique: un premier regard aux notes de la conférence de Rome 1964 inédite de Sartre» dans *Sur les Ecrits posthumes de Sartre*, Bruxelles: Ed. de l'Université de Bruxelles, 1987, p.9.）。この内タイプ原稿の方だけ拝見する機会を得た。この原稿を拝見させて下さったミッシェル・コンタ、ジュリエット・シモン両氏、また、この原稿の論文での引用を許可して下さったアルレット・エルカイム-サルトル氏に、この場を借りて深く御礼申し上げたい。

サルトルのパリ論とアメリカ論
——国家から都市へ、都市から通りへ

竹内康史

はじめに——ジャーナリストとしてのサルトル

一九四四年八月、ナチ占領からのパリ解放。この年から翌年にかけて、ジャン＝ポール・サルトルが、哲学者、文学者という肩書きに加えて、ジャーナリストとして活動していたことは、あまり世に知られていない。ここで主に扱うのは、まさにこのジャーナリストとしてのサルトルが生み出した、二種類のテクストだ。そのひとつは、パリ解放直後、アルベール・カミュの依頼で「コンバ」紙に掲載された、「蜂起下のパリの散歩者」（一九四四年）という全七回の連載記事。そしてもうひとつは、一九四五年にサルトル自らが渡米し、執筆した一連のアメリカ論である。

これらはいずれも、ある意味では単なる報道記事にすぎず、哲学者や文学者としてのサルトルを主眼に置いてきた先行研究では、さほど重視されてこなかった。だが逆の見方をすれば、ジャーナリストとしてのサルトルに脚光を当てることで、これまで見過ごされてきたサルトル像が見えてくるはずだ。

しかし、単にジャーナリスティックなテクストであるというだけでは議論は前進しないし、これまで蓄積されてきた膨大なサルトル研究との関連性も見えてこない。そこで注目したいのは、これら二種類のテクストが、国家、都市、通りという三つのレヴェルを扱っているという点においてもまた、共通の地盤をもっているということである。「蜂起下のパリの散歩者」では、パリの通りを歩くサルトルの目線から、ナチからの解放を目指すパリという都市全体の動き、そして、レジスタンス運動という愛国的な運動の詳細について語られている。また、一連のアメリカ論には、通りや道路の構造が、アメリカの都市を根本的に特徴づけ、さらには、アメリカ人の国民性さえも形成していく、という論理が根底にある。ここから見えてくるのは、やがてマルクス主義に傾倒していくサルトルの、その前夜の政治的な思想背景であろう。そしてこの思想背景は、後に見るように、一九四〇年代のサルトルの哲学的著作や文学作品にも少なからず影響を及ぼしている。ここにおいて本稿の試みは、従来のサルトル研究との接点を有することになるにちがいない。

以上を踏まえたうえで本稿では、ジャーナリストとしてのサルトルにとって、国家、都市、通りとは何か、という問いを立てることとする。この問いに答えるために、第一に「蜂起下のパリの散歩者」の分析、そして、第二に一連のアメリカ論の分析というふうに分けて論じることで、議論が整理されるにちがいない。そのうえで、一九四〇年代のサルトルの他のテクストのなかに、これら二つのテクストを置き直すことによって、サルトル研究全体における本稿の位置を相対化してみたいと考える。

通りに殺到するパリの群衆――「蜂起下のパリの散歩者」について

「蜂起下のパリの散歩者」は、次のような書き出しから始まっている。

「ぼくは自分が見たことだけを語る。ぼくのようなすべての散歩者が見ることができたことだけを。今日は市民たちについて話すだろう」[1](*PDP, I*)。

サルトルがここで関心を寄せるのは、一般にパリ解放の立役者とされている、ルクレーク将軍やシャルル・ド・ゴールよりもむしろ、名もなきパリ市民たちである。なぜサルトルは、パリ市民たちについて語ろうとするのだろうか。

そこでまず、このテクストにおけるパリ市民たちの特徴を捉え、次にパリ市民たちと、国家、都市、通りとの関係を探っていくことで、この疑問に取り組んでみたい。

I　パリ市民とは何か——あるいは群衆をつなぐもの

何よりもまず着手すべきなのは、「蜂起下のパリの散歩者」において、パリ市民とは何か、という問題だろう。サルトルは、「市民たち」civilsという単語を、連載の第一回で三度、第二回で一度用いている。しかし、サルトルがむしろ頻繁に用いている単語は「人びと」gensという語であり(全七回における使用回数二十三回)、さらにより頻繁に用いているのは「群衆」fouleという語である(同四十三回)。つまり、サルトルにとって「パリ市民」とは、近代都市の典型的な特色である「群衆」なのある。

それではこの「群衆」は、サルトルによって、どのように捉えられているのだろうか。

それは、端的に言って、両義的である。サルトルは群衆を非難もするし、称賛もする。このことは、「蜂起下のパリの散歩者」とほぼ同時期に書かれていた小説『猶予』(一九四五年)と対照的だ。そこでは一貫して、現前する群衆に対して、否定的な描写がなされている。要するに、『猶予』においても「蜂起下の散歩者」においても、サルトルは群衆に目を向けているが、その見方が異なっているのだ。この違いを鮮明にすることで、サルトルの群衆の捉え方が、どこに比重を置き、どのように展開していくのかがはっきりしてくるにちがいない。

そこでまず注目したいのは、群衆の熱狂ぶりである。『自由への道』第二部の『猶予』は、第一部『分別ざかり』（一九四五年）から三ヶ月後、すなわち、ミュンヘン会談が開かれた一九三八年九月のヨーロッパを主な舞台としている。そこにおいて、群衆の熱狂が最高潮に達するのは、ル・ブールジェ空港に降り立った、首相ダラディエが歓喜の渦で出迎えられるラスト・シーンだ。結果的にナチのチェコ侵攻を黙認することになるミュンヘン協定は、当時のパリ市民たちの多くにとって、戦争の回避と捉えられ、歓迎されていた。サルトルは、こうした様子を、次のように描写している。

「飛行機はすでに着陸していた。ダラディエはやっとの思いで機体から出て、梯子の上に足をかけた。蒼い顔をしていた。大きな喧騒があり、そして人びとは、警戒線を突破し、柵を取り除いて、走り出した。（……）彼らは叫んでいた。「フランス万歳！　イギリス万歳！　平和万歳！」彼らは国旗や花束を手にしていた。ダラディエは一番上の梯子のうえで立ち止まったままだった。彼は人びとを呆然と眺めていた。彼はレジェのほうを振り返り、口を開けずに言った。

「間抜けたちめ！」」（*LS* 113／一三八六）。

ここでの群衆の熱狂の描写、また、ダラディエの最後の台詞は、群衆の愚かさそのものを皮肉たっぷりに指摘していると考えられる。なぜなら、ボーヴォワールによると、サルトルは一九三八年九月の段階で、ミュンヘン協定に否定的な見解を示しており、ここでのダラディエの悪態はサルトル自身の当時の心情と重なるものがあるからだ。まして『猶予』執筆当時、一九四三年から四四年にかけてのパリはナチ占領下にあり、サルトルはこの協定の失敗をますます身にしみて理解していたはずである。

付言すれば、このように群衆を否定的に価値づけるサルトルの態度は、一九三〇年代の彼の小説、「部屋」（一九三八年）や「エロストラート」（一九三九年）などにおいても一貫している。そこにおいて群衆は、見下されるべきものとされ、[2] こう言ってよければ、「ろくでなし」salaud の典型として描かれているのだ。つまり群衆に対するサルトルの批判的な描写は、彼の執筆活動においてかなり根源的なものだったと言えるかもしれない。もちろん「蜂起下のパリの散歩者」においても、群衆の危険な側面が指摘されている。

「サン＝ミシェル並木通りの坂の下のほうで、ぼくは哀れな行列に遭遇した。その女性は五十歳ほどで、完全に丸刈りにされているわけではなかった。部分的な髪房が彼女の腫れあがった顔に垂れ下がっていた。（……）彼女が犯罪者であったにせよ、この中世風のサディスムは、それでもなお、嫌悪に値した。そしておそらく、群衆は、同様の行為の残忍さについて完全には考え及んでいない（何人かの丸刈りが自殺したし、ぼくが目にした丸刈りは発狂しているように見えた）。しかし、群衆がしばしば、ついつい低俗な復讐心を満たすことで、愛国的な歓喜と熱狂を表現することを選んでしまうのは遺憾なことだ」（*PDP VI*）。

解放後のパリでは、対独協力者として密告された女性たちが、バリカンで髪の毛を刈られるといった粛清行為が流行していた。[3] サルトルは、群衆の集団心理が、このような残忍なリンチを生み出すという点を看過することなく、書き留めているのだ。しかしながら、「蜂起下のパリの散歩者」では、群衆の熱狂に対して、肯定的に捉えられている箇所があることも忘れてはならない。例えば、一九四四年八月の群衆の熱狂が、ド・ゴールやＦＦＩの兵士たちを一目見るために、リヴォリ通りに人だかりを作り、最大の盛り上がりを見せる場面がそうだ。

「八日前には、一時間ごとに、蜂起が起こっていた。ぼくはそのとき、今の自分がいる、この同じリヴォリ通りにいた。リヴォリ通りには誰もおらず、ぼくは、おそらくポン＝ヌフ橋のほうから聞こえる銃声や突然の爆発音を耳にした。（……）ぼくの眼下には、太陽できらめく群衆。ぼくは一度にこれほど多くの人間を見たことがない」（*PDP VII*）。

ここにおいてサルトルは、パリの群衆を「太陽できらめく」ようだと表現している。そこには少なくとも、群衆を愚かな「ろくでなし」の典型と見なす態度は見受けられない。「蜂起下のパリの散歩者」の群衆に対しては、それ以前のサルトルの見方とは一線を画した捉え方がなされているのだ。その理由を探るうえで重要になってくるのは、「蜂起下のパリの散歩者」の群衆が「ろくでなし」ではないという点であろう。サルトルによれば、「ろくでなし」は「自己欺瞞」mauvaise foi に陥っている者たちであり、世間に流通している慣習や因襲を無批判に受け入れている者たちだという。このような慣習や因襲の受容は、二十世紀前半において同じく世間にあふれ始めていた、情報の受容につながってくる。そして、この情報と群衆の関係こそが、『猶予』と「蜂起下のパリの散歩者」において、まったく異なっているのだ。

　まず、『猶予』において目を引くのは、人びとが新聞やラジオを頼ろうとする場面の異常な多さである。この小説のなかでは、「タン」紙、「マタン」紙、「ユマニテ」紙などの新聞名が頻繁に飛び交うのみならず、ラジオ・パリから流れるヒトラーの演説まで再現されている[4]（*LS* 1024-1029／二八〇―二八五）。したがって、そこで描かれる群衆は、マスコミが流すミュンヘン会談の報道に一喜一憂する者たちである。特に印象的なのは、群衆が、通りの新聞売り子に殺到し、行列をなしてまで、大衆紙「パリ＝ソワール」の号外を求めようとする場面である（*LS* 1008／二六三―二六四）。要するに、『猶予』における群衆は、主戦派であれ反戦派であれ、報道機関によってもたらされる情報を介して、コミュニケーションを図ろうとする者たちなのである。

他方、「蜂起下のパリの散歩者」の群衆たちもまた、情報にひどく飢えている。ただしサルトルは、彼らが拠り所とすべき情報が何もないまま、まさに今、置かれている状況だけを頼りにして、ナチの進駐軍と市街戦を繰り広げざるを得ないということを強調する。このテクストにおいて、「誰も何も知らない」On ne sait rien や「誰も知らない」Personne ne sait というフレーズがサルトルの筆によって執拗に繰り返されるのは、まさにこのためである（*PDP, I*）。つまり、「蜂起下のパリの散歩者」が依存しているのは、マスコミ中心のコミュニケーションというよりもむしろ、中心なきクチコミに他ならない。

このように、『猶予』と「蜂起下のパリの散歩者」で描かれる二つの群衆は、ともに情報を渇望しながら、まったく異なった状況に置かれている。言い換えれば、サルトルは、一九三八年の群衆と一九四四年の群衆において、それぞれ性質の異なるコミュニケーションを見出している。そして、そのことが彼の群衆そのものに対する捉え方に影響していると考えられるのだ(5)。

2　群衆のいる場所、サルトルのいる場所──国家、都市、通り

本稿は先に、「蜂起下のパリの散歩者」のパリ市民たちが、それ以前のサルトルによって描かれた群衆とは、まったく異なった状況に置かれている、と述べた。では、前者が置かれている状況とは、具体的に言って、どのような場所、どのような空間だったのだろうか。

歴史的に言えば、一九四四年八月のパリ市民たちは、レジスタンス運動に乗じて、パリを占領していたナチの進駐軍との戦闘を展開した。その背景には、言うまでもなく、第二次世界大戦における、フランス対ドイツという国家間の対立がある。その意味では、パリ市民たちの行動を、多くのレジスタンス

神話がそうであるように、愛国的な行動の一環として語ることも十分に可能だろう。「蜂起下のパリの散歩者」もまた、このような愛国者としてのパリの群衆について記述していないわけではない。群衆が不意にフランス国歌「ラ・マルセイエーズ」で盛り上がる場面は、その典型的な例であろう（*PDP, VI*）。

しかしながら、「蜂起下のパリの散歩者」のテクストそのものが、愛国的なムードにのみ包まれたものだと考えるのは早計である。例えば、「蜂起下のパリの散歩者」においては、「沈黙の共和国」[6]（一九四四年）という、ほぼ同時期にサルトルによって書かれた政治的テクストとは異なり、「フランス人」という意味での《français》という語が一度しか使われていない。しかも、「国家」État や「国民」nation という語に至っては一語も出ておらず、「フランス」France という語が出てくるのさえ一度だけなのである。その代わりに、このテクストにおいて、群衆の居場所を示すために採用されている語は、「パリ」Paris であり（三十一回）、「都市」ville だ（二十二回）。要するにここでのサルトルは、ドイツ対フランスという国家レヴェルの語りよりも、むしろパリという都市レヴェルの語りを前面に押し出そうとしていると考えられるのである。

サルトルの政治的な配慮は、一九四四年八月のパリ蜂起を、安直に愛国的な語りへと回収させないようにすることに向けられている。そもそも、この蜂起の直接的なきっかけに関して、サルトルは、パリの群衆がドイツへの不満や憎しみを爆発させたのだとは述べていない。彼によれば、このパリ蜂起の原点には、むしろフランス人同士が互いの生命を尊重し合えないような状況それ自体への鬱積があるという。そこでサルトルは、具体的なエピソードを挙げている。それは、あるフランス人の門番が、ドイツ兵に追われていた老人をかくまわず、それどころか、老人が結果的に殺されても、平然としていたとい

う事件に端を発している。(7)

「走ろうとしない年配の男性が一人、並木通りに取り残されている。ドイツ兵たちは彼に狙いを定める。彼は近くの建物の閉じられている扉のほうに急いで向かい、彼は懸命に扉を叩く、あとは誰かが彼のために扉を開いてやるだけでよい。だが、扉は閉じられたままだ。ドイツ兵が銃を撃ち、背中に五発の銃弾が当たり、その男は倒れる。

いまやドイツ兵たちがいなくなると、人びとは小心気に外に出てきて、やがて気を大きく持ち出す。(……)群衆たちは門番を取り囲み、彼を吊るし上げにする。「おい！　お前さん、ずいぶん上手にそいつの血を洗い落とせるもんだね。あんたのせいで血が流れたっていうのに。」別の者は、この門番が蒼褪め、放心しているさまを見ている。ぼくはこの四日間でパリ中を散歩したが、一人のパリ市民の目のなかに、恐怖、真の恐怖を読みとったのはこれきりだ。それは書き留めるに値する。

この出来事だけで十分だろう。人びとは変わったのだ。穏健な撤退という彼らのささやかな心地よい夢は死に絶えた」(*PDP II*)。

ここにおいてもまた、サルトルは、フランス対ドイツという国家間の対立の図式を持ち出していない。人命を救えたのに救わなかった、というフランス人の門番の心ない態度が、群衆に蜂起の決断を迫ったと述べているのだ。それはもはや政治的な問題ではなく、倫理的な問題であろう。

ところでこの場面からは、「蜂起下のパリの散歩者」における、もうひとつ根本的な特徴を見出すことができる。それは、このテクストのより厳密な特定、すなわち、国家から通りへ、という段階からさらに、都市から通りへ、という空間の狭隘化である。

サルトルは、上の引用のなかで、「ぼくはこの四日間でパリ中を散歩した」と述べていた。しかし、これは嘘である。「蜂起下のパリの散歩者」の空間は、厳密には、サルトルが歩いて見ることのできるごく狭い範囲に限定されている。サルトルは一九四四年当時、セーヌ通りでボーヴォワールとホテル暮らしをしていた。したがって彼の行動範囲は、セーヌ通り、サン＝ジェルマン並木通りや、ポン＝ヌフ、ポン＝デ＝ザールといった橋、つまり、セーヌ川近辺のパリの中心部にとどまっているのである。

サルトルは、このごく限られた空間を歩き、そこで見たものに基づいて、「蜂起下のパリの散歩者」というテクストを生産した。確かにこのことは、この連載記事がジャーナリスティックなものである以上、至極当然なことにすぎないかもしれない。しかし知識人たるサルトルが、砲弾が飛び交う最中、身の危険を顧みることなく、「散歩者」になったということは、サルトルにおけるアンガジュマンの問題を考えるうえで、特筆すべきだと言えるはずだ。そしてこのアンガジュマンの場こそ、パリという都市レヴェルの空間ではなく、通りというレヴェルの空間に他ならない。

パリの通りは、サルトルに歩くことを要請し、他者たちとしての群衆との遭遇を要請する。さらに言えば、ここから浮かび上がってくるのは、例えばアンナ・ボスケッティが『知識人の覇権』[8]（一九八五年）において作り上げたような、フランスのジャーナリズムに君臨する、偉大な知識人としてのサルトルといったイメージではない。それは、ややもすると、パリの群衆に紛れてしまいかねないような、一取材記者としてのサルトルなのである。

以上のように本章の分析によって、「蜂起下のパリの散歩者」は、三つの特徴をもっていることが確認された。第一に、サルトルはここで、パリの群衆のコミュニケーションのあり方に関して、否定的な側面だけでなく肯定的な側面も見出しているということ。第二に、このテクストは、政治的・倫理的な戦略によって、パリの群衆のいる場所を、国家から都市へ、都市から通りへとずらしていくテクストであるということ。第三に、サルトルはここにおいて、見ることと歩くことという実践的・具体的な試みを行なっていること。サルトルが、「蜂起下のパリの散歩者」を書くにあたって、パリ市民たち、すなわち、群衆に目を向けたのは、まさにこうした特徴をこのテクストに課すためだったと言えよう。

そして、これら三つの特徴は、同じくサルトルのジャーナリスティックなテクストである、一連のアメリカ論にも深く関係してくる。

取材記者から論説記者へ——サルトルのアメリカ論について

サルトルは、一九四四年十一月に一度、さらにまた、一九四五年一月から五月にかけてもう一度、渡米している[9]。この渡米には、「コンバ」紙、「フィガロ」紙という新聞社の後押しがあり、それゆえサルトルは総計三十一本の記事を二紙に寄稿している。このうち、一九四五年三月二十九日、三十日、三十一日に「フィガロ」紙で連載された「アメリカの魂を求めて」というシリーズと、同年四月六日、十三日、十四日に同紙で連載された「アメリカの都市」というシリーズは、後に加筆・修正され、一九四八年六月に刊行された『シチュアシオンⅢ』に所収されている(前者のシリーズは、表題も「アメリカの個人主義と画一主義」と改められた)。先行研究では、これらの記事群を、内容・時期・掲載紙によって、この二つのシリーズを含め、全部で九つに分類している[10]。

ただし同記事群は、確かに別々の事柄を扱ったものでありながら、先にまとめた「蜂起下のパリの散歩者」の三つの特徴を、ある段階までそのまま反映している。すなわち、二つのテクストのあいだには、取材記者としてのサルトルが抱えていた問題意識や取材姿勢に関して、一貫性が認められるのだ。

しかしアメリカ論においては、ある段階を過ぎると、ジャーナリストとしてのサルトルのもうひとつの側面、すなわち、取材記者ではなく論説記者としての側面が顔を出してくる。以下ではこうした点について、順を追って考察してみたい。

1　アメリカ人とアメリカの都市構造——ジャーナリスト、サルトルの一貫性

第一に、サルトルはアメリカ人たちをどのように取材しているのだろうか。そこではまだ、パリの群衆たちに向けられたまなざしの面影が本当に残っているだろうか。

サルトルの取材対象は、ニューヨークのフランス人、黒人、労働者、映画関係者、ルーズヴェルト大統領など多岐に渡るものの、群衆というカテゴリーで、アメリカ人を捉えていた形跡はほぼないと言ってよい。しかしサルトルは、アメリカ人たち同士がどのように連帯しているのか、すなわち、いかなるコミュニケーションの形態によって結びついているのか、といった問題には意欲的に取り組んでいる。「アメリカの個人主義と画一主義」では、主として、アメリカにおける「自由」や「個性」という独我論的な問題と、「連帯」や「共同体」というコミュニケーション的な問題との関係がまとめられている。これは、サルトルが『存在と無』（一九四三年）で予告し、『倫理学ノート』（一九八三年）で取り組もうとした問題そのものである。

「アメリカでは——少なくとも、ぼくの知る限り——あなたがたが通りにいて独りぼっちになるということは決してない。壁があなたがたに話しかけてくれるからだ。右にも左にも、ポスターやネオン広告、写真のモンタージュや統計表のついた大きな板だけが飾ってある巨大なショーウインドーがある」（*Sit. III* 78／五五）。

ここでは、通りと、孤独およびコミュニケーションといった問題との関係が提示されている。ただし、いまだドイツや日本と交戦中だった一九四五年前半のアメリカの都市は、一九四四年のパリとはちがう。つまり前者においては、群衆という人間の存在ではなく「壁」、すなわち、ポスターや広告などの存在が共同体を演出し、人びとが孤独に陥るのを回避してくれるとされているのだ。

　サルトルの理解によれば、当時のアメリカの宣伝手法は、例えばナチの宣伝手法に比べて、押しつけがましさがなく、「通行人が自分で結論を引き出さなければならない」という（*Sit, III* 79／五五）。すなわち、群衆には個々人の自由な解釈、自由な選択の余地が残されているのであり、ここにおいて、アメリカ人の自由とコミュニケーションは両立可能となっているとされているのだ。

　もっとも、サルトルがこう述べているからと言って、彼が一九四五年のアメリカ人のコミュニケーション形態を全面的に肯定しているとただちに判断してはならない。例えばサルトルは、同じ記事のなかで、当時のアメリカの大学が、アメリカ独自の集団精神を人びとに教育するために、「アメリカ化のための講座」を持っていると報告している。「そこでは何でも教えている。裁縫、料理、そして恋愛の仕方まで教えている。ニューヨークのある大学には、若い女性が恋愛結婚するためにはどうすべきかという方法に関する講座がある」（*Sit, III* 81／五七）。このことは、パリの高等師範学校で哲学を専攻したサルトルにとって、驚くべき事態であっただろうし、少なからぬ皮肉を読み手に感じさせるだろう。

　しかし肯定するにせよ否定するにせよ、サルトルが、アメリカ人における自由とコミュニケーション、すなわち、「個人主義」と「画一主義」の両立可能性に関心を寄せていることだけは間違いない。そして注目すべきなのは、その関心が、もとをたどれば、アメリカの通りを歩くサルトルから引き出されているということだ。この取材姿勢は、「蜂起下のパリの散歩者」以来、持続しているものである。

第二に、この歩くサルトルがいる場所、すなわち、アメリカという国家、アメリカの都市、その都市の通りは、どのように報告されているのだろうか。

渡米当初のサルトルが、異国に赴いた誰しもがほぼそうするように、自国の文化と他国の文化の違いを強く意識していたことは、一九四五年一月二十四日付の「フィガロ」紙に掲載された「アメリカから見たフランス」において顕著に見られる。また、同年二月三日付の「コンバ」紙に掲載された「ニューヨークの一フランス人」でも、アメリカとフランスという二つの国家のアイデンティティを抱える移民の問題が、クローズアップされている。

だが、サルトルはやはりここでも、国家という枠組みにのみとどまらない。「アメリカの個人主義と画一主義」は、アメリカの都市の通りを歩きながら、アメリカの都市構造とアメリカ人の精神構造との関係に議論を移していく。

「ニューヨークを幾日か散歩しさえすれば、アメリカの画一主義と個性との深い結合に必ず気づく。ニューヨークは、――平面的に――縦と横において捉えると、世界で最も画一主義的な都市なのである。昔からあるブロードウェイは除くとして、ワシントン・スクエアから、斜めに走ったあるいはぐるりと回った通りはひとつもない。(……)

この碁盤縞がニューヨークだ。通りは互いにどれもよく似ているために、名前をつけるわけにはいかず、兵士たちに対してそうするように、登録番号を割り振るだけにしたのである。

しかし顔を上げるとすべてが変わる。高さから言えば、ニューヨークは個人主義の勝利なのだ。ビルは、その高さによって、都市計画のどんな規格からも外れており、二十八階、五十六階、一〇一階のものもあれば、灰色、茶色、白、ムーア風、中世風、ルネサンス風、現代風のものもある」(*Sit, III* 84–86

／五九―六〇）。

要するにここでは、アメリカ人の画一主義を表わす平面的な縦と横のベクトルと、アメリカ人の個人主義と自由を表わす高さのベクトルの二つがサルトルによって見出されている。そのうえで、サルトルは、アメリカ人の精神構造という問題を、アメリカという国家ではなく、アメリカの都市、さらにはその都市の通りの構造によって説明しようとしているのである。

このように見てくると、サルトルはここでも、「蜂起下のパリの散歩者」と同様に、取材記者として弁を振るっているように見受けられる。そして、「アメリカの個人主義と画一主義」というテクストは、「蜂起下のパリの散歩者」の三つの特徴をおよそそのまま継承しているようだ。すなわち、第一に、アメリカ人のコミュニケーションのあり方に関して、否定的および肯定的な側面を見出しているということ。第二に、アメリカ人の精神構造について語るとき、国家から都市へ、都市から通りへとずらすことによって説明しようとしているということ。第三に、見ることと歩くことという実践的・具体的・身体的な試みを自らに課していること。ジャーナリストしてのサルトルの論点は、一貫しているのである。

2　俯瞰的な視点、論説記者としての視点――サルトルの歩みの停止

しかしながら、上記の引用を注意深く読んでみると、第三の特徴、すなわち、見ることと歩くことという実践的・具体的・身体的な試みを行なうサルトルという点に関しては、疑問視しなければならなくなってくる。そしてこのことは、サルトルが一連のアメリカ論において、群衆に直接、目を向けなかった（向けることができなかった）こととも関係してくる。

確かにサルトルは、一九四五年のニューヨークの通りを歩くことで、自らの思索を展開している。

「ニューヨークを幾日か散歩しさえすれば、アメリカの画一主義と個性との深い結合に必ず気づく」。しかしその一方で、サルトルがニューヨークという都市を平面的に捉えるときに用いているのは俯瞰的な視点である。また、立体的な視点をとる際にも、「都市計画」という語を用いていることから、実際に歩く者の目が持つ生々しさを、極力、抑え込もうとしているかのように見受けられる。つまりサルトルは、あたかも都市の設計図を眺めるかのようにして、ニューヨークを捉えようとしているのだ。そこにおいてサルトルは、いまだ歩みを止めていないものの、歩くことへのためらい、散歩に対する気の進まなさを滲ませていると言えよう。

さらにこのテクストの約一ヶ月後に書かれた、「アメリカの都市」は、この点について、より決定的な論拠を示している。そこにおいては、一九四五年のアメリカの都市を散歩することが、サルトルによって強く否定されてしまう。

「しかしパリやヴェニスを訪ねるように、アメリカの都市を訪ねるのも間違っている。アメリカの都市は、そうしたことのためには作られていないのだ。ここでは、通りはわれわれの通りと同じ意味を持っていない。ヨーロッパでは、(……)通りは一日のうちに何度も外観を変える。というのも、人びとが入れ替わって群衆の中身を変えるからであり、ヨーロッパでは人間が通りの本質的な構成物だからだ。アメリカの通りは大きな道路の一部分にすぎない。通りはときに数キロメートルにも及ぶ。この通りは散歩をしたいという気を起こさせない。われわれの通りは斜めになったり、くねくねしたりして、襞と秘密に満ちている。アメリカの通りは真っ直ぐな直線であり、一挙にみずからの姿を見せてくれる。謎がないのだ。人がどこにいようとも、通りの端から端まで見通せるのだ」(*Sit. III* 107-108/七三)。

この部分からは、少なくとも二つの論点が読み取れる。ひとつには、サルトルにとって、通りは群衆と結びついたものであるということ。「歩道」こそが通りの主役でなければならないにもかかわらず、アメリカの都市の通りでは、そうなっていないのだ。そしてもうひとつには、群衆との結びつきを失い、歩道をないがしろにしてしまった「通りは散歩をしたいという気を起こさせない」ということである。それは、もはや「大きな道路の一部分にすぎない」とされる。

この「道路の一部分」という表現は、『猶予』のなかの、パリの通りを描く一場面にも出てくる。そこにおいて、主人公のマチウは、一九三八年九月の深夜のパリを歩きながら、「ラスパイユ通りは、昔の名残りを少しもとどめていなかった。道路、ただ単に道路があるだけだ。(……)すべて、道路の一部分にすぎない」と吐露している(*LS* 1045/三〇〇)。ここにおいて注目すべきなのは、通行人の往来に関する言及が見られないということだろう。マチウがすれ違うのは、駅へ向かう「一台のタクシー」と「将校を大勢乗せた黒い車」だけだ。つまりこの通りには、彼の他に、群衆どころか通行人一人いないのである。

要するに重要なのは、パリであるかアメリカの都市であるかではない。むしろ、通りと群衆の結びつきがあるかどうかが問題なのだ。そしてこの結びつきの切断こそが、「蜂起下のパリの散歩者」にはなく、アメリカ論のなかにはあったものなのである。

以上のように、本章では、一連のアメリカ論を、「蜂起下のパリの散歩者」と比較しながら、群衆の存在および不在と、歩くサルトルとのあいだに、密接なつながりがあるということを明らかにした。こうして群衆との邂逅を断念し、歩くという実践にためらいを覚えてしまったサルトルは、必然的に、理論的な論調で語るようになる。すなわち、もしこう言ってよければ、取材記者から論説記者へと変化するのだ。

おわりに――一九四〇年代のサルトルにおける「通り」と「群衆」

本稿は、サルトルにとって、国家、都市、通りとは何か、という問題意識のもとに議論してきた。これまで見てきたように、「蜂起下のパリの散歩者」のサルトルは、一九四四年八月のフランスという極めて愛国的な雰囲気のなかにいながら、むしろ国家から都市へ、さらには、都市から通りへと視点を狭めることによって、結果的に、自分の言葉が愛国的な言説に回収されないように踏みとどまらせていた。言い換えれば、一取材記者として、通りの群衆と同じ目線で語ることを旨としたのである。これに対して、一連のアメリカ論においては、取材記者から論説記者へと移行していくサルトルを見出すことができた。そしてこのような変化は、通りにおける群衆の存在、他者たちの存在の有無に依拠していると考えられた。

それでは、本稿がここまでたどり着いた結論は、果たしてサルトル研究全体のなかで、どのような位置を占めているのだろうか。以下では、通りあるいは道という観点と群衆という観点から、この点について検討し、議論の結びとしてみたい。

第一に、通りあるいは道という観点から、一九四〇年代のサルトルのテクスト群を捉えるとき、いち早く想起されるのは、やはり『自由への道』であろう。この小説のテーマは確かに「自由」であるかもしれないが、「道」に焦点を当てて分析することも決して無意味ではないはずだ。というのもそこでは、一九三八年から四〇年にかけてのヨーロッパにおける、さまざまな通りが描写されており、また、自動車・汽車・飛行機から馬車に至るまで、当時の交通事情が克明に記述されているからだ。そしてそこには、サルトルと同時代の社会状況との具体的な接点が浮き彫りにされているはずである。

第二に群衆という観点から、一九四〇年代のサルトルのテクストを見つめ直すとき、ひとつには、「蜂起下のパリの散歩者」と同じく、一九四四年八月のパリ解放を題材としている「パリ解放――黙示録の一週間」（一九四五年）と本稿の分析との関連性が考えられるだろう。「パリ解放――黙示録の一週間」は、端的に言えば、蜂起から一年を経過したパリ解放について、サルトルが再考したことを冷静に記したものであり、一種の同時代批評である。したがってテクストの性質上は、もはや取材記事ではないし、サルトルの立場もジャーナリストというよりは一知識人というスタンスに近い。ここにおいてサルトルは、フランス対ドイツという国家レヴェルの対立図式の代わりに、今度は人間対機械という対立図式を立てることで、このパリ解放が「フランス人民」peuple français が成し得た愛国的な勝利だとする一般的評価を斥けようとする（*ES* 659-662）。

ここでいう人間とは、一七八九年、フランス革命におけるバスチーユ襲撃の「群衆」になぞらえられたパリ市民たちであり、また、機械とは機関銃や戦車のことを指す[11]。つまりこのテクストにおいては、群衆の問題から人間の問題へ、ひいてはヒューマニズムの問題への展開が認められるのだ。その意味において、パリ解放をめぐるこれらのテクストは、戦後の実存主義ブームを決定づけた、一九四五年十月の「実存主義はヒューマニズムである」という講演が提起する諸問題へとつながっていくにちがいない。またもうひとつには、海老坂武が指摘しているように[12]、群衆という問題は、ここにおいて、集団という問題とも関わっていく。より具体的に言えば、後期サルトルの主著『弁証法的理性批判』のなかで提起されている「溶融集団」の原点が、一九四四年八月のパリの群衆たちには認められるのである。

以上のように、ジャーナリストとしてのサルトルが遺したテクストは、これまでサルトルの主著とされてきたテクストとも緊密なつながりをもっている。そしてまた、砲弾が飛び交う最中、群衆とともにパリの通りを歩いたサルトルの声は、まさに大都市を標的にしたテロが頻発し、それに乗じた先進国のナショナリズムが台頭しつつある、二十一世紀初頭の今日においてこそ、今一度、耳を傾けるに値するものだと言えよう。

＊文中の訳出は、すべて筆者による。ただし既訳のあるものについては、その訳文を部分的に参照した。

（1）Sartre, «Un Promeneur dans Paris insurgé» in *Combat* 28 août-4 septembre, réimprimé in *Le Monde* 20 août-26-27 août. ただし八月二十日は、ミシェル・コンタによる紹介記事のみ。本稿では、このテクストを *PDP* と略し、ⅠからⅦまでの章番号のみを示すこととする。

（2）Sartre, «La Chambre» dans *Œuvres romanesques*, [1938], p.249.／サルトル「部屋」白井浩司訳、『水いらず』、新潮文庫、一九七一年、一二五頁。Sartre, «Érostrate», dans *Œuvres romanesques*, [1939], p.273.／「エロストラート」窪田啓作訳、『水入らず』、一六六頁。前者ではル・バック通り、後者ではモンパルナス並木通りにいる人間たちへの憎悪が、作中人物の心情を通して、表現されている。

（3）渡辺和行『ナチ占領下のフランス――沈黙・抵抗・協力』、講談社選書メチエ、一九九四年、二三五―二三六頁。

（4）プレイヤード版の解説によれば、『猶予』執筆の主要な資料のひとつとして、サルトルの親友、ポール・ニザンの『九月のクロニクル』があるという（*Œuvres romanesques*, p.1978.）。ニザンは、一九三八年当時、共産党系の「ス・ソワール」紙の外交記事を担当しており、ミュンヘン会談に関する資料を同書にまとめ上げた。サルトルは、このジャーナリストとしてのニザンの仕事をもとにして、『猶予』を書こうとしたのである。ここから、サルトルが自ら取材記者となる以前、すなわち、『猶予』執筆当時において、彼がすでにジャーナリズムに関与していくための素地が作り上げられていたと言えるだろう。『九月のクロニクル』の書誌は以下の通り；Paul Nizan, *Chronique de septembre*, Gallimard, 1939.／ポール・ニザン『九月のクロニクル』（ポール・ニザン著作集7）、村上光彦訳、一九六八年、晶文社。

（5）ただしサルトルの群衆に対する見方の変更は、群衆の不在に対する見方の変更につながるわけではない。実際、群衆の不在に対する見方、すなわち、群衆の不在をどこかノスタルジックに捉えているサルトルのまなざしは、日記『奇妙な戦争』の一九四〇年二月十六日の記述においてすでに見られる。サルトルはそこで、徴兵期間中のわずかな休暇を利用して赴いたパリの印象について、こう述べている。「ぼくにとって、パリは一族の地下墓地のような印象を与えた。（……）ぼくは、かつてベルリンで、ロンドンで、ナポリで感じたように、巨大で、人びとがうようよしている、見知らぬ都市で、迷子になってしまうような気がするかと想像していた。ところが、実際は逆だった」（*CDG* 241／二三一）。したがって群衆の不在に対する見方は、現前する群衆に対する見方以上に、早くから、サルトルにとって意識されていたものだと言えよう。

（6）「沈黙の共和国」La République du silence というテクストの初出は、ナチ占領下の地下出版誌のひとつ、「レットル・フランセーズ」*Les Lettres Françaises* 誌、一九四四年九月九日号である。ただしもともとは、パリ解放の少し前、イギリスのBBC放送のためにサルトルが自分で録音した演説であり、したがって、このテクストには、ジャーナリストとしてのサルトルの経験は反映されていない。この点については以下を参照。Alexandre Astruc, Michel Contat, *Sartre: un Film*, Gallimard, 1977, pp.71-74.／アレクサンドル・アストリュック、ミシェル・コンタ『サルトル――自身を語る』海老坂武訳、人文書院、一九七七年、七五―七九頁。

（7）同様のエピソードについては、ボーヴォワールもまた指摘している（*FA* 607／下・二二二）。ただし、サルトルがここで門番を男性としているのに対し、ボーヴォワールは門番を女性としている。

（8）Anna Boschetti, *Sartre et «Les Temps modernes»*, Minuit, 1985.／アンナ・ボスケッティ『知識人の覇権』石崎晴己訳、新評論、一九八七年。

（9）その後、同年十一月にも講演のために再渡米しているが、この渡米には、新聞社の関与はない。

(10) 市倉宏祐・伊吹克己「サルトル著作文献目録」、「理想」一九八〇年八月号(特集「サルトル」)、理想社、一八八一一八九頁。
(11) 一九四五年八月に書かれ、同年十月に「レ・タン・モデルヌ」誌創刊号に掲載された「大戦の週末」においては、人間対原爆という図式が立てられている。Sartre, «La Fin de la guerre» dans *Sit, III* 63-71. /「大戦の終末」渡辺一夫訳、四三―四九。
(12) 海老坂武「一九四五年の実存主義」、サルトル『実存主義とは何か』、二一六頁。

V

イギリスにおけるサルトル

ベネディクト・オードノホー
鈴木正道訳

ジャン＝ポール・サルトルのイギリスにおける評価は現在どうなっているのでしょうか。若干の事実を確認することから始めましょう。二〇〇五年の三月、イギリス・サルトル研究学会に六十人以上の人々が参加しました。これはサルトル生誕百周年を祝ってロンドン・フランス学院で二日にわたって開かれたものです。そこでは、とりわけ自伝『反抗息子』*Un Fils rebelle*〔一九八一年〕の中でサルトルを回想しているオリヴィエ・トッド、また数多くの著書の中でも一九八五年にガリマール社から出たサルトルの見事な伝記で名高いアニー・コーエン＝ソラルといった発表者をメインに迎えました。この二〇〇五年に、イアン・バーチャル、ジャン＝ピエール・ブレ、デイヴィッド・ドレイク、ベン・オードノホーといった、イギリス・サルトル研究学会の少なくとも四人の会員が、それぞれサルトルのさまざまな側面（順に、サルトルの政治思想、男性的側面、伝記、演劇）(1)に関する本を出しました。さらに、イギリスに最も古くからある、フランスに関する研究学会である「フランス研究学会」が七月、年次定例会で、リーズ大学（イングランド）において、例外的に会期全般にわたってサルトルに関する討論会を催しました。

ここまでは、驚くべきことは何もありません。言うまでもなく、イギリスの専門家たちが、サルトルの生誕百周年をできる限り強調し、祝ったからといってびっくりすることはありません。しかしながら、他方では実に驚くべき事実もあります。なぜならこれらの事実は、不実なイギリス［かつてフランス人がイギリスを形容して言った表現］がサルトルに抱く関心が、サルトル学者だけのものでないことを証明するからです。

しかしまず歴史的なことに少々触れておきましょう。サルトルの演劇は、『トロイの女たち』を除いてすべて、一九四六年から一九八四年の間にロンドンのプロの舞台で少なくとも一度は上演されています。かなり最近の二〇〇〇年、したがってサルトルの死後二十周年の際に、サルトルの最も知られた二つの作品、つまり『出口なし』と『汚れた手』が、ロンドンの劇場で再演されました。テレビの方はと言えば、国営テレビ放送のBBCだけのことですが、『出口なし』が一九六四年に初めて脚色され（十二歳だった私とサルトルの初めての出会いでした）、一九八四年に再演されました（オマール・シャリフがギャルサンの役、ジャンヌ・モローがイネスの役）。さらに印象的なのは、『自由への道』が一九七八年に、それぞれ約一時間半ごとの十二回ぐらいのエピソードに分けて、テレビで放映されたこと、そして一九九〇年代初めにはラジオで放送されたことです。このようにイギリスにおいてサルトルは、主として劇作家および小説家として知られているると言ってよいでしょう。

主として、ではありますが、もっぱらではありません。このように言えるのは、BBC（スコットランド）が、一九九九年に一つの哲学的伝記を製作して放映したからです。これは、『人間的な、余りに人間的な』と題された、ニーチェ、ハイデッガー、それからサルトルに捧げられた三回の放送からなる素晴らしいシリーズに収められたものです。これは、サルトルの実存主義的形而上学と、現代のアングロ・サクソン学派の論理的実証主義的思想との大きな乖離ゆえに、哲学の大学関係機関がサルトルを哲学者として高く評価したことがなかったにもかかわらず実現しました。したがって誰もが認めるように、死亡した当時は国際的なスターであったサルトル――イギリスの真面目な新聞はすべて大部の追悼記事を掲載しました――は、この世を去って以来二十五年の間、イギリスではないがしろにされたことはなかったのです。しかし、ないがしろにされなかったのは確かですが、それでもやや無理解にさらされてはいました。

これは何を意味しているのでしょうか。まず、サルトルが「知られていない」ということ。つまり、「真面目な新聞」など決して読むこともなければ、少しでも教養的な側面がはっきりと感じられるようなラジオやテレビ番組を聴取することなどない、海峡向こうの島国の大衆には、まったく知られていないのです。したがってフランスにおけるのと全く同様に、サルトルは、教養があり、多少とも知識を持ち、よって必然的にブルジョワである人々によってしか、読まれ、耳を傾けてもらうに至らなかったと言えるでしょう。彼のすべての小説と劇作が、はるか以前から、英語に翻訳され、文庫版になっているのにもかかわらず、です。

次に、イギリスにおいては、教養のある読者ですら、サルトルを、思想家もしくは作家として真面目である、評価に値するとか重要であると考えるよりも、変である、それどころかおかしいと思う傾向があると言う意味で、彼が「無理解にさらされている」ということです。彼は、その知識人界のスターという地位によって、またその人格、そしてまるでスキャンダラスで根本的に二重の意味で「ガリア的」(つまりフランス的かつ猥褻)な生活スタイルによって人を惹きつけるのです。彼とシモーヌ・ド=ボーヴォワールは、ある程度までは、たとえばスペンサー・トレイシーとキャサリン・ヘップバーンといった、ショービジネスのカップルのような魅力を持っているようです。ただしもっと気難しくて、なおかつもっと熟成させた趣向のカップルです。白い絶壁の国「イギリスのこと」——この国をサルトルは二度しか訪れてはくれず、またシモーヌ・ド・ボーヴォワールの言うところを信じれば、彼にはこの国が「理解できなかった」ということです[2]——においてこの偉大な「小男」が語られる、あまり尊敬のこもっていない口調を解明するために、私は、生誕百周年の年にサルトルに捧げられた三つのラジオ番組を手短に分析したいと思います。

第一の放送は、『我らが時代に』と題された四十五分もので、二〇〇四年十月七日に生放送され、二人のサルトルの専門家（クリスティナ・ハウェルズ、ベン・オードノホー）、哲学史家（ジョナサン・レー）、および司会者（メルヴィン・ブラッグ）による討論の形をとりました。司会者の意図は明らかに討論を楽しめるものとすることでした。結果はどうだったでしょうか。サルトルの思想は、専門家でない者による、余りにも短く、また正確でない要約に乱暴にまとめられてしまうこととなったのです。余りにも多くの時間が、サルトルとボーヴォワール、あるいはサルトルとカミュ、あるいはサルトルと愛人たちの間の、ぶしつけと評判された関係、あるいは彼の政治的な過激主義とされたものに割かれました。その反面、サルトルの思想の独創性や、彼の多種多様な作家としての投企（小説家、劇作家、文芸批評家、ジャーナリスト、評論家、自伝作家、伝記作家、などなど）の統一性に当てられた時間は数分にも満たないものでした。要するに、「我らが時代の大思想を論じる」と大風呂敷を広げた、自らを「真面目な」と形容する放送は、サルトルを特に、知的花柳界のスターとして提示することに成功したのです。彼に関する主な興味とは、倫理的、政治的、あるいは性的、そしてまたフランス的な奇矯さにあるということのようです。

二つ目は、録音放送であり、二〇〇五年五月二十一日に放送されたもので（九月二十五日に再放送）、『サルトルとそぞろ歩き』というその題名がすでに、かなりくつろいだ感じの、人間に焦点を当てた、内輪を装った取り組み方を示していました。実のところ、解説者のマイルズ・キングトンは、伝統的にイギリス的とは言えないまでも、ユーモアのあるジャーナリズムで知られていますが、彼もまたサルトル学者では全くないのです。明らかにやらせである筋書きによると、キングトンはパリの中をぶらついて、カフェ・フローラからヴュー・コロンビエ劇場へ行き、それからモンパルナス・タワーからサルトルの墓へ行くなどして、途中であたかも偶然と言った風に、何人かのサルトルのなじみや専門家に出会うことになっています。その中にはミシェル・コンタ、オリヴィエ・トッド、アラン・ゲスマール、アニー・コーエン＝ソラルがいました。勿論、全員英語でインタヴューを受けるのでした。

これら専門家である証人たちは、サルトルの思想や作品よりも、彼の人物について質問されることになりました。キングトン、もしくは彼の対話者で唯一のイギリス人である映画監督のリチャード・エアーが、サルトルの哲学（あるいはもっぱら思想伝達手段と解釈された彼の小説や劇作）に触れるとき、その暗く陰鬱で絶望的な面、一言で言えば思春期的な面が強調されるのでした。それは、フランス語圏の証人のはるかに精緻で肯定的な説明とはものの見事に対照的でした。そのうえキングトンは、既定のこととして述べるのです。「サルトルは、政治ではいつも間違っていました。たとえばソ連を支持したりして。より洞察力のあるカミュとは違っていました……」機械的な仮定です。カミュは正しい側にいた、ソヴィエトに反対だったから。それに対してサルトルは……と言うことです。とは言うものの、サルトルの投企のスケールの大きさはたたえられました。「このような業績をなしとげるには、少なくともイギリスの知識人四人が必要だったでしょう。ハクスリー、オーウェル、ラッセル、ホブスボームというような。」と同時に、この業績の多様性そのものが、或る程度まではその影響力をうすめ、価値を弱めるということがほのめかされていました。アングロ・サクソン的なプラグマティズムは、才能に恵まれすぎた知識人を相当警戒するものだと認めざるをえません。勉強に強くありながら、また我が強くあろうとする者を非難するのに、「あまりにも頭がよすぎる Too clever by half」という悪口すらあります。フランスでは聞いたことのない考え方です。日本でもありえないことと思います。

三番目の放送も、『黄金の頭脳を持つ男』——正確な参照もなくサルトルに与えられた形容です——という表題そのものによって、サルトルの並ならぬ頭のよさが強調されるであろうことを示しています。ただし皮肉な具合にですが。この番組は、五月二十二日（つまりすぐ前で述べた番組の翌日です）にBBCの第三ラジオ——「音楽フランス France Musique」と「教養フランス France Culture」〔いずれも国営のラジオ・フランス系のラジオ局〕を合わせたようなもの、つまり普段は「真面目」です——で放送され、第四ラジオの番組と同じフランス語圏の証人、つまりコンタ、トッド、それからコーエン＝ソラルを集め、またミシェル・ヴィアン〔作家ボリス・ヴィアンの元妻、その後サルトルの愛人〕の昔のインタヴューの短い抜粋をいくつか登場させたものでした。そして今回は、英語圏の証人が三人いました。最近出たシモーヌ・ド・ボーヴォワールの伝記の著者であるリサ・アッピグナネジ、パリに住むオーストラリア人の小説家であるジョン・バクスター、ケンブリッジ大学の哲学教授であるサイモン・ブラックバーンです。それから当然司会者がいました。ケヴィン・ジャクソンとかいう男です。ところで注意していただきたいのは、フランス語圏の証人たちが皆、サルトル学者たちに非常によく知られている人たちであるのに対して、英語圏の発言者たちは誰一人としてそうではないという点です。別の言い方をすれば、サルトルの本当の専門家ではないのです。妙なことではないでしょうか。

あるいはそうではないかもしれません。BBCの最も教養ある放送局のこの番組を支配していた雰囲気はどのようなものだったでしょう。表題の、サルトル自ら認めたと言わんばかりの、しかし率直に言ってばかげた誇張はすでに述べたとおりです。それから、この番組が、不条理コメディー（一九七〇年代のテレビの大ヒット『空とぶモンティ・パイソン』*Monty Python's Flying Circus*）のコントの一場面で始まる点に留意しましょう。二人の家政婦――「前提さん」と「結論さん」で、いうまでもなく女装した男優が演じています――が登場し、洗濯をしながら、実存主義者たちにおける「無」の概念について議論をしています。問題に決着をつけるために、当然のことながらサルトルに電話をしなくてはならないということになります。「ジャン＝ポール呼んでいただけるかしら」。前提さんは、耐え難い「フラングリッシュ」訛りで、何気ない調子で頼みます。「あら、いらっしゃらないの。こん畜生。（場内の笑い）それならいつ時間がとれるのかしら。（間）ああそうなの。（電話口で前提さんの笑い）サルトルの奥さんに言わせると、サルトルはこの問題をもう六十年も前から考えているんですって」。

このジョークはそれほど悪いものではありません。しかしまさにこれで調子が定まってしまうのです。よって次のようなコメントを聞いても驚くことはないでしょう。言うまでもなく、英語圏の出演者のいずれかによってなされたものです。

サルトルは「一生、お母さん子――英語でmummy's boy――」だった。これはかなり軽蔑的な表現であり、特に独立と成熟が欠けているという含みがあります。

彼は「カフェで暮らしていたようなものだった」し、また「女たらし」だった。翻訳すると、「ホームレス」で「性的堕落者」。

「仰天するような醜さ」と「寸たらずの背丈」にもかかわらず、サルトルは「カリスマ的な人物」であり、彼の「名声は、ジュリエット・グレコのようなセクシーな女の子をひきつけてやむことがなかった」。翻訳すると、「いかがわしい、未成年淫行勧誘者」。

実存主義は、「暗黒街映画のフランス版」であった。翻訳すると、「浅薄な娯楽」。

サルトルとボーヴォワールというのは、「ハンフリー・ボガートとローレン・バコールのようなスターだった。翻訳すると「ハリウッド」。

サルトルとカミュは、「疎外された不道徳、異邦人の不道徳の宣伝者」ということになるようです。翻訳すると「危険人物」。

サルトルの最晩年十年間における「政治思想の不可解な過激主義」が問われます。同上。

この番組によると、要するに、サルトルは怪物だったからイギリスでスターだったということになるようです。さらに、極みとして、サルトルは結局あらゆるフランス人と同じように、仇敵イギリスに対して相当な敵意を抱いていたというのです。数多く旅行した中で、海峡の向こう側へやってきたのはたったの二回でした。一九三三年における第一回の訪問の際、ボーヴォワールが語るところによると、サルトルは「オックスフォードの学生たちのスノビズムに「いらだって」」おり、また「どちらも（……）並列の分析的原則に基づいているということで、イギリス料理とロックの経験論の比較をおこなって」いました。[3] 一九六六年における第二回目の短い滞在の際には、サルトルは大歓迎されたわけではありませんでした。ヴェトナムにおけるアメリカの戦争犯罪に関するラッセル法廷の審問で一回、裁判長を務めるために来たからです。オリヴィエ・トッドによると、サルトルはジョージ・オーウェル（『一九八四年』で有名な新左翼の作家で、スターリン体制を執拗に批判）を大変嫌っており、あたかも彼を弁護するのに他に何も言うことはないといわんばかりに、「彼はイギリス人だから」とだけ言ったということです。そもそもサルトルが、イギリスの大学で行なわれている哲学にまったく敬意を抱いていなかったことは知られています。論理実証主義の長老で同時代人のA＝J・エアに関するサルトルの唯一のコメントは、「エアはばかだ」というものでした。エアもサルトルに関してだいたい同じことを考えていました。『存在と無』は、「存在する」という動詞の意味の誤解に関する膨大な問題練習にすぎない。」

とは言え、この番組がすべて否定的ではなかったことは認めざるをえません。ただしその肯定的な面は、多くがフランス語圏の対話者の発言によるものでした。イギリス側では、ケンブリッジの哲学者サイモン・ブラックバーンだけが、専門家としてサルトルの自由に関する思想を評価していました。しかし実存主義を「あるがままの自分である自由をたたえること」と述べて、やや解釈違いを犯してはいました。私から見れば、これは本末を転倒したプラグマティズム流のケースです。さらにブラックバーンは、サルトルの作家としての器用さをたたえています。サルトルはたとえば、意識せずに自分自身のパロディを演じる、あの有名なカフェのボーイの肖像におけるように、哲学的な言説のただ中で小説家としての才能を展開することをためらわなかったと言うのです。しかしながら、まさにこのジャンルの混合こそが、伝統的かつ正統派のイギリスの大学人たちが怪しげだと思ったものであり、またイギリスの諸大学の哲学界において、サルトルに対する軽蔑と言わないまでも猜疑心を引き起こしたのです。

こうしたことからいかなる結論を引き出すべきでしょうか。サルトルに対するイギリス人の態度（態度なるものがあるという限りにおいてですが）は、疑いと嘲りが半々です。疑い、というのも、あまりにもやすやすとやってのける――「あまりにも頭がよすぎる」――奴、ああまで何でもかんでも仕事としてやってのける奴というのは、疑う必要があるからです。作家が哲学者、小説家、劇作家、論客、ジャーナリスト、評論家のいずれかでありうることは認めよう、しかし同時にすべてとは。そうなるとそれはディレッタンティズム以外の何ものでもなく、結局、単純に割り切りすぎるが、決して純粋ではないということになります。そしてこれは、受け入れがたいことなのです。他方、嘲りがあります。サルトルは、どちらかというと難しく、抽象的で、アングロ・サクソン的な精神には根本的に無縁の思想をごちゃごちゃと生み出した人間であるばかりでなく、性倫理では変態で、政治倫理では危険な背の低いおじさんです。彼のことを笑うのでないとすれば、怖いと思うべきだろう、ということです。

事細かに言う必要はまったくありませんが、この分析は、サルトルの業績の本当の価値についてというよりも、イギリス人たちの知的保守主義と倫理的曖昧さについてはるかに多くのことを教えてくれます。教養ある人々が、「実存主義の法王」に対する猜疑心もしくは嘲りによって結束していると思われるこの国の総括を少ししてみましょう。

人口の九十パーセントが教会に行かない国において、自分が無神論者だとあえて宣言する者はほとんどいません。

結婚の半数が離婚によって終わる国において、サルトルとボーヴォワールの「期限付き契約結婚」およびその「本質的な愛」と「偶然の関係」をあえて誰がたたえるでしょうか。

あらゆる政党の男女の政治家が、個人の選択の優位を強調してやまない国において、誰ひとり、あえて自分が本質的に自由であり、自らの行為について本源的に責任があると宣言する者はいません。いつもほかに責任のある者がいるのです。

首相がテロを「無実の市民の計画的殺人」と定義する国において、下院六百五十人のうち（最大限）一握りの議員だけが、それはまさに首相自らがイラクで行なったことの結果である（サルトルの言う

「暴力と対暴力」の反映）と、彼に指摘する勇気を持ち合わせていました。

「民主主義の発祥地」や「議会制の母親」を吹聴して倦むことの決してない国において、現在の政府が、得票可能数の二十二パーセントを獲得したのみで、議会において過半数プラス六十議席を占めているという事実を誰が思い出そうとするでしょうか。別の言い方をすれば、政治的権利を持つ成人の七十八パーセントが、今から二〇一〇年まで耐え忍ばなければならない政府に賛成の票を投じなかったということです（サルトルの「間抜け狩り選挙」［『シチュアシオンX』］の想起）。

そしてまた、他の国の一部（特に中東）の「中世的な神権政治」を嘆くことにやぶさかでない国において、首相によって任命される英国国教会の大司教が自動的に貴族院（つまり参議院）の議員となるという事実、および国教会の首長（女王）が正真正銘の国家元首でもあるという事実を誰が気に掛けるでしょうか。（反ユダヤ主義者がユダヤ人を「作り出す」のとまったく同じように、親キリスト教主義者がイスラム原理主義者を「作り出す」と言いたくなるでしょう。）

これくらいにしておきましょう。イギリスの「一般の人々」の精神の驚くべき偏狭さ、および恒常的で制度化された、つまり無意識の偽善を、恥ずかしながらもはっきりと証明する逆説と矛盾はまだまだあります。私が思うに、海峡の向こう側で、サルトルの小説や劇作に対するある種の好奇心が間歇的に生じたにもかかわらず、その思想が、比較的受け入れられなかったのは、それが、アングロ・サクソンの知識人にとって、あまりにも広範囲にわたり、重層的であり、特にあまりにも緻密であったから、つまり、弁証法的であったからです。アングロ・サクソン的知識人というのは、本人に言わせると規律正しく分析的ですが、ゆるぎなく保守的であり、想像力と度量を欠いており、型どおりで何世紀も前から構造的に確立された項目にしたがってすべてを仕分けすることを好むのであります。

しかしながらそれでもかすかな希望の光がいくらかでもあるでしょうか。自称「大衆向けで実用的」で、したがって（大学関係の雑誌とは異なり）キオスクで売られている哲学雑誌が二点、サルトルに対する関心を掲げようとしていることに注目したいと思います。ひとつは「哲学者マガジン」*The Philosopher's Magazine* であり、二〇〇五年の夏に、（先ほどお話しした）二〇〇四年十月にラジオで放送された討論会の縮約版を載せています。もうひとつの雑誌「哲学現在」*Philosophy Now* は、二〇〇五年十二月に特集号をサルトルにささげています。ここに、サルトルが生きているあいだに「出会う」には若すぎた世代における、サルトル再生の小さな指標を見出すべきでしょうか。一般に、自分たちの親の偏見をすべては分かち持っていない（そうあって欲しいものです）、そしてサルトルのやり方が、われわれの時代特有の諸問題にとって根本的に重要であると考えるのにやぶさかでない、四十歳以下の世代です。サルトルは、アングロ・サクソンの新たなる知識人たちの自由に対して、あまりにも破廉恥な上の世代の頭越しに、墓から、なおも呼びかけて来るのでしょうか。その若返ろう、自らを刷新しよう、自らに異議を唱えよう、また年下たちの仲間に入っていこうという飽くなき欲求を持っていたサルトルは、これ以上サルトルらしい墓碑銘を望まなかったかもしれません。

（1）Ian Birchall, *Sartre Against Stalinism*, Oxford: Berghahn, 2004; Jean-Pierre Boulé, *Sartre: Self-formation and Masculinities*, Oxford: Berghahn, 2005; David Drake, *Sartre*, London: Haus, 2005; Ben O'Donohoe, *Sartre's Theatre: Acts for Life*, Bern: Peter Lang, 2005.
（2）*La Force de l'âge*, Paris: Gallimard, 1960, p.151.
（3）*Ibid.*, p.150.

サルトルと韓国

邊 光培
柴崎秀穂訳

はじめに

このコロックで私に与えられたテーマは「サルトルと韓国」です。私がこのテーマを論じるよう依頼された理由の一つとして、日本と韓国との地理学的な近接性にもかかわらず、サルトル研究に関しては現在まで両国の間で知的な交流がほとんど全くなかった、ということがあるでしょう[1]。このようなテーマを依頼されたことから、私は、日本の友人たちが韓国におけるサルトル研究の現状について、多くの好奇心を持っているに違いないと想像します。残念ながら、私に割り当てられた時間で友人たちの期待に完全に応えることは困難ですし、さらに言えば不可能だろうと思います。しかも、このテーマは非常に広大でかなり漠然としたものですから、私はプラグマティックな観点を採用することにしました。そこで、次の三つの問いについて考えることにいたします。すなわち、韓国人にとって、サルトルとは何者だったのか。今、サルトルとは何者なのか。そして、近い将来サルトルとは何者であるのだろうか。

この三つです。

第一の問いは、韓国におけるサルトルの受容を説明することと密接に関連するでしょう。そのために、特にサルトルの作品の翻訳について調べてみましょう。第二の問いは、韓国におけるサルトル研究の現状を記述することに関わっています。特に、一九九五年に設立された「韓国サルトル学会」の活動について、簡単に紹介しておきたいと思います。第三の問いにアプローチするに当たっては、韓国における将来のサルトル研究の主導的な方向性がどのようなものになるのか、予測してみたいと思います。そのことと関連して、時間があれば、私はアジアにおける、特に極東におけるサルトル研究の新たな発展のために、建設的なアイディアを概略的に述べてみたいと思います。

韓国におけるサルトルの受容の三つの段階

一九四八年

サルトルが韓国に出現したのは一九四八年だということに関しては、韓国の研究者たちの間で意見の一致を見ています[2]。いくつかの研究によれば、サルトルの名が朝鮮半島に紹介されたのは、さらに以前まで、すなわち四〇年代の初頭まで遡ることができるようです。実際、彼の名は、この時代に出版された新聞やいくつかの文芸誌では、あちこちで言及されています。しかし、一九四八年という年が、韓国におけるサルトルの受容の真の到来をマークしていると信ずるに足る、十分な理由があります。というのも、サルトルの文学作品の一つが初めて翻訳されたのが、まさにこの年だったからです[3]。その作品とは「壁」、フランスで一九三九年に出版された同名の短編集に収められた五編の中の最初の短編です。

このように、サルトルと韓国との間には、およそ六十年にわたる共通の歴史があるわけです。私の考えでは、この歴史は、大きく三つの段階に分割することができます。まず、一九四八年から一九七〇年までの段階。一九七一年から一九九五年までの段階。九五年とは、韓国サルトル学会が設立された年です。そして最後に、一九九六年から現在までの段階です。私たちは、それらの段階をそれぞれ、サルトルの「全盛」の段階、「冷却」の段階、「復活」の段階と名づけたいと思います。私たちは、まずこの三つの段階を簡単に解説し、それから、それらの各々に固有な特徴を解明してみたいと思います。

サルトル全盛の段階

第一の段階は、なによりもまず、韓国においてサルトルに対する関心は五〇年代と六〇年代に拡大していった、という事実によって説明されます。特に、一九五〇年に勃発し一九五三年に終結した朝鮮戦争の後で、サルトルの影響は極めて強大でした。この影響は、韓国においてもまた「サルトル現象」[4]と名づけるに値します。この現象は、サルトルの文学作品や哲学論文がたくさん翻訳されたという事実に、端的に現れていると言うことができます[5]。さらに付け加えなければならないのは、一九五一年、朝鮮戦争のさなかに、『汚れた手』が上演されたということです。この方面で多くの研究が、いわゆる実存主義的な思想に基づいて為されてきましたが、そうした思想の中には例外なくサルトルの名が現れています。ついでに指摘しておけば、何人かの韓国の作家は、サルトルの文学作品によって直接的に着想を得た、あるいはサルトルの哲学思想によって影響を受けたと明言しています。

他方で、「サルトル現象」は六〇年代にも継続しました。この時代には、サルトルの戯曲のいくつかが韓国語に翻訳され、上演されました。たとえば、「墓場なき死者」（一九六二年）[6]、「出口なし」（一九六三年)、「恭しき娼婦」(一九六三年)などです。『言葉』の翻訳(一九六四年)は、まさにサルトルの人気の絶頂をマークするものでした。ご存知のように、サルトルは一九六四年にノーベル文学賞の受賞者に指名されましたが、受賞を拒否したのでした。

サルトルの名声は六〇年代の後半になっても韓国では維持されました。特に、彼の文学的アンガジュマンの理論によってです。このことに関して、次の点は興味深いと思われます。つまり、政治的民主化は、韓国人にとって、一九六〇年以降の最優先事項の一つだったということです。一九六〇年とは、学生たちによる革命が失敗した年です。この革命の後、軍人たちがクーデターによって権力を掌握したのです。民主化という至上命令は、文学の領域において、「純粋文学」と「アンガジュマン文学」との間の有名な論争を引き起こしました。この論争の争点は、まさしくサルトルの文学的アンガジュマンの理論でした。特に『文学とは何か』で展開された理論です。このように、アンガジェ〔政治参加〕した作家としてのサルトルの形姿は、六〇年代後半の韓国において注目を引くものだったのです。

以上の考察からお分かりのように、韓国人たちは一九四八年から一九七〇年まで、やはりサルトルに熱中していました。まさにここにおいて、韓国におけるサルトルの受容について本質的な問いが提起されます。それは次のような問いです。すなわち、なぜ韓国人たちは、二十年以上にもわたって、サルトルをこんなにも愛したのか。この問いは、よく考えてみると面白いものです。というのも、サルトルは一九四五年から少しずつ共産主義に接近し、それ以降共産主義者たちの「同伴者」となったからです。反対に韓国は、まさに反共産主義をその〈国家理性〉とするような国になりました。「共産主義者と平和」の中の一文を思い起こしてみましょう。サルトルはこう書いています、「反共産主義者は犬である」(*Sit. VI* 248–249)と。ところが韓国では、共産主義こそまさに、拒絶すべき敵性イデオロギーのナンバーワンでした。その上、朝鮮戦争が勃発したときには、サルトルはフランス共産党の見解にならって、戦争は「南」が「北」を攻撃したことによって起こったと明言しました。[7] こうしたことから、五〇〜六〇年代の韓国におけるサルトルの受容には一種の「逆説」がある、と言わなければなりません。別の言い方をすれば、韓国人たちはサルトルを嫌悪する十分な理由を持っていながら、それにもかかわらず二十年以上にわたってサルトルを愛したのです。それでは、こうした逆説はどこから来たのでしょうか。

この問いに関しては、次の二つの点に留意するべきだと思います。第一に、フランスにおける戦後の状況と韓国における停戦後の状況との類似性です。第二に、輸送と通信の手段の不十分さです。第一の点は、韓国におけるサルトルへの関心を説明する最重要理由の一つです。フランスにおいてそうだったように、韓国においてもまた実存主義思想は、戦後、人々が精神的に立ち直るために役立ちました。言い換えれば、同胞間で地獄のような戦争を経験した後で、韓国人たちは人間的な諸価値と人権とを尊重する立場を取りたいと考えたのです。第二の点も、韓国におけるサルトルの、こう言ってよければ「遅れて来た」流行において、無視できない役割を果たしました。実際、当時は輸送と通信の手段が不十分だったために、韓国では、「メイド・イン・フランス」の思想はどんな思想であれ、十年以上遅れて受容せざるを得ませんでした。そして、この場合、それがサルトルの思想だったというわけです。

冷却の段階

第二の段階の特徴は、韓国人たちがサルトルから少しずつ遠ざかって行ったということです。サルトルは最後にはほとんど全面的な「忘却」に陥りました。ご参考までに確認しておきますが、七〇〜八〇年代の韓国において、政治的民主化はまだ果たされることはできませんでした。さて、七〇年代においでは、実存主義の哲学者としてのサルトルのイメージは徐々に消え去って、他方、アンガジェした知識人作家としてのイメージが前景に出てきます。おそらくこうした理由によって、サルトルのいくつかのテクスト、たとえば「『レ・タン・モデルヌ』創刊の辞」(一九七四年)や『知識人の擁護』(一九七九年)などが、遅ればせながら韓国語に翻訳されました。

しかしながら、サルトルは八〇年代前半になってもなお、韓国において、とりわけ韓国の知識階級の間では、重視されていました。その証拠に、この時期には、サルトルの戯曲のいくつかが再演されていますし、また「アルトナの幽閉者」の上演(一九八四年)、あるいはシナリオ『フロイト』の舞台化(一九八八年)、等々がありました。さらに、『シチュアシオンⅥ』のいくつかの論文(一九八三年)、『ボードレール』(一九八五年)、『ボーヴォワールとその他の女たちへの手紙』(一九八五年、邦訳題名『サルトル書簡集1——女たちへの手紙』『サルトル書簡集2——ボーヴォワールへの手紙』)が韓国語に翻訳されました。[8]

しかし、それにもかかわらず韓国人たちは、とくに一九八八年以降、サルトルから距離を取るようになります。一九八八年とは、韓国において政治的民主化が始動したとみなされている年です。九〇年代の前半には、サルトルの作品はあまり翻訳されていません。『自由への道』(一九九一年)と『方法の問題』(一九九三年)の翻訳を除けば、彼の作品の新しい翻訳は出版されませんでした。一言で言えば、九〇年代前半の韓国においては、サルトルに対する関心は冷え込んでしまったのです。

一体なぜ、このような冷却化が生じたのでしょうか。この問いに答えるために、まず次のことを確認しておきましょう。すなわち、サルトルのマルクス主義は、韓国において、特に進歩的勢力の陣営によって拒否された、ということです。ご存知のように、『方法の問題』において、サルトルはマルクス主義を彼自身の実存主義と調和させようとしました。ところが、このように実存主義に浸透されたマルクス主義こそを、進歩的勢力の陣営――タカ派であれハト派であれ――は、基礎的イデオロギーとして受け入れることを拒否したのです。このことはまた、他方では、北朝鮮においてサルトルが全面的に禁止されたことをも説明するものです[9]。

次に、サルトルは韓国の保守的勢力によっても拒絶された、ということも指摘しておきましょう。少し前に述べましたように、サルトルはある時期、共産主義者たちの同伴者でしたし、朝鮮戦争の原因を解釈する際にも、共産主義者たちの意見に従ったからです。さらに付け加えて言えば、サルトルはその無神論的態度のために、他国と同じように韓国においても、カトリックとプロテスタントの人気もすでに失っていました。

このように、時を経るにつれて、両側から、つまり進歩勢力からも保守勢力からも、見捨てられたり嫌悪されたりして、サルトルは少しずつ韓国で地歩を失っていきました。一九八〇年の彼の死さえも、それほど韓国人たちの注意を引きはしませんでした。韓国においては同じ時期に、四月と五月にわたって、国家的暴力がその絶頂を極めていたからです。［サルトルが死去したのは、四月十五日。韓国では、五月十七日、民主化要求に対して全土に戒厳令が敷かれ、五月二十七日には光州事件が起きている。］サルトルの名は、韓国人たちの記憶から徐々に消え去って行ったのでした。

このことに付け加えて、サルトルの忘却を加速した要素がもう一つあります。それは、ヌーヴォー・ロマン、構造主義[10]、ポスト構造主義[11]が紹介されたことです。ヌーヴォー・ロマンの作家たちは、朝鮮半島で多くの読者を獲得することには成功しませんでした。しかしそれでも、彼らはサルトルを忘却させることには貢献したと思われます。とりわけ、構造主義の到来は、韓国において決定的にサルトルの権威を失墜させました。そして、ポスト構造主義の騒々しい大流行があって、その後九〇年代の初めにはアメリカの知識人たちの影響で、ポスト構造主義がポスト・モダニズムに変貌し、韓国ではもはやサルトルの名は口にされなくなりました。しかも、こうした理由のために、一九五〇年以後に出版されたサルトルの作品の大部分と彼の死後に出版された作品は、この時期にはまだ、韓国語に翻訳されていませんでした。[12]

復活の段階

一九九五年を待って初めて、韓国の人々はこうした忘却から、部分的にであれ脱することができました。というのも、この年に、韓国サルトル学会が設立されたのです。サルトルの専門家十人が、この学会に参加しました。私もそこに属しているわけですが、この学会は設立以来、定期的な会合を開いています。私たちはサルトルの草稿の出版や、とりわけフランスや英語圏における、サルトルに関する論文や新しい研究の発表に注目しています。私たちはそれらを読み、それらについて議論し、それらを紹介しようとしています。また、サルトルについての著作を出版しています。[13] さらに現在までまだ翻訳されていないサルトルの作品を翻訳し、[14] すでに訳されている作品を改訳している最中です。[15]

韓国サルトル学会の創設以降、サルトルに関する研究の数は飛躍的に増加しています。ここでは、これらの研究の傾向を分析するつもりはありません。それでも、そこにある種の多様性を見て取ることはできます。実際、伝統的といわれる諸研究においては、サルトルの文学作品はサルトル自身の哲学的概念を通して読解され分析されていますし、またいわゆるフォルマリスト的あるいは「ヌーヴェル・クリティック」的な諸研究もあります。結果は不十分に、というより貧しいようにさえ見えるかもしれません。しかしこの結果を評価するに当たっては、どうしても次の事実を考慮していただきたいのです。すなわち、韓国にはサルトルの専門家は十人しかいないこと、彼の哲学の専門家は一人しかいないこと、そして私たちの国では、人間科学の分野において研究の諸条件はますます悪化している、ということです。

韓国におけるサルトル研究の展望

このようにサルトルは、韓国で研究されてきた六十年の歴史の間に、浮き沈みを経験してきました。しかし現状では、私たちの国におけるサルトル研究の未来を予測することは非常に難しいと思います。しかし私たちは、近い将来に関しては国内的レベルでも国際的レベルでも、いささか楽天的になる十分な理由を持っています。確かに、研究者の数が少ないですし、私たちに認められる予算も低額なので、韓国サルトル学会の活動には限界があります。他方で、このことは利点とみなすこともできます。たとえば、素早い決定、強固な団結、研究のための努力の集中などが可能になりますから。その上、後継者も確保されているようです。現在、少なくとも二人の学生が、フランスでサルトルについて研究しているのです。

韓国におけるサルトル研究に関連して、私はただ、進行中のいくつかの研究計画を報告しておくにとどめたいと思います。それらの計画の一つは、サルトルの哲学的、文学的、政治的思想を、他の思想家や作家の思想と比較しようとするものです。私は特に、ヘーゲル、マルクス、フロイト、フッサール、ハイデガー、メルロ＝ポンティ、レヴィ＝ストロース、ラカン、デリダ、フーコー、レヴィナス、ドゥルーズ、リクール、アロン、カミュ、ジィド、プルースト等々の名を考えています。まさにこの計画の一環として、韓国サルトル学会は今年（二〇〇五年）の七月、韓国でコロックを開催しました。その機会に私たちは、サルトルとデリダ、『悪魔と神』に関してサルトルとリクール、ジュネを介してサルトルとバタイユ、贈与の概念を通してサルトルとモース、等々を比較対照してみました。さらに私たちは、朝鮮半島の統一を予測して、それゆえ、もしそれが存在するなら北朝鮮で為されたサルトル研究をも考慮に入れて、サルトルについての包括的な研究を準備しなければならないでしょう。

国際的なレベルで言えば、韓国サルトル学会の未来は暗いものではまったくありません。二〇〇四年、私たちはフランス・サルトル学会と関係を結びました。そしてフランス・サルトル学会を介してこそ、私たちは日本サルトル学会と韓国サルトル学会との間に関係を築くことができたのです。私たちは、世界中の他のグループとも新しい協力関係を作りたいと考えています。そうしたことは韓国におけるサルトル研究の発展に新たな飛躍の機会を与えてくれるものと、私たちは確信しています。

まさにこのことに関連して、私はアジア・サルトル学会の創設を願っています。サルトルは生前、日本と中国を訪問してアジアに足跡を残しました。日本におけるサルトル研究の水準は、量的な意味だけではなく質的な意味でも、非常に高いことが知られています。また中国でも、サルトルに関心を持つ多くの研究者が存在することが知られています。もし私たちが、北米大陸の例にならって、アジア・サルトル学会を設立することに成功すれば、それは必ずや、アジアおよび世界において、サルトル研究の発展に大いに貢献するでしょう。

（1）例外として、ソウル・カトリック大学名誉教授の鄭明煥氏のケースがある。鄭氏は、哲学美学比較研究国際センター（本部は、〒一〇二-〇〇九三東京都千代田区平河町二-七-一 塩崎ビル）の会員である。

（2）尹貞姃「韓国におけるサルトルの受容」を参照。（サルトル生誕百周年に際してスリジー・ラ・サールで開かれたコロックにおける、発表のテクスト。このコロックの記録は二〇〇七年に出版される予定。）

（3）「新しい土地」第九号（第四集、一九四八年十月、ソウル）を参照。（この雑誌は、韓国における最初の実存主義特集号である。）

（4）ここで私たちが特に考えているのは、『「サルトル現象の誕生」――成功の理由1938-1945』というタイトルの論文集である。この本は、イングリッド・ガルステールの指導の下に、二〇〇一年スイユ社から出版された。

（5）代表的なものを列挙すれば、「壁」（一九四八年）、『実存主義はヒューマニズムである』（一九五三年）、「カミュへの返答」（一九五六年）、『嘔吐』（一九五八年）、『蠅』（一九五八年）、「唯物論と革命」（一九五八年）、『分別ざかり』（連作『自由への道』第一巻、一九五八年）、『存在と無』（一九五八年）、『文学とは何か』（一九五九年）、『シチュアシオンI』抜粋（一九六〇年）等々。

（6）本文および脚注において括弧で示した年号は、韓国語に翻訳された年あるいは韓国で上演された年である。

（7）サルトルが犯したこの誤りについては、邊光培「サルトルと朝鮮戦争」を参照。（サルトル生誕百周年に際してスリジー・ラ・サールで開かれたコロックにおける、発表のテクスト。）

（8）たとえば、「出口なし」（一九八二年）、「蠅」（一九八三年）、「墓場なき死者」（一九八五年）、「恭しき娼婦」（一九八六年）、「汚れた手」（一九八七年）。

（9）張師善「韓国と北朝鮮における実存主義文学の受容についての比較研究」（「比較文学」第二十七号、二〇〇一年）を参照。

（10）ここでもまた、フランスの文化的事象の受容という観点から見ると、フランスと韓国との間にはほぼ十年の隔たりがある、という事実を考慮しなければならない。

（11）通信手段の発達、とくにインターネットの発展によって、九〇年代の後半以降は、六ヶ月未満の期間で、フランスから哲学的な潮流を受容することができるようになった。

(12) 代表的なものを挙げれば、『弁証法的理性批判』『聖ジュネ——俳優にして殉教者』、『家の馬鹿息子』、『奇妙な戦争』、『倫理学ノート』、『マラルメ論』、『真理と実存』等々。

(13) 私たちはこれまでに二つの著作を出版している。『サルトルと20世紀』(一九九九年) と『フランス知識人と朝鮮戦争』(二〇〇四年) である。さらに、雑誌のサルトル特集号が三点ある。「現代文学」(二〇〇〇年と二〇〇五年)、「文学と社会」(二〇〇五年) である。

(14) 『弁証法的理性批判』、『シチュアシオンⅣ』など。

(15) たとえば、『言葉』、『壁』、『嘔吐』、『存在と無』。『存在と無』の改訳を依頼されたのは、二〇〇五年の秋、東京サルトル・シンポジウムの直前である。

カナダにおけるサルトルのプレゼンス

マドレーヌ・ゴベイユ＝ノエル
石崎晴己訳

ジャン＝ポール・サルトルは、戦後の世界において、カナダに、そして特にケベックとケベックのフランス語使用層に最も影響を及ぼした知識人であった。このことは何憚ることなく断言することが出来る。すでに一九四五年に、最初のアメリカ旅行の際、サルトルは、彼の思想を広めようと願っていたモントリオールのリベラルな知識人グループの許に短い訪問を行っている。当時ケベックは鉛の司祭服の支配下にあり、認可されない書物は禁書目録に載せられ、聖職者が人々の精神と慣習を支配していた。

そこで一九四六年一月にサルトルの戯曲『出口なし』が上演された時から、サルトルと実存主義に対する戦いが始まったのである。この劇は当初は、観客にも批評家たちにも実質的な成功を博していたのだが、カトリック系の新聞に拠る一群の検閲者たちが、「下劣」で「変質者」の登場人物の登場する劇を書いた「無神論者」の作者に対するキャンペーンを開始した。これに続いて『蠅』も上演される予定だったが、劇団は上演を諦めねばならなくなった。

サルトルは一九四六年に再びモントリオールを訪れ、六百人の聴衆を前にして、「一九一四年から一九四五年のフランス文学」と題する講演を行った。聴衆の大部分は、サルトルの思想についても作品についてもほとんど知識がなかったが、この講演は猛烈な論争を引き起こすことになった。その論争は新聞界が煽り立てたものだったが、これのお蔭でサルトルはメディア上の成功を勝ち得、プレスの世界に大幅に浸透することができた。その事情はシャーブルック大学のイヴァン・クルーチエ教授が以下のように報告している通りである。「モントリオールの三大紙でのサルトルについての明示的言及の数は、一九四五年には五件、一九四六年には七十二件、一九四七年には二十四件、一九四八年には二十六件、一九四九年には十八件、一九五〇年には三十一件となる。サルトルの影響は、伝播するメッセージが公衆の関心を反映するものであるだけに、なおさら大きい」。

当時、大学で最も研究されていた哲学体系はトマス・アクイナスの哲学である。しかし一九四七年からは、モントリオール大学の何人もの教授が講義でサルトルの思想に触れ、サルトルをテーマとする博士論文も出現する。新たな思潮を受け入れ易い知的風土も姿を現しつつあった。五〇年代には、作家ジャック・ゴドブーによるサルトルについての修士論文計画の拒否といった、いくつかの障害もあり、またモントリオール大学文学部がサルトルの作品を制度的に受容するのはかなり遅かった、ということもあったが、サルトルの作品に含まれる自由、アンガジュマン、責任、民主主義といったテーマは、自由と開放を希求する精神の持主たちによって、研究されるようになった。

五〇年代の終わり頃、そして六〇年代の間にカナダで確立した新たな知的風土においては、宗教的信仰の危機と集団的アイデンティティの探究が際立った現象となった。また他の思想家たちの影響も目につくようになる。フランツ・ファノン、ジャック・ベルク、アルベール・メンミといった、イデオロギー的・政治的解放を説く思想家たちである。『第二の性』で読者を獲得したシモーヌ・ド・ボーヴォワールは、男性の後見から解放され、十全な物質的・性的自立性に到達しようとする厖大な女性読者層をもたらした。

六〇年代の間に、若い作家たちは、ジィド、サルトル、カミュに取り組むことをためらわなくなり、「無神論」を標榜したり、「不可知論者」を自称したりした。アンドレ・マジョールが説明しているように、「サルトル的な現象学的思想と弁証法的唯物論は、ケベックの左翼青年層を最も的確に代表するものであった」。当時の知識人層にとって最も重要な価値は、サルトルが考え生きているような自由、人間の共同体のただ中における参加し責任を伴う自由であった。

六〇年代の間に、ケベック独立派の要求は強まり、彼らはさまざまな雑誌で、マルクス、ベルク、メンミ、ファノンといった植民地解放の思想家たちに依拠して論陣を張った。このうちメンミとファノンは、ファノンの『地に呪われたる者』とメンミの『植民者の肖像と被植民者の肖像』へのサルトルの序文のお蔭で知られるようになった者である。イヴァン・クルーチエが説明しているように、「サルトルは、戦時中の大々的な雪解けと、六〇年代の静かなる革命という、二つの根底的な激変期を体験した二つの世代に影響を刻み込んだ」のである。

オンタリオ州のオタワ大学の若い文学教授であった私自身も、サルトル思想の普及に貢献した。カナダのテレビの放映用に三時間の映画を製作したのである。私は一九五八年以来サルトルとシモーヌ・ド・ボーヴォワールの知遇を得ており、そのお蔭でラジオ・カナダで放映予定のこの映画を撮影することができたわけだが、その時、共同インタビュアーとなってくれたのが、ジャーナリストにして映画作家のクロード・ランズマンで、周知の通り、彼はいまでは「レ・タン・モデルヌ」誌の編集長を務めており、また、ユダヤ人虐殺についての記念碑的（上映時間九時間）映画『ショアー』を製作した。サルトルとシモーヌ・ド・ボーヴォワールがテレビに登場することを了承したのは、その時が初めてだった。二人はそれぞれ六十二歳と五十九歳で、その年、一九六七年は、一九六八年の大変動の直前の決定的な転換の年であった。全部で三時間の映画の最初の一時間は、すべてがサルトルのインタビュー、次の一時間は、シモーヌ・ド・ボーヴォワールのインタビューであり、最後の一時間は、二人の作家の「交差する肖像」である。二人は驚くほどの闊達自在さで自分の知的道程について語っている。当時サルトルは、『言葉』を書き上げたところで、ノーベル文学賞を辞退し、ヴェトナムでの戦争犯罪を裁くラッセル法廷の裁判長を務め、記念碑的な大作「フローベール論」を始めようとしていた。

このラジオ・カナダのサルトル・インタビューは、サルトル生誕百年に当たって、フランス国立図書館が企画したサルトル展のカタログの付録ＤＶＤの素材として選定され、ＤＶＤ化された。「交差する肖像」の方は、一九六七年三月二十八日に放映され、カナダにおけるサルトルの「正統化」の過程の中で決定的な一歩を画すことになる。

一九八〇年のサルトルの逝去に当たって、何人もの作家が、サルトルがカナダに、とりわけフランス語圏に何をもたらしたかを表現しようとした。そのうち最良の証言は、イヴァン・クルーチエが報告しているように、おそらくは若い文芸評論家レジナルド・マルテルの証言であろう。

「大暗黒時代の若者たちにとって、サルトルは強力な起爆剤であった。逆説的なことであるが、私たちが自由に思考するすべを学び、己の確信に従って行動しようと試みたのは、彼の後見のもとにおいてであった。彼が行った論争は私たちのものであり、私たちは作家のアンガジュマンの問題や、アルジェリアの問題、その他あらゆる問題について延々と議論を続けたものだ」（マルテル、一九八〇年）。

サルトルはカナダ社会の開放に貢献し、カナダがより自信を抱くことに貢献した。彼の作品は、カナダの大学のいくつもの文学・哲学科で研究され続けており、修士論文と博士論文の主題となり続けている。

サルトル生誕百年の今年、私はカナダの九都市（モントリオール、オタワ、トロント、ヴァンクーヴァー、ヴィクトリア、エドモントン、カルガリー、モンクトン、ハリファクス）を巡って、「サルトルとシモーヌ・ド・ボーヴォワールの交差する肖像」を上映した。エドモントン大学、モンクトン大学を初め、各大学では、さまざまな主題――「サルトルとセリーヌ」、「サルトルと精神分析」、「今日の黒いオルフェ」、「サルトルとシモーヌ・ド・ボーヴォワール、神話的カップル」、「今日におけるサルトル思想」――でシンポジウムが開催され、私はサルトルの思想の鮮烈さを改めて確認することができたのである。

また同様に、サルトル生誕百年を記念して、新聞、ラジオ、テレビには、数多くの論説が掲載・発表されている。

*

閉会の辞

鈴木道彦

この記念すべきサルトル国際シンポジウムに参加できましたのは、私にとってたいへん幸せなことでした。その最後に何かしゃべるようにと言われましたので、ごく簡単に閉会のご挨拶を述べさせていただきます。

まず、遠いさまざまな国からわざわざ参加してくださった方々を初め、非常に興味深い研究や討論を披露してくださったすべての発表者に、心から御礼を申し上げます。おかげで充実した豊かな内容の、きわめて有意義な二日間になりましたことを、深い感謝をこめて、皆さんとともに喜びたいと思います。

またこの会場を使わせていただき、さまざまな便宜を図ってくださった青山学院大学の関係者の方々、さらに何ヶ月にもわたる大変なご努力でこの企画を準備し、実現してくださったすべての方々にも、篤く御礼を申し述べます。

私はすべての発表や討論を聴かせていただきましたが、サルトル研究の進展には目を見張る思いでした。私が若い研究者だった時期には、日本で将来このようなシンポジウムを行うことなど、とうてい考えられないことでしたから。

「若い研究者だった時期」と申しましたが、私はここに参加しておられる方々のなかで、最も老人の世代に属しています。ですから私のサルトル経験は、きっと皆さんのサルトル経験と大きく異なっていることでしょう。そこで、いくらか「閉会の辞」を逸脱するかもしれませんが、この機会に二、三のエピソードを紹介させていただきます。

私が給費留学生として初めてフランスに行ったのは一九五四年でしたが、そのときの研究テーマは、サルトルではなくてプルーストでした。ところが当時のソルボンヌ大学には、プルーストの専門家が一人もおりません。指導教授からはいきなり、「あなたの好きなことをおやりなさい。私にはあなたにアドヴァイスをするわけにいきませんから」と言われる始末でした。

そこで私は、『失われた時を求めて』の最初のプレイヤード版を刊行したばかりのアンドレ・フェレとピエール・クララックに会いに行き、助言を求めるとともに、ソルボンヌ大学の教授にはときどきリポートを提出して、自分の勉強の状況を伝えることにしました。あるとき、私は小説の形態にふれた報告を書いて、そのなかでサルトルを引用したことがあります。皆さんよくご承知のように、『文学とは何か』のなかには十九世紀小説をめぐる「第一の語り手」、「第二の語り手」といった分析がありますが、あの一節を引いて『失われた時を求めて』と比較したのです。ところがこれが指導教授には気に入りませんでした。私は教授から、「サルトルの名前など引く必要はありません」と、ぴしゃりと言われる結果になったのです。

これが五〇年代半ばのソルボンヌ大学の雰囲気でした。プログラムにプルーストはなく、シュールレアリスムもない。そしてサルトルは、名前を引用するだけで顰蹙を買いかねなかったのです。

にもかかわらず、私がサルトルの新たな一面を発見したのも、この五〇年代のフランス滞在のときでした。というのも、当時はアルジェリア戦争の真っ最中だったからです。そしてむろん、カルチエ・ラタンで出会うすべての若者たちは、遅かれ早かれアルジェリアに駆り出されることになるので、この戦争のことで頭が一杯でした。そのような状況のなかで、植民地主義を体制として糾弾するサルトルの明快でラディカルな態度表明は、私たちの関心を引かずにはいなかったのです。

私が本腰を入れてサルトルの勉強を始めたのは、このときからです。またそれ以来、彼の最期のときまで、私は一度もサルトルを、単なる研究対象として眺めたことはありません。常に自分と同時代を生きる人として、彼に注目してきたのです。

初めてサルトルに会ったのは一九六六年、彼の来日のときでした。そしてこのときは、ヴェトナム戦争の真っ最中だったのです。昨日シカールさんは、小林康夫さんの質問に答えて、サルトルの「開かれた精神」ということを語られましたが、最初にサルトルに会った瞬間から私もそのことに魅了されました。また同じことですが、彼がこちらの言いたいことを直ちに理解するその頭の回転の速さにも私は驚嘆しました。

この来日のときに、「文芸」という日本の雑誌が、サルトルを囲む座談会を企画しました。そして私は鮮やかに記憶していますが、この席で彼は、自分がシュールレアリスムとプルーストに深く影響されたということを、実にはっきりと語っていたのです。それは私にとって、意外でもなんでもないことでした。「創刊の辞」でのプルーストへの激しい攻撃や、『文学とは何か』でのシュールレアリスム批判にもかかわらず、もともと私は彼の作品を通して、そんなふうに彼を理解していたからです。

この最初の出会いから一九六九年の初めまでのあいだに、私は何度かパリで彼に会いました。そしてその度に、私たちは長時間にわたり、文学や政治や、その他さまざまな問題について議論をしました。ボーヴォワールは毎回かならずサルトルの横にいて、私たちの議論を聴いていました。彼女は一人で会うと機関銃のようにしゃべる人ですが、この場合はあまりしゃべらずに、ただときおり自分の意見を挟んでいました。

そのころの私は、ある事柄について検討するときに、サルトルはどう思うだろう、とよく考えたものです。もちろん彼の意見に常に賛成するわけではありませんが、少なくとも彼の存在を絶えず意識したという意味で、私は、今日「サルトルの世紀」と呼ばれるものを実際に生きていたことになるでしょう。現在でも、私はときおり、「もし彼が生きていたら、そして気力、体力、知力とも充実していたら、この問題についてどう判断するだろう?」と考えることがあります。それというのも、彼の扱ったさまざまな問題のなかで、依然としてアクチュエルでありつづけているものも少なくないからです。たとえば暴力の問題はその一つでしょう。

以上が、私の持っているサルトルのイメージです。これは、すでに乗り越えられた古くさいイメージかもしれません。若い研究者がこのイメージを共有するとは思えませんし、これからの世代がどんなサルトルのイメージを作り上げるのかは、私には分かりません。ただできることなら、それが死んだ無害なサルトルではないように、自分の時代を勇敢に激しく生きぬいたサルトルであるように、と願うばかりです。ひと口で言えば、生きたサルトルであってほしいと祈るばかりです。

いずれにしましても、きわめて充実した、内容の濃いこの二日間のシンポジウムを終えたいま、私はあらためて、サルトルの作品がこれまで以上に読まれることを、そしてサルトル研究がさらに一段と活発になることを、心から願うものです。そして最後に、このシンポジウムの実現にご協力くださったすべての方に、いま一度篤く御礼を申し上げて、閉会のご挨拶を終えることにいたします。有り難うございました。

あとがき

澤田直

本書は、フランスの作家・思想家ジャン＝ポール・サルトルの生誕百年にあたる二〇〇五年に、青山学院大学で行われた国際シンポジウムの記録論集である。その年は、フランスをはじめ世界各地で大規模な研究会が開かれたが、日本サルトル学会でも青山学院大学文学部の協力を仰ぎ国際シンポジウムを開催することを前年の総会で決定した。理事の澤田と青山学院大学の石崎晴己教授が基本的な構想を立案し、さらに黒川学、鈴木正道、永野潤理事を加えた五名からなる組織委員会を組織したうえで、「新たなサルトル像を求めて」を旗印に企画が進められた。二〇〇〇年にも青山学院大学で国際シンポジウム「サルトルの遺産（文学・哲学・政治）」が行われ、その際にはジュヌヴィエーヴ・イット、ジャン＝フランソワ・ルエット、アンリ・ゴダールなど小説の専門家を招聘したこともあり、今回はそれとは別の側面から、今までとは異なるサルトル像を照射しようというのが、委員の一致した考えであった。

こうして、サルトル美学の専門家ミシェル・シカール、文体論研究で新境地を開いたジル・フィリップの二人をフランスからお招きしたほか、演劇を専門とするイギリスのベネディクト・オードノホー、韓国でのサルトル哲学研究の中心的存在である邊光培、そしてサルトルについての映像作品もあるカナダのマドレーヌ・ゴベイユ＝ノエル女史の参加を得ることができた。それぞれの国におけるサルトル受容と研究の現状を報告するセッション、美術・映画に関するセッションを設けたことによって、（手前味噌になるが）日本とフランスにとどまらない真に国際的で、斬新なサルトル・シンポジウムになったと自負している。

この五年間にはさまざまなことがあったが、私たちにとってはサルトルに関心をもつ若者が増えたことが重要な変化だった。本論集にも二人の大学院生の発表が収録されているが、従来の研究とは一線を画す切り口で論文を書こうとする若手研究者が各地の大学に現れたことはなんとも喜ばしい。また、サルトル作品の新訳や未邦訳も次々と刊行されており、あとがきを書いている今もまた、サルトル最晩年の『家の馬鹿息子』の第三巻が人文書院から手元に届いた。その意味でも、サルトル研究は新たな局面に入ったと思われるし、本論集が新たなサルトルとの出会いのきっかけとなることを祈っている。

二〇〇六年十一月

略号表

本書で頻繁に引用されるサルトルの著作の出典に関しては以下の略号を用いることとし、邦訳のある場合は、原典のページ数に続き邦訳のページ数を記す。ただし、訳文は多くの場合、引用者によるものであることをお断りしておく。また、引用者が以下の版以外のものを用いる場合は、その旨が注に記載されている。

サルトル　Jean-Paul Sartre

CDG：*Les Carnets de la drôle de guerre*, 1983, Paris, Gallimard, nouvelle édition, 1995.
『奇妙な戦争』海老坂武・石崎晴己・西永良成訳、人文書院、一九八五年

CM：*Cahiers pour une morale*, Gallimard, 1981.（『倫理学ノート』未訳）

CRD：*Critique de la raison dialectique*, tome I, Gallimard 1960, nouvelle édition 1985.
『弁証法的理性批判』Ⅰ、竹内芳郎・矢内原伊作訳、人文書院、一九六二年
『弁証法的理性批判』Ⅱ、平井啓之・森本和夫訳、人文書院、一九六五年
『弁証法的理性批判』Ⅲ、平井啓之・足立和浩訳、人文書院、一九七三年

EH：*L'Existentialisme est un humanisme*, Nagel, Paris, 1946.

『実存主義とは何か』増補新装版、伊吹武彦ほか訳、人文書院、一九九六年

EN : *L'Être et le Néant*, Paris, Gallimard, 1943.
『存在と無』新装版　上・下巻、松浪信三郎訳、人文書院、一九九九年

ES : Michel Contat et Michel Rybalka, *Les Écrits de Sartre*, Gallimard, 1970.（未訳）

IF, I : *L'Idiot de la famille*, I, Gallimard, 1971.
『家の馬鹿息子』1、平井啓之ほか訳、人文書院、一九八三年
『家の馬鹿息子』2、平井啓之ほか訳、人文書院、一九八九年

IF, II : *L'Idiot de la famille*, II, Gallimard, 1971.（未訳）

IM : *L'Imaginaire*, Gallimard, 1940.
『想像力の問題』平井啓之訳、人文書院、一九五五年

LN : *La Nausée*, Gallimard, 1938, *Œuvres romanesques*, 1981.
『嘔吐』改訳新装版、白井浩司訳、人文書院、一九九四年

LS : *Le Sursis*, Gallimard, 1945, *Œuvres romanesques*, 1981.
『猶予』佐藤朔・白井浩司訳、人文書院、一九五一年

M : *Les Mots*, Gallimard, 1964, coll. «folio», 1995.
『言葉』澤田直訳、人文書院、二〇〇六年

OR : *Œuvres romanesques*, édition établie par Michel Contat et Michel Rybalka, Gallimard, «Bibliothèque de la Pléiade», 1981.（未訳）

QL : *Qu'est-ce que la littérature?*, coll. «Idées», 1982.
『文学とは何か』新版、加藤周一・白井健三郎・海老坂武訳、人文書院、一九九八年

Sit, I : *Situations I*, Gallimard, 1947.
『シチュアシオンⅠ』生田耕作ほか訳、人文書院、一九六五年

Sit, II : *Situations II*, Gallimard, 1948.
『シチュアシォンⅡ』加藤周一ほか訳、人文書院、一九六四年
Sit, III : *Situations, III*, Gallimard, 1949.
『シチュアシオンⅢ』佐藤朔ほか訳、人文書院、一九六四年
Sit, IV : *Situations IV*, Gallimard, 1964.
『シチュアシオンⅣ』佐藤朔ほか訳、人文書院、一九六四年
Sit, VI : *Situations VI*, Gallimard, 1964.
『シチュアシオンⅥ』白井健三郎ほか訳、人文書院、一九六六年
Sit, IX : *Situations IX*, Gallimard, 1972.
『シチュアシォンⅨ』鈴木道彦ほか訳、人文書院、一九七四年
Sit, X : *Situations X*, Gallimard, 1976.
『シチュアシォンⅩ』鈴木道彦・海老坂武訳、人文書院、一九七五年

ボーヴォワール　Simone de Beauvoir

CA : *La cérémonie des adieux*, Gallimard, 1981, coll. «folio», 2003.
『別れの儀式』朝吹三吉訳、人文書院、一九八三年
FA : *La Force de l'âge*, Gallimard, 1960, coll. «folio», 2003.
『女ざかり』上・下巻、朝吹登水子・二宮フサ訳、紀伊國屋書店、一九六三年

サルトル　21世紀の思想家——国際シンポジウム記録論集

編者
石崎《いしざき》晴己《はるみ》・澤田《さわだ》直《なお》

発行者
小田啓之

発行所
株式会社思潮社
〒一六二—〇八四二　東京都新宿区市谷砂土原町三—十五
電　話＝〇三—三二六七—八一五三（営業）八一四一（編集）
ＦＡＸ＝〇三—三二六七—八一四二（営業）三五一三—五八六七（編集）

印刷
三報社印刷株式会社

製本
誠製本株式会社

発行日
二〇〇七年四月一日

国際シンポジウム「新たなサルトル像は可能か？」

プログラム　　　　　　於：青山学院大学総研ビル・十二階・大会議室

二〇〇五年十一月二日

開会のご挨拶（石崎晴己）

研究発表「サルトルと芸術」（司会＝小林康夫）

ミシェル・シカール「自由になった芸術」

黒川 学「ティントレット論における奥行きの問題」

永井敦子「サルトルの芸術論――アメリカ滞在との関係」

森田秀二「サルトルによる映画の二大ジャンル――ロマンとレシ」

研究発表「世界とサルトル」（司会＝生方淳子）

ジル・フィリップ（アメリカとフランス）

ベネディクト・オードノホー（英国）

邊 光培（韓国）

マドレーヌ・ゴベイユ＝ノエル（カナダ）

二〇〇五年十一月三日

研究発表「新たな読解へ向けて」（司会＝谷口佳津宏）

永野 潤「サルトルとロボット」

小松 学「他者との関係としての言語――サルトルとレヴィナス」

北見秀司「多様性における統一――サルトルのポスト・ポストモダン・ユマニズム」

竹内康史「サルトルのパリ論とアメリカ論――国家から都市へ、都市から通りへ」

共同討議「ヒューマニズムと反ヒューマニズム――『サルトルの世紀』をめぐって」

海老坂 武×石崎晴己×立花英裕×清 眞人×澤田 直

研究発表「自伝と評伝」（司会＝鈴木正道）

ジル・フィリップ「サルトルと文学言語」

澤田 直「他者による自伝――『言葉』とフローベール論をめぐって」

生方淳子「『家の馬鹿息子』と発達心理学」

フランソワ・ビゼ「文学における心の交流」

閉会の辞（鈴木道彦）

Colloque international
Sartre, penseur pour le XXIe siècle? PROGRAMME

Mercredi 2 novembre

Allocution d'ouverture — Harumi Ishizaki

Sartre et les arts — modérateur: Yasuo Kobayashi

Michel Sicard L'Art en liberté

Manabu Kurokawa L'espace du Tintoret: la profondeur selon Sartre

Atsuko Nagaï Rien à déclarer?: Sartre d'après-guerre et son séjour aux Etats-Unis

Shuji Morita Deux genres cinématographiques selon Sartre: roman et récit

Sartre dans le monde — modératrice: Atsuko Ubukata

Gille Philippe Aux Etats-Unis et en France

Benedict O'Donohoe En Grande Bretagne

Kwang Bai Byun En Corée du Sud

Madeleine Gobeil-Noël Au Canada

Jeudi 3 novembre

Pour une nouvelle figure de Sartre — modérateur: Kazuhiro Taniguchi

Jun Nagano Sartre et le robot

Manabu Komatsu Question de langage chez Sartre et Levinas

Shuji Kitami «Unité dans la diversité»: humanisme post-postmoderniste de Sartre

Yasushi Takeuchi Paris et les États-Unis chez Sartre

Humanisme ou antihumanisme?: Autour du Siècle de Sartre de B.-H. Lévy

Takeshi Ebisaka, Harumi Ishizaki, Hidehiro Tachibana, Mahito Kiyoshi

modérateur: Nao Sawada

Entre biographie et autobiographie — modérateur: Masamichi Suzuki

Gilles Philippe Sartre et la langue littéraire

Nao Sawada Biographe malgré lui: *L'Idiot de la famille* dans le miroir des *Mots*.

Atsuko Ubukata *L'idiot de la famille* et la psychologie du développement

François Bizet La littérature comme commerce

Allocution de clôture — Michihiko Suzuki

Colloque international: Sartre, penseur pour le XXIe siècle?

I

Humanisme ou antihumanisme?: Autour du *Siècle de Sartre* de B.-H. Lévy
Takeshi EBISAKA, Harumi ISHIZAKI, Hidehiro TACHIBANA, Mahito KIYOSHI, Nao SAWADA

Cette table ronde est consacrée à la question de l'humanisme chez Sartre autour de la problématique «humanisme/antihumanisme» posée par Bernard-Henri Lévy dans son livre *Le Siècle de Sartre*, dont la traduction venait de paraître au Japon. En distinguant clairement les deux (ou même trois) Sartre: le premier, le Sartre de *La Nausée* et *L'Etre et le néant*, antihumaniste et le second, par contre, adepte de l'humanisme, qui finirait par se rallier au totalitarisme et au terrorisme, l'auteur considère le premier Sartre comme, en quelque sorte, le précurseur de l'antihumanisme de penseurs dits «modernes» tels que Foucault, Althusser, Lacan, et fait remarquer que le second, celui de l'humanisme existentialiste est quasi logiquement prédestiné au totalitarisme. Cette distinction, nous apparaissant aléatoire et peu convaincante, nous offre cependant une belle occasion de réfléchir sur Sartre sous un nouvel angle.

La table ronde s'est ouverte avec l'intervention du traducteur du *Siècle de Sartre,* Harumi Ishizaki, qui, ayant retracé sommairement l'argument développé dans cet ouvrage, dégage deux questions préliminaires: 1) Quelle est la définition exacte de l'humanisme par Lévy ? 2) Celle-ci est-elle appliquée à Sartre d'une manière adéquate ? Sur cette première question qui est précisément celle qu'on pourrait aborder dans le cadre du développement actuel de la critique de l'humanisme par le structuralisme ou la «Pensée 68», Hidehiro Tachibana, traducteur de *la Pureté dangereuse* de Lévy, apporte sa contribution. Le deuxième intervenant retrace donc l'évolution, depuis *la Barbarie à visage humain,* de la pensée de cet auteur, laquelle consisterait à essayer de remonter en quête d'origine de l'oppression et du massacre du stalinisme à la philosophie des lumières, à la pensée moderne de la libération des désirs, voire au polythéisme antique.

Takeshi Ebisaka, ayant déjà exprimé son opposition au point de vue de Lévy dans son livre, *Sartre: la possiblité de la pensée «homme»,* récemment publié chez Iwanami Shoten, préfère, au lieu de répéter sa critique, avancer l'examen d'humanismes chez Sartre, notamment présents dans les écrits de jeunesse

de Sartre: *Une défaite* et *Er l'Arménien.* D'après l'intervenant, il y aurait plusieurs humanismes chez Sartre: ceux de travail, de désir, de création artistique, de perception (ou bien de sensations, d'intentionnalité), de sens, de réciprocité, etc. Mahito Kiyoshi essaie de définir la pensée sartrienne, qu'il qualifie d' «humanisme de réciprocité», comme une révolution perpétuelle qui s'efforcerait, à travers les efforts à retrouver la réciprocité avec les autres. En caractérisant le principe de fonctionnement de la pensée sartrienne par une ambiguïté, une structure antinomique, un va-et-vient perpétuel, l'intervenant fait remarquer que l'argument de Lévy consiste à remplacer cette structure ambiguë par une division simplificatrice manichéenne en deux parties nettes.

A la suite de ces quatre exposés, le débat s'est ouvert entre les intervenants ainsi qu'avec le public.

II

Sartre et la langue littéraire
Gilles PHILIPPE

Pour Sartre, comme pour toute la tradition française, la littérature s'oppose à ce qui n'est pas elle sur une base strictement langagière. Pour lui, on le sait, la phrase littéraire est celle qui parvient à dire «plusieurs choses à la fois». Or, cette obsession est aussi celle de son écriture philosophique, avec des moyens et selon des fins qui ne sont pas ceux de la littérature. A partir d'une observation très simple de quelques phénomènes grammaticaux dans les derniers textes philosophiques de Sartre (ceux des années 1960), on montrera que la linéarité du langage (la nécessité de dire successivement ce qui n'est vrai que simultanément) hante le rapport de Sartre au langage. En prenant au sérieux l'opposition entre langue philosophique et style littéraire chez Sartre, on montrera que la première se donne comme l'image inversée du second et que la description de la langue philosophique chez Sartre permet d'obtenir, par la négative, la description de ce qu'était pour lui la langue littéraire.

L'autobiographie par un autre: *L'Idiot de la famille* dans le miroir des *Mots*
Nao SAWADA

Le présent exposé consiste, d'une part, à mettre en relief la similitude et la différence entre *L'Idiot de la famille* et *Les Mots*, et d'autre part à dégager le projet initial de Sartre qui a consacré une grande partie de son travail aux

études biographiques. Dans un premier temps, en établissant un inventaire des thèmes communs à ces deux textes, j'essaierai de répondre à la question suivante: que signifie la récurrence, voire l'obsession de ces thèmes chez Sartre? Dans un deuxième temps, en choisissant comme thème central «le moi en tant qu'autre», j'essaierai de dégager la question de la réflexion chez Sartre. Et à partir de ces deux analyses, je tâcherai de montrer que *Les Mots*, texte autobiographique et *L'Idiot de la famille*, étude biographique, ont tous deux le même objectif, à savoir l'hagiographie démystificatrice et démythifiée.

L'Idiot de la famille et la psychologie du développement
Atsuko UBUKATA

La philosophie sartrienne se propose comme interlocuteur à la fois studieux et polémique dans son dialogue continu avec les sciences humaines, surtout avec la psychologie. Commencée dès la période de l'Ecole normale supérieure, l'incursion psychologique récurrente de Sartre s'achève avec *L'Idiot de la famille*, qui s'interroge sur l'analphabétisme du petit Gustave. Cet exposé vise à confronter les remarques du philosophe avec des rapports récents à ce sujet de la psychologie du développement. Seront soumises à l'examen quelques notions-clés communes aux deux domaines: maternage, attachement, période critique, autisme et dyslexie. Nous poserons enfin une question déontologique sur les études biographiques interpellant la vie psychologique la plus personnelle.

Entre auteur et lecteur: aux sources culturelles de la notion de «commerce»
François BIZET

«La littérature est commerce du lecteur avec l'auteur». Ma réflexion portera sur cette courte phrase extraite de *Qu'est-ce que la littérature?,* particulièrement sur le formidable effet de frein qu'elle oppose à une conception alternative de l'écriture (et de la lecture) initiée par Proust et amplifiée par Bataille et Blanchot. Après un bref examen des enjeux critiques, j'essaierai de faire la part des déterminations culturelles sous-jacentes à la position de Sartre. Ainsi le «commerce» du lecteur avec l'auteur remonterait—bien au-delà de la «conversation» prônée par Sainte-Beuve et Ruskin, au-delà encore de la naissance, au XVIIIe siècle, de la «communication» moderne—, au «commerce des livres» de Montaigne, puis à une relation extrêmement vivante, chez Pétrarque, des deux acteurs du jeu littéraire, relation elle-même déterminée par toute une tradition de lecture orale héritée de l'antiquité.

Ⅲ

L'Art en libérte
Michel SICARD

La liberté est le concept central de l'ontologie et de l'éthique sartriennes. Aussi, peut-être, de l'esthétique. Mais quant à l'art la notion de liberté se transforme: elle ne toucherait pas tant au projet-et donc à une sorte d'engagement de l'artiste, quoi qu'il fasse, même si son art est le plus abstrait, le plus éthéré qu'il puisse être-qu'au rapport aux genres, aux matériaux, aux supports avec lesquels l'artiste va jouer. La liberté pour l'art, c'est d'être en relation dynamique, étroite, avec les outils et ingrédients qui constituent cet art. Mobilité, entrelacs entre les matériaux et la nature (Calder), libération du geste (Giacometti, Masson, Wols), foi aux sensations issues de la matière brute sont les moments cruciaux de cette isolation de l'acte créateur dans l'art contemporain.

L'espace du Tintoret: la profondeur selon Sartre
Manabu KUROKAWA

Avec «Saint Marc et son double», Sartre met à part l'analyse existentielle, s'attaquant directement aux toiles du Tintoret. L'accent est surtout mis sur la composition de tableaux. Cette communication se propose de mettre en valeur le problème de la profondeur qui se pose dans ce texte et de saisir sa portée du point de vue phénoménologique.

Ce problème accompagne celui de la pesanteur, que Sartre traite à fond dans l'étude sur *Le miracle de Saint Marc,* en faisant remarquer que le saint est en chute libre. Il prétend que l'artiste avait l'intention de faire l'équivalent d'un espace où nous vivons, qui a trois dimensions.

La profondeur était peu traitée jusque-là dans la philosophie sartrienne. Mais c'est un problème emblématique pour d'autres phénoménologues comme Merleau-Ponty. On peut constater un vif intêret, presque simultané, pour la profondeur de la peinture chez ces deux phénoménologues.

Mais ce qui différencie Sartre de Merleau-Ponty, c'est surtout l'existence du spectateur. Sartre a écrit en effet dans un brouillon pour *La reine Albemarle ou le dernier touriste*: «Le Tintoret a inventé le spectateur de tableau». Chez Sartre, l'image de l'écrivain qui en appelle à la liberté des lecteurs, se superpose sur celle du peintre qui piège les spectateurs avec une bonne technique pour faire apparaître un espace à la profondeur.

Les critiques d'art de Sartre et son séjour aux Etats-Unis
Atsuko NAGAI

Les trois premières critiques d'art de Sartre, celles sur Calder, Hare et Giacometti sont fortement liées à son séjour aux Etats-Unis de 1945 à 1946. Si l'on tient compte des courants qui dominaient l'art moderne à New York dans les années 40, où les arts abstraits, héritiers du cubisme ont souvent été placés à l'opposition du surréalisme, on peut situer ces trois artistes presque au milieu de ces deux courants. Et cette préférence nous oblige à nous interroger sur la portée de la critique impitoyable qu'il a tenue à l'égard du surréalisme dans son *Qu'est-ce que la littérature?*. Sartre avait connu le milieu artistique newyorkais qui commençait à vouloir gommer l'influence du surréalisme d'origine européenne, et cette tendance correspondait à son intention de situer l'existentialisme dans le monde d'après-guerre en assignant le surréalisme au passé. Dans la dernière moitié des années 40 et la première moitié des années 50, des artistes et des critiques d'art américains se sont beaucoup référés à l'existentialisme pour expliquer la démarche spirituelle de leur création artistique. Mais ce serait trop schématique de penser que l'existentialisme et l'expressionisme abstrait américain ont exorcisé complètement le surréalisme.

Deux genres cinématographiques selon Sartre: roman et récit
Shuji MORITA

Suivant la tradition d'origine gidienne, Sartre supposait l'antinomie entre roman et récit dans son esquisse d'une théorie romanesque (*Situations I*). Cette antinomie sera aussi reprise dans sa critique du film d'Orson Welles (*Citizen Kane*), comme si dans l'univers sartrien la même grille normative s'appliquait à la fois à la littérature et au cinéma et que le roman (avec le point de vue de Dieu) et le film (avec le temps rétrospectif) étaient convoqués au même tribunal pour être reconnus coupables de ce que Sartre définit par le terme de *récit*. Le parallélisme d'entre ces deux médiums se consolida pendant l'occupation allemande en vertu de l'historicité revendiquée par l'un comme par l'autre.

Or, leur parenté esthétique risque d'être ébranlée par la *contingence*, qui, posée par Sartre comme négation de la beauté *nécessaire* du cinéma, n'alimentera néanmoins que le roman (*La Nausée*). Nous avons essayé de suivre ainsi l'itinéraire de la relation entre roman et cinéma chez Sartre.

Ⅳ

Sartre et le robot
Jun NAGANO

Dans mon exposé, je traite de la relation du robot avec l'humanisme sartrien. Et je considère le problème d'imitation dans la théorie sartrienne du corps. Dans le chapitre sur la mauvaise foi de *L'Être et le néant,* Sartre dit que: parce qu'un garçon de café est ce qu'il n'est pas, et n'est pas ce qu'il est, il ne peut que jouer à être garçon de café. Jouer à être garçon, c'est viser le garçon de café imaginaire à travers son corps comme «analogon». Sartre dit aussi qu'il imite dans sa démarche un automate (robot). Mais un homme qui imite le robot est paradoxal. Parce que le robot est une imitation de l'homme. C'est un paradoxe du monde magique, c'est-à-dire du monde pratico-inerte.

Question de langage chez Sartre et Levinas
Manabu Komatsu

Dans cette étude, j'analyse la théorie sartrienne sur le langage en tant que relation avec l'autre concret, en le comparant avec celle de Levinas selon laquelle la relation est quelque chose d'asymétrique. Les deux arguments ont beaucoup de points communs: l'insistance sur l'aspect de langage comme résignation ou la donation de liberté; la domination de l'autre dans la détermination du sens, etc.

Certes, Levinas traite l'autre, en se basant sur l'éthique et non pas sur l'ontologie. Il n'admettrait donc jamais l'argument de Sartre selon lequel la relation avec l'autre n'est que le conflit entre les libertés de l'être-pour-soi et pour soi, car ce point de vue n'est pas approprié pour la recherche de la véritable altérité.

Néanmoins, je pense que l'argument de Sartre demeure toujours actuel. Car il touche la question de la violence inévitable où règne l'impossibilité de la relation, voire il suggére la possibilité d'ouvrir une relation réciproque avec quelqu'un qui ne s'exprime pas ou qui essaie de nous tromper.

Unité dans la diversité: humanisme post-postmoderne de Sartre
Shuji KITAMI

"L'unité dans la diversité" culturelle, un des principes du projet de la Constitution Européenne, était aussi un thème majeur de l'éthique sartrienne; Sartre pensait qu'elle pourrait se réaliser dans ce qu'il appelle «le groupe du Même». Mon

exposé porte sur ce thème.

Je voudrais tout d'abord remarquer que chez Sartre le racisme est étroitement lié à l'aliénation. De même, la disparition de cette pensée découle du dépassement de l'aliénation par la création du "groupe du Même". Pourtant cette création ne conduit en aucun cas à l'identification de ses membres mais à la réalisation de la liberté de chacun, par conséquent à l'affirmation de la diversité culturelle.

Ensuite, je voudrais montrer que selon Sartre une éthique est indispensable pour réaliser une société "unifiée dans sa diversité": éthique de l' "humanité", c'est-à-dire celle de l'autonomie de tous ses membres pluriels. Une éthique à penser après toutes les tentatives"anti-humanistes"de la pensée postmoderne, donc une éthique que l'on pourrait qualifier de post-postmoderne.

Paris et les États-Unis chez Sartre
Yasushi TAKEUCHI

L'objectif de cet article est d'éclairer comment Jean-Paul Sartre élabora ses pensées sur les trois sujets: l'État, la ville et la rue. Pour cela, nous analyserons ses deux textes journalistiques: «Un Promeneur dans Paris insurgé» (1945) et une série de reportages sur les Etats-Unis (1945). Nous remarquerons ici qu'en observant la foule sous le regard attentif d'un journaliste marchant, Sartre fixa son attention sur le cadre de la ville plus que le statut de *l'État*, et encore plus sur les phénomènes dans *les rues*, et pourtant, qu'il abandonna enfin le regard du journaliste marchant à la suite de sa découvrerte de l'absence de la foule dans les rues de l'Amérique. En conclusion, nous affirmerons que le lien étroit entre les déambulements dans la rue et les regards sur la foule permit la naissance de Sartre journaliste vers la fin de la Seconde Guerre mondiale.

V

Sartre en Grande Bretagne
Benedict O'DONOHOE

Dans cette intervention d'environ vingt minutes, je me propose d'examiner, de façon forcément sommaire, la réputation actuelle de Sartre en Grande Bretagne. Après quelques remarques préliminaires sur l'activité récente des sartrologues britanniques, et un rapide tour d'horizon de la réception médiatique de ses romans et pièces au Royaume Uni, je rends compte de trois émissions de radio consacrées à Sartre au cours de son année centenaire. Cette analyse découvre deux attitudes

dominantes des Anglo-saxons cultivés envers Sartre: la méfiance et la moquerie. La première serait due surtout à la super-ambitieuse envergure du projet sartrien, à sa dialectique totalisante, tellement étrangère à l'esprit soi-disant 'analytique' d'Outre-Manche. La seconde dépendrait de son statut de vedette, renommée pour son libertinage sexuel et ses folies politiques. En y regardant de plus près, nous apercevons que l'entreprise sartrienne menacerait l'inhérente ambigüité morale de la perfide Albion...

Sartre et la Corée
Kwang-Bai BYUN

Au cours de notre communication qui porte sur «Sartre et la Corée», nous allons essayer de répondre notamment aux trois questions suivantes: Qui a été Sartre pour les Coréens?; Qui est-il en ce moment?; Enfin, qui sera-t-il dans les années à venir? La première question est étroitement liée à une tentative d'écrire une petite histoire de la réception de Sartre en Corée. Pour cela, nous allons faire attention surtout à la traduction de ses œuvres. La deuxième question n'est pas indifférente à la description de l'état actuel des études sartriennes en Corée. Nous donnerons ici un petit aperçu des activités du Groupe Coréen des Etudes Sartriennes (GCES) fondé en 1995. En ce qui concerne la troisième question, nous nous efforcerons de prévoir quelles seront les lignes directrices des études sartriennes en Corée dans le futur. Et réciproquement, nous éspérons avoir l'occasion d'ébaucher des idées constructives pour le nouvel élan des études sartriennes en Asie, notamment en Extrême-Orient.

Sartre dans le monde: présence de Sartre au Canada
Madeleine GOBEIL-NOËL

La venue de Sartre à Montréal en 1946 où il prononce une conférence devant 600 personnes sur «la littérature française de 1914 à 1945» suscite une polémique féroce, alors que la plupart des participants ignorent tout de la pensée sartrienne et de l'œuvre de Sartre. Vers la fin des années cinquante et au cours des années soixante un nouveau climat intellectuel s'instaure au Canada. Les jeunes écrivains s'intéressent à Sartre, et la liberté engagée et responsable telle que la pense et la vit Sartre devient la valeur clé de l'intelligentsia.

En 1967, j'ai préparé pour la télévision canadienne trois heures de diffusion de films sur Sartre et Beauvoir pour faire mieux connaître la pensée sartrienne.

Sartre a contribué à l'ouverture de la société canadienne, à une meilleure

confiance en soi et son œuvre continue d'être étudiée dans certains départements de littérature et de philosophie des universités canadiennes et à faire l'objet de mémoires et de thèses.

*

ALLOCUTION DE CLOTURE

Michihiko SUZUKI

Je tiens d'abord à remercier tous les conférenciers, dont certains sont venus de loin et de divers pays, qui nous ont fait profiter d'exposés et de débats fort intéressants. Grâce à leurs communications, ces deux journées se sont révélées très fructueuses.

Je voudrais remercier aussi l'Université Aoyama-Gakuin qui nous a permis de tenir ici ce colloque, ainsi que les personnes qui, pendant plusieurs mois, ont fait beaucoup d'efforts pour organiser et mener à bien ces rencontres.

Personnellement, j'ai commencé à étudier Sartre au milieu des années 50, lors de mon premier séjour à Paris. C'était en pleine Guerre d'Algérie, et javais beaucoup de sympathie pour ses prises de position contre le colonialisme. Depuis lors et jusqu'à sa mort, je ne l'ai jamais considéré comme un simple sujet de recherches, mais comme quelqu'un qui vivait la même époque, en même temps que moi.

Même à présent, il m'arrive parfois de me dire: qu'est-ce que Sartre penserait de telle ou telle chose, s'il était encore vivant et s'il était en pleine forme intellectuellement. Car, parmi les problèmes qu'il a traités, il en reste encore beaucoup qui constituent les problèmes d'actualité: la violence, par exemple.

Peut-être est-ce une image de Sartre périmée et dépassée. Je ne pense pas que les jeunes chercheurs puissent la partager. D'ailleurs, je ne sais pas quel Sartre sera créé désormais par les générations à venir. J'espère seulement que ce ne sera pas un Sartre mort et inoffensif, mais un Sartre qui a vécu courageusement son temps, un Sartre vivant.

Après ces deux journées enrichissantes, je souhaite que les œuvres de Sartre soient lues et relues davantage, et que les recherches sartriennes soient encore plus actives. Pour terminer, je dirai encore une fois toute ma gratitude à ceux qui ont collaboré à la réalisation de ce colloque. Je vous remercie.

Postface

Nao SAWADA

Les 2 et 3 novembre 2005 s'est tenu, à l'Université Aoyama-Gakuin à Tokyo, un colloque international intitulé: «Sartre, penseur pour le XXIe siècle?» sous la direction de Harumi Ishizaki et de Nao Sawada, réunissant une vingtaine d'intervenants—spécialistes ou amateurs de l'œuvre de Jean-Paul Sartre—venus de France, de Grande-Bretagne, du Canada, de Corée du Sud et du Japon.

Ce livre rassemble l'ensemble des communications du colloque. Co-organisé par l'Association Japonaise d'Etudes Sartriennes (A.J.E.S.) et le Département de littérature française de l'Université Agoyama-Gakuin, cette collaboration est en quelque sorte une deuxième édition, étant donné que ces deux organismes ont déjà co-organisé cinq ans auparavant un colloque consacré à Sartre: «Que faire de Jean-Paul Sartre? perspectives littéraires, philosophiques et politiques». Cette fois-ci cependant, pour commémorer le centenaire de la naissance du philosophe-écrivain français, d'autres établissements ont concouru: l'Institut Franco-Japonais de Tokyo, qui a consacré trois journées (les 28-30 octobre) à «Sartre et le cinéma», en projetant une série de films dont Sartre avait écrit le scénario; la Maison Franco-Japonaise qui, le 4 novembre, a offert au public la projection de trois films sur Sartre.

Ce colloque et cette publication ont été réalisés avec le soutien financier de l'Université Aoyama-Gakuin. Ils ont en outre bénéficié du patronage de l'Ambassade de France, et du concours de la Société Japonaise de Langue et Littérature Françaises, de la Société Franco-Japonaise de Philosophie, de l'Universite Shirayuri, d'Asahi Shinbun, de Jinbunshoin, de Fujiwara-shoten, de Hakusuisha et de Shichosha. Que ces divers organismes trouvent ici les marques de notre vive gratitude.

Nous tenons en dernier lieu à remercier Monsieur Keishi Oda, directeur des Editions Shichosha qui a bien voulu assurer cette publication.

執筆者略歴

石崎晴己　Harumi ISHIZAKI
青山学院大学文学部教授。専攻はフランス文学。監訳書にベルナール＝アンリ・レヴィ『サルトルの世紀』（藤原書店）、訳書にボスケッティ『知識人の覇権』（新評論）、トッド『帝国以後』（藤原書店）、セリーヌ『戦争、教会、他』（国書刊行会）、共訳書にブルデュー『構造と実践』（新評論／藤原書店）、『ホモ・アカデミクス』、トッド『新ヨーロッパ大全Ⅰ・Ⅱ』、『移民の運命』（藤原書店）。編著に『いま、サルトル』（思潮社）、『世界像革命』（藤原書店）など。
Professeur à l'Université Aoyama-Gakuin (Département de Littérature française). Co-fondateur de l'Association Japonaise d'Etudes Sartriennes. A animé et dirigé la publication des Recueils Sartre, Maintenant et *La Révolution de la vision du Monde*. A traduit en japonais J.-P. Sartre, L.-F. Céline, H. Carrère d'Encausse, A. Boschetti, P. Bourdieu, E. Todd, Bernard-Henri Lévy.

澤田 直　Nao SAWADA
立教大学文学部教授。パリ第１大学哲学博士。著書に『〈呼びかけ〉の経験』（人文書院）、『新・サルトル講義』（平凡社）、編著に『国境なき文学』（芸林書房）、共著書に『多言語主義とは何か』、『来るべき民主主義』（藤原書店）、『デカルト読本』（法政大学出版局）など。訳書にサルトル『真理と実存』、『言葉』（人文書院）、J-L・ナンシー『自由の経験』（未來社）、ベン・ジェルーン『気狂いモハ、賢人モハ』（現代企画室）、ハティビ『マグレブ、複数文化のトポス』、ペソア『不穏の書、断章』（思潮社）など多数。
Professeur à l'Université Rikkyo. Co-fondateur de l'Association Japonaise d'Etudes Sartriennes. Docteur en philosophie à l'Université Paris Ⅰ. Auteur de deux livres en japonais sur Sartre: *L'Appel à l'aventure*: *lecture éthique de Sartre*; *Nouvelle lecture de Sartre*. A traduit en japonais J.-P. Sartre, J.-L. Nancy, Tahar ben Jelloun, A. Khatibi, F. Pessoa.

海老坂 武　Takeshi EBISAKA
文筆家。一橋大学、関西学院大学教授を歴任。著書に『パリ――ボナパルト街』（晶文社）、『フランツ・ファノン』（講談社）、『思想の冬の時代に』、『戦後思想の模索』（みすず書房）、『シングル・ライフ』（中央公論社）、『〈戦後〉が若かった頃』、『かくも激しき希望の歳月』、『サルトル』（岩波書店）ほか多数。

訳書にサルトル『文学とは何か』、ボーヴォワール『別れの儀式』（人文書院）、ファノン『黒い皮膚、白い仮面』（みすず書房）など多数。
Essayiste. Ancien Professeur à l'Université Kwansei-Gakuin. Co-fondateur de l'Association Japonaise d'Etudes Sartriennes. A publié de nombreux livres en japonais sur les pensées et la littérature dont *Sartre, Franz Fanon* ainsi qu'une série d'écrits autobiographiques. De nombreuses traductions en japonais de J.-P. Sartre, S. de Beauvoir, F. Fanon.

立花英裕　Hidehiro TACHIBANA
早稲田大学教授。専攻はフランス語、フランス語圏文学。共著書に *La Modernité française dans l'Asie littéraire: Chine, Corée, Japon*（PUF）。論文に「サルトルのテクストが漂流する」（『いま、サルトル』所収）。編著に Lautréamont au Japon ou *Les Chants de Maldoror* et la culture d'après-guerre（Cahier Lautréamont 日本特集号）。訳書にコルタサル『海に投げこまれた瓶』（白水社）、ベルナール＝アンリ・レヴィ『危険な純粋さ』（紀伊國屋書店）、『月光浴——現代ハイチ短篇集』（共編、国書刊行会）など多数。
Professeur à l'Université Waseda. A publié de nombreux articles dont «Les textes sartriens en mouvements perpétuels», in *Sartre, maintenant*. A dirigé *Lautréamont au Japon ou Les Chants de Maldoror et la culture d'après-guerre* (Cahier Lautréamont). A traduit, entre autres, Julio Cortázar, *Deshoras*; Barnard-Henri Lévy, *La Pureté dangereuse*.

清 眞人　Mahito KIYOSHI
近畿大学文芸学部教授。専攻は哲学。著書に『〈受難した子供〉の眼差しとサルトル』（御茶の水書房）、『実存と暴力——後期サルトル思想の復権』（御茶の水書房）、『《想像的人間》としてのニーチェ——実存分析的読解』（晃洋書房）など。論文に「ニーチェと対決するサルトル」（別冊「環」11『サルトル 1905-1980』藤原書店、所収）など多数。
Professeur à l'Université Kinki. A publié quelques livers sur Sartre, Nietzsche dont *Existence et violence, réhabiliter les dernières pensées de Sartre* ainsi que de nombreux articles philosophiques.

ジル・フィリップ　Gilles PHILIPPE
グルノーブル第３大学教授。高等師範学校卒業、大学教授資格者、文学博士。主な著書に *Le discours en soi*（Champion）、*Sujet, verbe, complément* : *Le moment grammatical de la littérature française 1890-1940*（Gallimard）など。

編著に Dictionnaire Sartre（Champion)。また、プレイヤード版『バタイユ小説集』、『サルトル戯曲集』の編集にも参与している。
Professeur à l'Université Grenoble 3, membre de l'Institut universitaire de France. Ancien élève de l'École normale supérieure. Agrégéde lettres modernes. Docteur en linguistique et littérature françaises. A publié *Le discours en soi* (Champion), *Sujet, verbe, complément: Le moment grammatical de la littérature française 1890-1940*（Gallimard). A dirigé Dictionnaire Sartre（Champion). A collaboré à l'édition des textes de *Sartre théâtre complet*（la Pléiade).

岡村雅史　Masafumi OKAMURA
関西学院大学非常勤講師。関西学院大学大学院博士課程後期課程単位取得退学。専攻はフランス文学、とくに演劇。主な論文に「サルトルにおける演技と意識の問題」「サルトルの劇作における幼年期」など。
Chargé de cours à l'Université Kwansei-Gakuin. A publié des articles en japonais sur le théâtre de Jean-Paul Sartre.

生方淳子　Atsuko UBUKATA
国士舘大学助教授。パリ第１大学哲学博士。主な論文に「サルトル『弁証法的理性批判』の生成的・対話的読解の試み」(学位論文)、「『アルメニア人エル』とサルトルのカント批判」(「青山フランス文学論集」第５号)「2000 年、世界はサルトルから遠く離れて――ゲノムとデジタルの時代の対自存在」(「理想」665 号）など。
Maître de conférences à l'Université Kokushikan, Attachée de recherche au COE-Université Ochanomizu. Docteur en philosophie de l'Université Paris I（Essai d'une lecture génétique et polylogique de la *Critique de la raison dialectique* de J.-P. Sartre). A publié des articles sur Sartre en français et en japonais.

フランソワ・ビゼ　François BIZET
青山学院大学文学部助教授。専門はフランス文学、とくにジョルジュ・バタイユ。
Maître de conférences à l'Université Aoyama-Gakuin.

ミシェル・シカール　Michel SICARD
パリ第１大学教授、詩人。専攻は美学。国立高等研究院で、ロラン・バルトのもとで博士号を取得。若くして、Obliques 誌の二度にわたるサルトル特

集 Sartre、Sartre et les arts を編集。著書に *La Critique littéraire de Sartre*（Minard）、*Essai sur Sartre*（Galilée）などがあるほか、美学関係の著書も多い。また、サルトルと美術に関する展覧会を世界各地でキュレーターとして開催。
Professeur d'esthétique à l'Université Paris I , poète. A dirigé deux numéros d'Obliques: «Sartre» et «Sartre et les arts». A publié, entre autres, *La Critique littéraire de Sartre*（Minard）, *Essai sur Sartre*（Galilée）. A été commissaire de plusieurs expositions consacrées à Sartre et l'art（à Londres, à Rome, à New York）.

黒川学　Manabu KUROKAWA
青山学院大学非常勤講師。東京都立大学大学院博士課程単位取得退学。専攻はフランス現代文学。共訳書にベルナール＝アンリ・レヴィ『サルトルの世紀』、共著に別冊「環」11『サルトル 1905-1980』（藤原書店）など。
Chargé de cours à l'Université Aoyama-gakuin. A publié des articles en japonais sur l'esthétique de Sartre. A traduit Bernard-Henri Lévi, *Le siècle de Sartre*（co-traduction）.

永井敦子　Atsuko NAGAI
上智大学文学部教授。アンジェ大学博士。研究領域はジュリアン・グラック、シュルレアリスム。共著書に Julien Gracq 3, 4（Minard）、真島一郎、鈴木雅雄編著『文化解体の想像力』（人文書院）、『はじめて学ぶフランス文学史』（ミネルヴァ書房）、訳書にグラック『ひとつの町のかたち』（書肆心水）など。
Professeur à l'Université Sophia（Faculté des lettres）. Doctorat ès Letters modernes, Université d'Angers. Domaine des recherches: Julien Gracq, surréalisme. A publié des articles sur Julien Gracq et le Surréalisme. A traduit Julien Gracq, André Breton.

森田秀二　Shuji MORITA
山梨大学教授。東京外国語大学卒業、パリ第 7 大学文学博士。物語理論とサルトルを中心に研究。主要論文に「サルトルと映画」（学位論文）など。
Professeur de l'Université de Yamanashi, Passionné des théories du récit et de Sartre. A soutenu sa thèse de doctorat de 3ème cycle à l'Université Paris VII: «Sartre et le cinéma».

永野 潤　Jun NAGANO
東京都立大学ほか非常勤講師。東京都立大学大学院（哲学専攻）博士課程単位取得退学。著書に『図解雑学サルトル』（ナツメ社）、主な論文に「サルトルと女とアンドロイド」（『岩波応用倫理学講座 5 性／愛』岩波書店）、「違和としての身体——岡崎京子とサルトル」（『身体のエシックス/ポリティクス』ナカニシヤ書店）ほか。
Chargé de cours à l'Université municipale de Tokyo. Auteur d'un livre sur Sartre: *Sartre expliqué par illustrations*.

小松 学　Manabu KOMATSU
龍谷大学大学院博士過程在学中。専攻は現代哲学。龍谷大学文学部哲学科卒業、同大学院博士前期課程修了。
Etudiant en doctorat à l'Université Ryukoku.

北見秀司　Shuji KITAMI
津田塾大学国際関係学科助教授。東京大学大学院人文科学研究科博士課程単位取得満期退学。パリ第 10 大学文学・人文科学博士(哲学)。主な論文に「後期サルトルのヒューマニズム」（「理想」665 号）「物神崇拝と多数の自律——サルトルとマルクスを出発点として」（仏語、博士論文）など。
Maître de conférences à l'Université Tsudajuku. A soutenu sa thèse de doctorat à l'Université Paris X: «Fétichisme et autonomie multiple: à partir de Sartre et de Marx». A publié des articles en japonais et en français sur Sartre.

竹内康史　Yasushi TAKEUCHI
筑波大学大学院博士課程在学中。専攻は比較文学。共著に『あらすじと読みどころで味わう世界の長編文学』（新曜社)。共訳書にベルテンス、ナトーリ編『キーパーソンで読むポストモダニズム』（新曜社)。
Etudiant en doctorat à l'Université Tsukuba.

ベネディクト・オードノホー　Benedict O'DONOHOE
ウエスト・オブ・イングランド大学教授。専攻はフランス文学。イギリス・サルトル協会事務局長を務める。サルトルの戯曲に関する論文（Conflicts of life and death: the plays of Jean-Paul Sartre）で博士号を取得。著書に *Sartre's Theatre*: *Acts for Life*,（Peter Lang）など。
Professeur à l'University of the West of England, Bristol. Obtenu le doctorat avec une thèse sur le théâtre sartrien（"Conflicts of life and death: the plays

of Jean-Paul Sartre"). Secrétaire de UK Society for Sartrean Studies. Auteur de *Sartre's Theatre: Acts for Life* (Peter Lang).

鈴木正道　Masamichi SUZUKI
法政大学助教授。東京外国語大学フランス語学科卒業。パリ第10大学、文学・人文学博士。主な論文に「文学青年が哲学を始めたとき」(「理想」665号)など。訳書にジャン・ジャコブ『政治的エコロジーの歴史』(緑風出版)など。
Maître de conférences à l'Université Hosei. Sa thèse de doctorat en littérature soutenue à l'Université Paris X porte sur la violence dans les romans de Sartre. A publié des articles sur les œuvres littéraires de Sartre analysées du point de vue de ses idées philosophiques. A traduit Jean Jacob, *Histoire de l'écologie politique*.

邊 光培　Kwang-Bai BYUN
韓国外国語大学仏語科待遇教授。モンペリエ第3大学文学博士。著書に『フランス知識人たちと朝鮮戦争』、『ジャン=ポール・サルトル――視線と他者』、『存在と無――実存的自由の探索』(以上、すべて韓国語)など。
Professeur à l'Université Hankuk des Etudes Etrangères à Séoul. A soutenu sa thèse de doctorat en littérature française à l'Université Montpellier Ⅲ-Paul Valéry. A publié des articles et des ouvrages sur Jean-Paul Sartre: Regard et Autrui; *Commentaire* de L'Etre et le néant-*Pour une liberté existentielle*.

柴崎秀穂　Hideho SHIBASAKI
東海大学・都留文科大学ほか非常勤講師。早稲田大学大学院博士課程満期退学。専攻はフランス現代文学・現代思想。主な論文に「ジェネの「奇跡」と「完璧な瞬間」――『聖ジェネ』について」、「受肉する「現実存在」――『存在と無』から『嘔吐』へ」など。共訳書にジャン=リュック・マリオン『還元と贈与』(行路社)。
Chargé de cours à l'Université Tokai. A publié des articles en japonais sur Jean-Paul Sartre et Vincent Descombes. A traduit Jean-Luc Marion, *La réduction et la donation* (co-traduction).

マドレーヌ・ゴベイユ=ノエル　Madeleine GOBEIL-NOËL
映像作家。オタワ大学で社会学を専攻した後、モントリオールのマクジル大学で文学修士号を取得。カナダ放送局で、サルトル、ボーヴォワール、ジュ

ネ、デュラスなどへのインタビュー番組を多数制作。ユネスコの文化担当官も長く務めた。主な作品に Portrait croisé de Simone de Beauvoir et de Jean-Paul Sartre など。
Cinéaste. A publié de nombreux articles et réalisé des entretiens pour la radio et la télévision de Radio-Canada avec des écrivains et personnalités comme japonais J.-P. Sartre, S. de Beauvoir, J. Genet, M. Duras. A réalisé «Portrait croisé de Simone de Beauvoir et de Jean-Paul Sartre».

鈴木道彦　Michihiko SUZUKI
獨協大学名誉教授。東京大学文学部仏文科卒業。著書に『サルトルの文学』(紀伊國屋書店)、『異郷の季節』(みすず書房)、『アンガージュマンの思想』(晶文社)、『政治暴力と想像力』(現代評論社)、『プルースト論考』(筑摩書房) ほか、共編著に『サルトルの全体像』(ぺりかん社)。プルースト『失われた時を求めて』個人完訳 (集英社)、『家の馬鹿息子』をはじめとするサルトルの多数の翻訳、ポール・ニザン、フランツ・ファノンの研究・翻訳・紹介でも知られている。
Professeur émérite à l'Université Dokkyo. Co-fondateur de l'Association Japonaise d'Etudes Sartriennes. A publié de nombreuses études sur Sartre dont *La littérature de Sartre, Sartre et son temps*, et sur Proust. A traduit en japonais Proust (*A la recherche du temps perdu*), J.-P. Sartre, P. Nizan, F. Fanon.